U0591421

「元晖学者教育研究丛书」

TEACHER EDUCATION:
INTERNATIONAL EXPERIENCES AND CHINESE PRACTICE

教师教育：
国际经验与本土实践

李 广等 / 著

NORTHEAST NORMAL UNIVERSITY PRESS
WWW.NENUP.COM
东北师范大学出版社
长 春

丛书序言

在实践领域，教育在全球化、信息化、现代化的背景下，不再呈现为简单有序、线性透明的样态，而是出现了各种各样的复杂样态。因此，这就需要我们更为审慎地思考和更为敏感地把握。在现实生活中，从教育与社会的发展来看，教育越来越多地成为实现国家目的的重要工具，成为实现理想的重要手段；从教育与人的发展来看，教育在满足人的发展需要、培养理想人格方面还有很大提升空间。综观教育的发展，教育的改革不再仅仅是地方性质的了，而是成了世界各国政府为实现国家利益和国际诉求的重要手段。教育在应对人的发展的不确定性、人的发展需要的变化性等方面面临着各种各样的挑战。另外，教育的复杂性吸引着思考者不断地进行探索，试图去发现教育世界的"秘密"，找到变革教育世界的"钥匙"，从而使我们更好地认识和改造这个丰富多彩而又纷繁复杂的领域。

东北师范大学教育学部召集十余位教授，整理了近二十年的研究成果，系统诊断教育实践问题，不断追问教育的真理，并创新教育理论。这些研究既有理论模型的构建，又有实践领域的深刻探究；既诊断问题、分析原因，又提出对策、措施；既追本溯源有历史大视野，又关心现实展望未来；既关心国家宏观政策制度，又在微观层面提出具体可操作的方法；既扎根本土研究注重原创，又注重以国际视野进行深度学习。

本套丛书是东北师范大学教育学部教育研究的总结，是十余位教授多年教育研究的记录，是他们对中国教育改革的独特认识。我们希望以这套丛书为支点，与读者展开对话，共同探寻教育的真理，在对教育的凝视中不断地思辨、判断、检视。

吕立杰

2019 年 11 月

于东北师范大学田家炳教育书院

前　　言

　　百年大计，教育为本。教育大计，教师为本。教师是立教之本、兴教之源，是人民幸福、民族振兴、国家繁荣富强的重要基石。教师的发展依赖于高质量的教师教育。因此，大力发展教师教育，推动教师队伍建设，是教育得以持续发展的根本保障。

　　自中华人民共和国成立以来，我国教师教育已走过70多年历程。70多年间，我国的教师教育经历了探索发展阶段、恢复重建阶段、提升完善阶段、改革突破阶段、创新深化阶段这一曲折的发展历程，也经历了数次深刻变革，在不断变革中形成具有中国特色的教师教育体系。这一期间，我国教师教育还经历了从师范教育到教师教育的转变，这不仅是话语体系的转变，也是教师教育理念的更新。师范教育着力于教师职前培养，教师教育则包含职前、入职和职后培养，强调教师发展的连续性。我国的教师教育应以提高整体的教师队伍建设为根本。东北师范大学秉持"创造的教育"理念，推进一流师范大学建设，在实践探索中不断完善"U—G—S"教师教育协同培养新机制，深化教师教育创新实验区建设，优化师范生教育实习模式，通过"同课异构""双向挂职""名师工作坊"等方式全力培养我国职前教师与在职教师。本书正是基于这种教师教育新理念，吸收国内外先进的经验，探索多样化的教师教育模式与培养方式，以期为教师教育的发展贡献力量。

　　在研究过程中，研究团队对东北师范大学的教师教育理念深入剖析，为幼、小、初、高、大学各个学段的教师创建交流平台，完善中小学乃至大学教师教学评价机制，深入全国各地中小学进行调查研究与项目合作，发放大量调查问卷，对一线教育者进行深度访谈，并多次到日本访问、调查、听课，从中吸取教师教育发展的有益经验。这种方式使研究从理论走向实践，从本土经验走向国际视野，从单纯的学校研究走向区域合作，从关注职前培养面向职前、入职与职后教师教育的全程发展。因此，本书为我国教师教育的发展提供了必要的理论支撑与实践指导。

本书共由六章构成，具体为：第一章，教师教育新理念；第二章，日本教师教育经验探究；第三章，中日跨文化比较研究；第四章，U—G—S教师教育模式探索；第五章，农村学校教师专业发展；第六章，语文学科教育实践。同时，书中对教师学科知识、教师教材理解、学科教学、教学评价、课程设置、中日跨文化研究等问题进行了探讨，以引发广大教师的思考，促进我国师范生专业的成长与教师专业的发展。

本书具有以下三方面特点：一是时代性。本书研究的内容能够与时代热点相结合，关注对教师教育前沿问题的研究，以最新的研究成果体现教师教育的新进展。二是国际性。本书不仅仅探讨本国教师教育问题，同时具有一定的国际视野，从中探索国外的教师教育问题与解决对策，思考对我国教师教育的新启示。三是实践性。本书是在大量的实践调研中得出的经验结论，产生于实践又能指导实践，以解决教师实践教育教学中存在的根本问题。

本书通过对国际社会先进的教师教育理念的介绍与评述，基于本土实践开拓具有中国特色的教师教育发展之路，以期为我国教师教育发展研究提供科学先进的价值引领，为完善我国教师教育体系改革与发展提供参考。

李 广

2019 年 9 月

于东北师范大学教育学部

目　　录

第 一 章

教师教育新理念

　　教师教育理念是人们对教师教育活动的理性认识、理想追求及其形成的思想观念与哲学观点。教师教育理念经历了一个由知识本位理念到技能本位理念，再到专业发展本位理念的发展过程。教师教育新理念既要考虑教师专业发展的内在逻辑，又要关注社会政治经济发展的需求，也要符合新时代课程变革的要求，处理好历史与现实、继承与创新、变革与发展的关系。教师教育新理念决定我国教师教育的发展方向，直接影响我国教育事业的发展与教师队伍建设。本章以十八大以来习近平教师队伍建设思想为指导，以东北师范大学"创造的教育"理念为教师教育新思维，融合国外教师教育经验，并从教育内容理解、教学方式建构、课程价值追求、教育文化自觉、评价思想确定、教育范式选择等方面进行具体阐释。

习近平论教师

党的十八大以来，习近平把握国际大势，立足中国实际，紧紧围绕教育的根本问题，即"培养什么样的人、如何培养人以及为谁培养人"的问题，做了全面、深入、系统的论述，形成具有中国特色的习近平治国理政的"教育篇章"。尤其是在"谁来培养人"这个问题上进行了更为深入的阐述，并形成丰富的"习近平教师队伍建设思想"体系。习近平教师队伍建设思想，是新一届党中央加强教师队伍建设理念的集中反映，是全党智慧的汇聚和集中体现。[①] 习近平教师队伍建设思想，丰富和发展了中国特色社会主义教育理论，深化了对新时期我国教育发展规律的认识，为当前和今后一个时期我国教师队伍建设与发展指明了方向，对推动具有我国特色的教师教育研究及教师队伍建设具有重要的理论意义与实践价值。

一、习近平教师队伍建设思想的理论基础

（一）时代精神

进入 21 世纪，全球化趋势愈加明显。国际社会更加重视对教育的投入，关注人的发展，并把教育质量与发展水平作为衡量一个国家综合实力的重要参照指数。我国改革开放后的经济快速发展过度依赖于资源能源和人力消耗，自主创新、原始创新和集成创新能力还较弱。"通过普及教育，使人们在持续的格物致知中更好认识各种文明的价值，让教育为文明传承和创造服务。"[②] 习近平十分重视教育在促进经济发展和传承人类文明、激发创新创造活力中的作用，但当前教育事业自身发展面临资源区域配置不均衡、体制与制度不健全、教师队伍整体素养有待提升等问题。习近平正是在充分把握世界和中国的发展大势，深刻了解中国人民和中华民族的深

---

① 申国昌，王永颜. 习近平教师队伍建设思想内涵及其现实意义 [J]. 武汉科技大学学报（社会科学版），2014（6）：663-667.

② 习近平. 在联合国教科文组织总部的演讲 [N]. 人民日报，2014-03-28（3）.

切愿望，认识中国教育发展规律和对教师深切关爱的基础上提出了前所未有的教师队伍建设思想。习近平教师队伍建设思想是习近平教育思想的重要组成部分，也是中华民族伟大复兴中国梦的重要组成部分，体现了习近平对国际政治、经济、文化、教育发展的全面审视与精准把握，以及在我国教育发展和教师队伍建设方面所具有的高瞻远瞩的战略思维。

（二）文化积淀

习近平坚定中国特色社会主义道路自信、理论自信、制度自信和文化自信，从中华民族最广大的劳动人民群众所创造的最丰富的文化思想中汲取营养。文化自信是更基本、更深沉、更持久的力量。历史和现实都表明，一个抛弃了或者背叛了自己的历史文化的民族，不仅不可能发展起来，而且很可能上演一场历史悲剧。中华民族有着深厚的历史文化传统，形成了富有特色的思想体系，这体现了中国人民几千年来积累的知识智慧和理性思辨。这是我国的独特优势。中华文明延续着我们国家和民族的精神血脉，既需要薪火相传、代代守护，也需要与时俱进、推陈出新。[①] 首先，习近平的教师队伍建设思想充分地吸收了中华民族传统文化中有关教育和教师方面的优秀思想。比如，对我国历代圣贤先哲有关"教育"或"教师"本质、地位、价值的深刻认识和理解阐释等的继承与发扬。其次，习近平的教师队伍建设思想还充分借鉴了历代中国共产党人先进的教育思想和主张。比如，对毛泽东的"教育与生产劳动相结合"的观点、邓小平的"三个面向"的教育论断、江泽民的"科教兴国"战略举措、胡锦涛的"以人为本"教育理念的学习与发展等。习近平教师队伍建设思想具有深厚的中华民族历史文化渊源和共产党人勇于探索的时代精神特征。

（三）家国情怀

"家国情怀"是一个人对自己的国家和人民所表现出来的深情大爱，是对国家富强、人民幸福所展现出来的理想追求。它是对自己的国家的一种高度认同感和归属感、责任感和使命感的体现，是一种深层次的文化心理密码。[②] 习近平 2012 年 11 月参观《复兴之路》展览时说："国家好，民族好，大家才会好。"习近平用平实的话语指出，每个人的前途命运都与

---

① 习近平. 在哲学社会科学工作座谈会上的讲话［Z］. 2016-5-17.
② 徐文秀. 多一些"家国情怀"［N］. 人民日报，2012-01-20（4）.

国家和民族的前途命运紧密相连。① 习近平的教师队伍建设思想饱含着"家国情怀"。他勉励教师要努力做到"三个牢固树立"中的第一条，就是要牢固树立中国特色社会主义理想信念。中国的教师队伍建设要全面践行社会主义核心价值观，坚持立德树人为本。要充分利用我国改革发展的伟大成就、重大历史事件纪念活动、爱国主义教育基地、中华民族传统节庆、国家公祭仪式等来增强人民的爱国主义情怀和意识，运用艺术形式和新媒体，以理服人、以文化人、以情感人，生动传播爱国主义精神，唱响爱国主义主旋律，让爱国主义成为每一个中国人的坚定信念和精神依靠。要结合弘扬和践行社会主义核心价值观，在广大青少年中开展深入、持久、生动的爱国主义宣传教育，让爱国主义精神在广大青少年心中牢牢扎根，让广大青少年培养爱国之情、砥砺强国之志、实践报国之行，让爱国主义精神代代相传、发扬光大。② 中国的教师队伍建设要扎根中国大地，植根中国文化，服务中国发展，解决中国问题，提出解决人类教育问题的中国方案。习近平总书记教育思想中的"教师篇章"具有浓厚的"家国情怀"色彩。

二、习近平教师队伍建设思想的科学内涵

习近平教师队伍建设思想，是以习近平总书记为首的党中央继往开来，在继承和发扬党的优良传统的基础上，在全面深化教育领域综合改革的总体要求下，以新时期的教育实践为基础而提出的。其根本目的是不断提高我国教师队伍整体水平，促进教育事业健康快速发展。③ 习近平教师队伍建设思想的科学内涵主要表现在如下方面：

（一）教师本质论："教师是立教之本，兴教之源"

关于教师本质的认识，历来有不同的视角与观点。习近平从历史唯物主义与辩证唯物主义的高度对教师本质进行了科学的阐述。百年大计，教育为本。教育大计，教师为本。习近平非常重视教师的作用，重视教师队

---

① 申亚欣. 三句话读懂习近平的家国情怀［EB/OL］. http://politics. people. com. cn/n/
2015/1006/c1001-27664791.html.
② 习近平. 中共中央政治局第二十九次集体学习［Z］. 2015-12-30.
③ 申国昌，王永颜. 习近平教师队伍建设思想内涵及其现实意义［J］. 武汉科技大学学报
（社会科学版），2014（6）：663-667.

伍的建设。他指出："教师是人类灵魂的工程师，承担着神圣使命。"① "教师是立教之本、兴教之源，承担着让每个孩子健康成长、办好人民满意教育的重任。"② "教师重要，就在于教师的工作是塑造灵魂、塑造生命、塑造人的工作。一个人遇到好老师是人生的幸运，一个学校拥有好老师是学校的光荣，一个民族源源不断涌现出一批又一批好老师则是民族的希望。国家繁荣、民族振兴、教育发展，需要我们大力培养造就一支师德高尚、业务精湛、结构合理、充满活力的高素质专业化教师队伍，需要涌现一大批好老师。"③ 在他看来，今天的学生就是未来实现中华民族伟大复兴中国梦的主力军，广大教师就是打造这支中华民族"梦之队"的筑梦人。希望全国广大教师牢固树立中国特色社会主义理想信念，带头践行社会主义核心价值观，自觉增强立德树人、教书育人的荣誉感和责任感，学为人师，行为示范，做学生健康成长的指导者和引路人；牢固树立终身学习理念，加强学习，拓宽视野，更新知识，不断提高业务能力和教育教学质量，牢固树立改革创新意识，踊跃投身教育创新实践，为发展具有中国特色、世界水平的现代教育做出贡献。④ 习近平有关教师本质的论断，充分地肯定了教师的社会价值及其在教育中的根本地位，为我们认识教师本质提供了理论基础。

（二）教师地位论："使教师成为最受社会尊重的职业"

教师的地位在不同的社会制度、不同的历史发展阶段是不同的。习近平将我国教师的地位提到前所未有的高度。首先，他倡导全民尊师重教，全面提高教师的社会地位。习近平明确要求："全社会要大力弘扬尊师重教的良好风尚""使教师成为最受社会尊重的职业""充分信任、紧紧依靠广大教师，支持优秀人才长期从教、终身从教"。⑤ 要求全社会弘扬中华民族优秀的传统，将教师社会地位提高到前所未有的高度。其次，他要求改善教师待遇，提高教师的经济地位。习近平早年在河北省正定县工作期

① 习近平. 做党和人民满意的好老师：同北京师范大学师生代表座谈时的讲话 [N]. 人民日报，2014-09-10 (1).
② 习近平. 做党和人民满意的好老师：同北京师范大学师生代表座谈时的讲话 [N]. 人民日报，2014-09-10 (1).
③ 习近平. 做党和人民满意的好老师：同北京师范大学师生代表座谈时的讲话 [N]. 人民日报，2014-09-10 (1).
④ 习近平. 习近平向全国广大教师致慰问信 [N]. 人民日报，2013-09-10 (1).
⑤ 习近平. 习近平向全国广大教师致慰问信 [N]. 人民日报，2013-09-10 (1).

间，当他得知南牛公社的南永固小学在落实民办教师待遇上行动迟缓，4名民办教师一年未领到工资的问题时，立即做出重要批示，要求马上整改。习近平雷厉风行的工作作风，使得这几名教师的工资问题得到很快解决。1983年10月，习近平同志明确提出，教育要改革，要改而不乱。根据这一原则，县里研究制定了《关于农村教育改革的意见》等文件，将民办教师工资列入干部工资序列，补齐了以前拖欠的教师工资，较好地解决了民办教师待遇和拖欠教师工资问题，使广大教师特别是民办教师深受鼓舞。① 十八大之后，习近平强调要"改善教师待遇，关心教师健康，维护教师权益"②。教师经济地位的改善为教师整体社会地位的提高奠定了坚实的物质基础，教师职业正在成为最受社会尊重的职业。

（三）教师素质论："四有"好老师

关于教师素质，习近平的论述简明扼要，以"好老师"为其进行定位并指明发展方向："一个人遇到好老师是人生的幸运，一个学校拥有好老师是学校的光荣，一个民族源源不断涌现出一批又一批好老师则是民族的希望。"2014年9月9日，在教师节来临之际，习近平曾来到北京师范大学看望教师学生，他在与师生座谈时③，关于怎样才能成为"好老师"，提出了四条标准：其一，要有理想信念。好老师应该始终同党和人民站在一起，自觉做中国特色社会主义的坚定信仰者和忠实实践者，忠诚于党和人民的教育事业，自觉把党的教育方针贯彻到教学管理工作全过程。其二，要有道德情操。老师是学生道德修养的镜子。合格的老师首先应该是道德上的合格者，好老师首先应该是以德施教、以德立身的楷模。其三，要有扎实的学识。扎实的知识功底、过硬的教学能力、勤勉的教学态度、科学的教学方法是老师的基本素质，其中知识是根本基础。要做好老师，自己所知道的必须大大超过要教给学生的范围，不仅要有胜任教学的专业知识，还要有广博的通用知识和宽阔的胸怀视野。其四，要有仁爱之心。好老师对学生的教育和引导要充满爱心和信任，要用爱培育爱、激发爱、传播爱，把自己的温暖和情感倾注到每一个学生身上，用欣赏增强学生的信

---

① 程宝怀，刘晓翠，吴志辉. 习近平同志在正定 [N]. 河北日报，2014-01-02 (1).

② 习近平. 习近平向全国广大教师致慰问信 [N]. 人民日报，2013-09-10 (1).

③ 习近平. 同北京师范大学师生代表座谈时的讲话 [Z]. 2014-9-9.

心，用信任树立学生的自尊，尊重学生、理解学生、宽容学生。① 习近平希望"广大教师要做学生锤炼品格的引路人，做学生学习知识的引路人，做学生创新思维的引路人，做学生奉献祖国的引路人"②。在全国高校思想政治工作会议上，习近平总书记对高校教师提出了殷切希望：高校教师要努力成为先进思想文化的传播者、党执政的坚定支持者，更好担起学生健康成长指导者和引路人的责任。③ 他希望广大教师要以德立身、以德立学、以德施教，坚持教书和育人相统一，坚持言传和身教相统一，坚持潜心问道和关注社会相统一，坚持学术自由和学术规范相统一。④ "四有"好老师贴近百姓、贴近实际，已经成为人们心目中教师素质的基本标准。

（四）教师发展论："三个牢固树立""四个服务"

习近平指出，传道者自己首先要明道、信道。他勉励教师要努力做到"三个牢固树立"，即牢固树立中国特色社会主义理想信念，牢固树立终身学习理念，牢固树立改革创新意识。牢固树立以提高质量为核心的教育发展观，把工作重点和资源配置集中到教育教学上来。要坚持以立德树人为根本，培育和践行社会主义核心价值观，促进学生全面发展。⑤ 他还提出了高等教育"四个服务"的新思想，即"为人民服务，为中国共产党治国理政服务，为巩固和发展中国特色社会主义制度服务，为改革开放和社会主义现代化建设服务"。⑥ 习近平提出的"四个服务"教育思想，是对党的教育方针与时俱进的丰富和发展。广大教师要始终同党和人民站在一起，自觉做中国特色社会主义的坚定信仰者和忠实实践者，忠诚于党和人民的教育事业，自觉把党的教育方针贯彻到教学管理工作全过程，严肃认真对

---

① 习近平. 做党和人民满意的好老师：同北京师范大学师生代表座谈时的讲话 [N]. 人民日报，2014-09-10（1）.

② 刘博智，刘盾. 引路人是新时期教师努力方向：习近平考察北京市八一学校重要讲话在教育系统引起强烈反响 [N]. 中国教育报，2016-09-12（1）.

③ 习近平. 把思想政治工作贯穿教育教学全过程 开创我国高等教育事业发展新局面 [N]. 人民日报，2016-12-09（1）.

④ 习近平. 把思想政治工作贯穿教育教学全过程 开创我国高等教育事业发展新局面 [N]. 人民日报，2016-12-09（1）.

⑤ 教育部. 教育部关于学习贯彻习近平总书记重要指示和全国职业教育工作会议精神的通知 [Z]. 2014-7-10.

⑥ 习近平. 把思想政治工作贯穿教育教学全过程 开创我国高等教育事业发展新局面 [N]. 人民日报，2016-12-09（1）.

待自己的职责。① 习近平任福建省省长时就提出，要"优化教师资源配置，全面提高教师队伍素质"②，并强调：要"全面实施素质教育，改进德育工作，改革课程设置，加强教师队伍建设"③。习近平在第十二届全国人民代表大会第一次会议上的讲话指出"全国广大工人、农民、知识分子，要发挥聪明才智，勤奋工作，积极在经济社会发展中发挥主力军和生力军作用"④。教师作为知识分子队伍中的生力军，肩负着培养下一代的历史重任和民族希望，更需要在实现中华民族伟大复兴中国梦的过程中积极发挥创造性，为培养具有创新能力的社会主义事业的建设者和接班人贡献智慧与思想。习近平还要求教师要树立"终身学习的信念"，要勇于不断创新，努力提高自身素质，在深化教育领域综合改革的实践中，在推进教师队伍现代化建设的进程中，在基础教育课程改革的研究与探索中，"真正把读书学习当成一种生活态度、一种工作责任、一种精神追求，自觉养成读书学习的习惯"⑤，具备建设创新型国家所要求的教育教学核心素养，坚持立德树人根本，扎根中国大地，为实现伟大的中国梦贡献知识与力量。

三、习近平教师队伍建设思想的重要价值

（一）丰富马克思主义教育理论体系

习近平教师队伍建设思想中的"立德树人""育人为本""教育大计，教师为本""教师是立教之本，兴教之源"等思想，与马克思主义教育思想中的"辩证唯物主义和历史唯物主义教育思想""以人为本""教育与生产劳动相结合"思想、"实事求是"思想等是一脉相承的。习近平提出高校教师要努力成为先进的思想文化的传播者。先进的思想文化是代表人类历史发展方向和广大人民根本利益的文化。当代中国高校教师担负起先进的思想文化的传播者的职责使命，就要坚持不懈地传播马克思主义科学理

---

① 习近平. 同北京师范大学师生代表座谈时的讲话 [Z]. 2014-9-9.

② 习近平. 政府工作报告：2000 年 1 月 21 日在福建省第九届人民代表大会第三次会议上 [J]. 福建政报，2000（3）：25-32.

③ 习近平. 坚定信心 奋发有为 把福建的现代化建设事业继续推向前进 [N]. 福建日报，2002-02-06（1）.

④ 习近平. 在十二届全国人民代表大会第一次会议上的讲话 [N]. 人民日报，2013-03-18（1）.

⑤ 习近平. 领导干部要爱读书读好书善读书：在中央党校 2009 年春季学期第二批进修班暨专题研讨班开学典礼上的讲话 [N]. 学习时报，2009-05-18（1）.

论，成为马克思主义的学习者、信仰者和宣传者，抓好马克思主义理论教育，为学生的成长发展奠定科学的思想基础。① 因此，习近平关于教师队伍建设思想是对马克思主义教育理论体系的进一步丰富与拓展。

（二）推进中国特色社会主义教育理论新发展

习近平教师队伍建设思想是与历代中国共产党人教育思想既一脉相承，又与时俱进的。习近平关于发展具有中国特色、世界水平的现代教育的重要思想，突出我国自己的教育发展道路，突出"四个服务"的新定位，突出党的教育方针和社会主义办学方向，突出加强党的领导和思想政治工作，是办好中国特色社会主义教育的根本指针，必将在实践中产生深远的影响。② "我们的教育是为人民服务、为中国特色社会主义服务、为改革开放和社会主义现代化建设服务的，党和人民需要培养的是社会主义事业建设者和接班人。好老师的理想信念应该以这一要求为基准。""好老师心中要有国家和民族，要明确意识到肩负的国家使命和社会责任。"③ 以习近平为领导的新一届党中央领导集体全面继承并发展了以毛泽东、邓小平、江泽民和胡锦涛为代表的历代中国共产党人的先进的教育思想，在对当今世界和我国经济、科技、教育发展新形势与现实境况进行全面审视和精准定位的基础之上，提出了一系列关于教育改革发展和教师队伍建设的思想理论观点，比如把教育放在优先发展的战略位置，发展具有中国特色、世界水平的现代教育，号召扩大教育对外开放，坚持把立德树人作为人才培养的目标的中心环节等，这些新思想新观点新论断，进一步丰富了具有我国特色的社会主义教育理论体系。

（三）指引我国教师队伍建设发展

习近平关于教师队伍建设的论述，不仅深刻地揭示了教师职业的特殊性，也阐明了教师工作的重要性，将教师地位和作用的认识提到了新的高度。这不仅有利于全党全社会更加重视教师队伍建设，也有利于在全社会形成更加浓厚的尊师重教的氛围。习近平要求好老师要做到四个自觉，即

---

① 吴林龙，张韬喆. 深入把握习近平关于教师职责使命论述的理论内涵 [J]. 思想教育研究，2017（5）：11-14.

② 宋凌云，王嘉毅. 教育改革发展的新理念新思想新要求：学习习近平总书记关于教育工作的重要论述 [J]. 教育研究，2017（2）：4-11.

③ 习近平. 同北京师范大学师生代表座谈时的讲话 [Z]. 2014-9-9.

自觉把坚持中国特色社会主义和实现中国梦作为人生的理想信念，自觉忠诚中国特色社会主义的教育事业，自觉贯彻党的教育方针，自觉履行教书育人的职责。同时，习近平还要求好老师成为坚持中国道路、弘扬中国精神、凝聚中国力量的弘道者和传播者，"帮助学生筑梦、追梦、圆梦"，使其成为实现中国梦的正能量。[①] 特别是习近平关于"四有"教师的阐述，从时代的要求和战略的高度提出了优秀教师的具体标准，这为当前我国教师培养、教师培训、教师教育研究以及教师职业的发展，指明了前进的方向，确立了发展目标，具有重要的理论意义和实践价值。

［原文刊载于《全球教育展望》2017 年第 10 期（李广　解书）］

---

① 张剑. 教师工作价值理论的重大创新：学习习近平总书记关于教师工作的重要论述［J］.
国家教育行政学院学报，2017（6）：3-7.

秉持"创造的教育"理念
推进一流师范大学建设

百年大计，教育为本。教育大计，教师为本。师范大学，教师教育为本。师范大学的办学定位决定了它在高等教育体系中的使命和任务。师范大学的办学使命和根本任务就是要在实现国家富强、民族振兴、人民幸福的伟大征程中，为各级各类教育事业培养造就一支师德高尚、业务精湛、结构合理、充满活力的高素质专业化创新型教师队伍，从而全面服务于教育这一功在当代、利在千秋的德政工程建设。习近平在全国教育大会上明确指出："教师是人类灵魂的工程师，是人类文明的传承者，承载着传播知识、传播思想、传播真理，塑造灵魂、塑造生命、塑造新人的时代重任。建设社会主义现代化强国，对教师队伍建设提出新的更高要求，也对全党全社会尊师重教提出新的更高要求。"这份重任和要求决定了师范大学要坚持与时俱进、开拓创新的教育理念，全面深化教师教育改革，创新师资人才培养模式，着力培养符合社会主义现代化强国战略的大国良师。

教师教育的研究与实践表明，创造力不仅是高素质教师的必备品格和关键能力，也是学生发展的核心素养。师范大学是原创教育思想之源，承担"两代师表"共育重任，并引领基础教育改革与发展，秉持"创造的教育"理念具有特别重要的意义。师范大学是我国大学的重要组成部分，建设世界一流的师范大学不仅是我国"双一流"建设的应有之义，更应该是新时代中国特色社会主义教育事业的优先之举。秉持"创造的教育"理念，推进一流师范大学建设，在实践样态上应追求：具有中国特色的教师教育之路、具有创造力的卓越的教师队伍培养、具有前沿性的教师教育学术研究和具有开创性的教师教育改革实践探索。"创造的教育"理念，为建设世界一流的师范大学提供价值导向与方向引领，建设世界一流的师范大学为"创造的教育"理念提供实践承载与操作的平台。

一、"创造的教育"理念蕴含的教育新思维

教育理念是一所大学的精神与灵魂。没有教育理念指引的教育实践是

为"盲",没有教育实践承载的教育理念是为"空"。作为一所有品位追求的大学,应该既有先进的教育理念引领,又有践行理念的有效的载体。师范大学率先提出"创造的教育"理念有其历史发展的必然性和时代精神追求的应然性,也有其顺应社会现实要求的迫切性和回应教育实践需求的价值性,是创新型国家建设和加快推进教育现代化的客观要求。师范大学提出的"创造的教育"理念的基本内涵就是要倡导注重过程的探究教育,激发基于兴趣的内生动力,养成批判反思的思维习惯,塑造卓越担当的人生品格,构建协同开放的育人模式,凝铸张扬个性的校园文化。[①] 简言之,师范大学的"创造的教育"理念就是要通过培养具有批判精神、反思意识和创新能力的教师,为我国的社会主义现代化建设服务。"创造的教育"理念蕴含着丰富的教育新思维。

(一)教育价值新思维

"创造的教育"理念本身包含着批判与反思的意味。因此,审视与反思教育价值是"创造的教育"理念内涵的应有之义。教育的价值究竟是什么?教育本身具有价值,这是教育存在的基本前提。教育是人创造的,并且是为人服务的。即教育具有"人为性",也具有"为人性",且教育的"为人性"引领着教育的"人为性"。基于教育学分析形成的教育价值分类与基于人的价值结构形成的教育价值分类的分析可以发现,教育性价值属于教育的元价值,体现了生命发展的价值;经济性价值中的部分价值,如人力资源发展价值属于教育的工具性价值,体现了教育培养人的社会生产能力的价值;教育的政治性价值、经济性价值中的效益价值、文化性价值和社会性价值属于教育的消费性价值,体现了教育对人的社会生活价值的实现。[②] "创造的教育"理念为我们提供了理解教育价值的一种新的思维方式。首先,教育本身就是价值实体,这是教育元价值的体现,"创造的教育"其落脚点在教育,而创造是其特征表现。这说明"创造的教育"其基本客观属性是教育,其特殊性表现是创造。其次,教育可以创造价值,通过培养人的社会生产能力实现人的发展性价值,"创造的教育"过程就是人发现、实现并体验价值的过程。教育促进人的发展是教育的直接价值体现,而且指向人的"创造"属性的培养。最后,教育具有增值效应,教育

---

① 刘益春. 秉持"创造的教育"理念 培养具有创造力的教师 [J]. 中国教育学刊,2017 (4):卷首语.

② 杨志成,柏维春. 教育价值分类研究 [J]. 教育研究,2013 (10):18.

的结果是人的政治性价值、文化性价值、社会性价值的实现，"创造的教育"理念在于尊重人主体价值意识及其对自身价值的自主发现与开发创造。"创造的教育"理念无疑为我们提供了一种理解教育价值的新的思维方式，让我们重新确认并尊重教育的社会地位及对个体发展的价值所在。

（二）教育内容新思维

"创造的教育"理念需要以具体的教育内容为载体进行落实，没有具体的内容载体的教育理念便无落足之地，无生命体征。关于教育内容，一般存在三种典型的价值取向：一种是教育内容"蓝本"价值取向；一种是教育内容"虚无"价值取向；还有一种是教育内容"文本"价值取向。教育内容"蓝本"价值取向强调教育内容作者或编写者的意图或原意，坚持作者或作品中心论，认为作品与读者之间是一种赐予和接受的关系，关注知识的逻辑性和规范性，强调教师按部就班地传授，注重学生的背诵、记忆和机械训练。在现实的教学实践中，教育内容"蓝本"价值取向导致师生生存交往的丢失，教学变成"规训"，逐渐失去生活的意义，并使课程知识与人的精神自由走向对立。[①] 教育内容"虚无"价值取向表现为对教育内容的"任意"解读，具体表现为教育内容偏离、教育内容偏重、教育内容偏激和教育内容偏误四个方面。产生教育内容"虚无"价值取向的原因有：教材编者过分追求特色与个性；教师课程创生的冲动与能力的缺失；考试的放大效应与异化的应试教学。[②] "创造的教育"理念倡导的是教育内容"文本"价值取向，对传统教育内容"蓝本"价值取向提出全方位的挑战，并对后现代主义的教育内容"虚无"价值取向进行理性纠偏。"创造的教育"理念强调教育内容"文本"的生活性、探究性、生命性和生成性，尊重学生对"文本"意义的多元解读，倡导师生在"文本"面前平等对话与交流，并在互动与建构中进行能动的创造。

（三）教育范式新思维

教育范式是人们在教育过程中形成的共同教育行为方式，以及由此而形成的一系列教育信仰、教育原则与教育操守。"创造的教育"理念下的教育者的首要任务是突出教育的过程属性，改变传统的"重演绎轻归纳"

---

① 张增田，彭寿清. 从"蓝本"到"文本"：当代课程内容观的转变 [J]. 教育研究，2011（11）：95.

② 张恩德. 论课程内容偏度 [J]. 课程·教材·教法，2016，36（2）：51.

的教育模式。教育过程应体现为由知识形态到问题形态再到方法形态最后到教育形态，将目标教育转化为过程教育，而这种过程的本质就是创造性的，强调的是知识的再加工、再生产、再创造过程。在"创造的教育"理念下的人才培养实践中，教师还要针对学生的身心发展规律、个性发展特点和个体爱好特长，激发学生的动机，培养学生的兴趣，塑造学生的批判反思的思维习惯，使学生形成稳定而持续的人格成长取向和专业发展定位。同时，以"创造的教育"引领的教师教育的过程，要充分联系学生的社会生活实际，让教学有利于学生的创造性培养，让学生主动探究未知世界，体验到创造的乐趣，进而全面提高其发现、探究、归纳的能力。[①]"创造的教育"理念下的教育范式新思维表现为：第一，师生教育主体地位的转换，即学习者成为教育活动中参与、体验、发现、表达与创造的主体，教师成为教育活动和学生成长的组织者、引领者和服务者，积极引导教育过程转换为学习过程。第二，教育活动重心的转移，即教育活动重心由关注"如何教"转移为关注"如何学"，学生学习活动的重心由关注"获取知识"转移为关注"自主建构"，强调教育逻辑应建立在学习逻辑基础之上。第三，教育价值取向追求的转化，即教育活动的价值追求由"传承"转化为"创新"。"传承"指向过去，而"创新"则指向未来。教育的价值在于创造未来。第四，教育活动评价方式的转变，即教育活动评价由"统一化""标准化"向"多元化""个性化"转变。评价的理念更加强调理解与发展，评价的目的在于对人的发现与承认。第五，教育制度的转向，即教育制度由"封闭性""僵化性"转向为"开放性""灵活性"。教育由海市蜃楼般的"象牙塔"开始走向充满情趣、乐趣与人间烟火的"田野"。第六，教育组织的转型，即教育组织转型为教育者、学习者、管理者、服务者多元主体"发展共同体"。"发展共同体"中的多元主体表现出平等、合作、互助与协同发展等特征。

（四）教育文化新思维

我国的教育文化传统表现为重视"双基"训练而忽视个性化学习，重视逻辑思维培养而忽视感性素质开发，重视传统伦理道德教育而忽视现实生存能力的培养。在特定的历史阶段的文化自闭与文化迷失中曾出现了偏

---

① 刘益春. 秉持"创造的教育"理念　培养具有创造力的教师 [J]. 中国教育学刊，2017 (4)：卷首语。

颇与失衡，又在文化开放与文化自觉中不断地进行自我建构、发展与超越。[①] 在优先发展教育事业、加快教育现代化、建设教育强国的重大部署下，我们要围绕全面落实立德树人根本任务，培育和践行社会主义核心价值观，努力构建德智体美劳全面培养的高水平人才培养体系，培养一代又一代拥护中国共产党领导和我国社会主义制度、立志为中国特色社会主义奋斗终生的有用人才。"创造的教育"理念将促使我国教育文化自觉意识的深刻觉醒。这是对我国教育文化的理性认知、自我审视、深度反思和自我超越的过程，也是在对我国传统教育文化的认知与认同的基础上，在面对时代与社会剧烈变革的反思中，在对世界其他民族优秀教育文化比较与借鉴中进行的主动探索、自主适应与自主超越，旨在形成符合新时代师资人才培养和教师教育改革的中国特色社会主义教师教育文化。"创造的教育"理念下的教育文化新思维体现为教育文化的自觉，这是我国教育在创新型社会背景下发展的客观需要，它也为教育变革创造契机、指明方向并提供动力。一千多年的科举制度下形成的守旧桎梏严重阻碍了近现代中国的发展与进步。"创造的教育"为我们提供了反思传统教育文化的有力的思想武器和自觉创生适应未来社会发展的教育文化新思维，进一步体现着对我国教师教育文化新思维的认同与自信。

二、师范大学秉持"创造的教育"理念的特殊意义

师范大学作为培养教师的母机，需要深刻系统地回答培养什么样的教师、怎样培养教师、为谁培养教师这个根本性的问题。国家急需、时代呼唤大批创新型人才，而创新型人才培养需要从基础教育阶段抓起，所以新时期需要大量具有创新思维和创新能力的卓越的教师。从这个意义上讲，师范大学在建设创新型国家、培养创新型人才中具有基础性、先导性、全局性、战略性地位和作用。中国有 14 亿多人口，其中基础教育阶段学生有 2 亿多，基础教育的成败关系到创新型国家的可持续建设与发展；中国有 1000 多万中小学教师，其中包括 300 万左右的乡村教师，教师在社会发展中的作用具有倍增效应，教师队伍的整体水平关系到一代又一代人的能力素质的提高。[②] 古语"名师出高徒"道理浅显且易懂，但要在教育实

① 李广，马云鹏.我国基础教育课程价值取向的特征及其文化阐释［J］.东北师大学报（哲学社会科学版），2012（1）：154.
② 刘益春.秉持"创造的教育"理念 培养具有创造力的教师［J］.中国教育学刊，2017（4）：卷首语.

践中得到落实难上加难。教师具有创新思维和创新能力，则有更多和更大可能培养出具有创造力的学生。教师不具备创新思维和创新能力，则难以培养出具有创造力的学生。师范大学具有创新的品质，有助于培养出具有创造力的教师。教师拥有创新的品质，则有助于培养具有创造力的学生。因此，师范大学秉持"创造的教育"理念具有特殊重要的意义。

（一）原创教育思想之源

师范大学以教师教育为本，为基础教育服务是其鲜明的办学特色和办学使命。首先，师范大学具有传承教育思想的功能。师范大学的教师教育课程结构及体系中包含丰富的教育思想，这为教育思想的传承提供了坚实的内容载体。另外，师范大学的培养目标以为基础教育培养卓越的教师为主，这为教育思想的广泛传播提供了主体性保障。其次，师范大学具有发展教育思想的功能。在师范大学的教育实践中，无论是教师教育专业课程的设计与实施，还是师范生的学习过程与结果，都是对教育思想的能动反映。在这一过程中，教育思想获得增值效应，并得以丰富和发展。最后，师范大学本身也是教育思想的研究者和创生者。师范大学的教师教育研究者，其精神产品的核心内容就是教育思想的产出，其物质表现形式是学术著作、论文、报告等。另外，师范大学的教师教育研究者在研究的过程中主要以基础教育实践为对象，并以解决基础教育实际问题为研究目标。师范大学教师教育研究者的这一研究特征从本质上决定了师范大学是原生教育思想之源。"创造的教育"理念的提出，其价值在于使师范大学自觉地意识到自身作为原创教育思想之源的存在，并自主在办学目标制订与办学实践过程中体现出这一特征。

（二）"两代师表"共育

师范大学与一般大学比较起来，除了具有教师教育这一本质属性之外，还体现出"两代师表"共育这一重要特征。《中共中央国务院关于全面深化新时代教师队伍建设改革的意见》的颁布，习近平在全国教育大会上围绕广大教师发表的重要讲话，均对新时代教师队伍建设、师资人才培养和教师教育改革提出了新的要求。因此，在教育强国的历史新征程中，面对创新型国家建设需要，培养大批创新型人才，师范大学还要积极顺应时代要求，回应基础教育发展需求，大力推进"两代师表"共育，既要培养具有创造力的教师教育者，也要培养具有创造力的中小学教师，进而培养具有创造力的德智体美劳全面发展的社会主义事业的建设者和接班人。师范大学应以国际一流大学教师教育的理念确立、学科专业发展等为参照目标，扎根中国教师教育本土发展实际，汲取国际一流大学教师教育人才培养、学术研究等方面的先进经验，建立更加公平公正、开放包容、充满活力和彰显学术气质与人文情怀的教师教育制度；以"教师教育优先发展"为战略突破口，为创新型教师教育者成长与发展创造文化氛围、提供制度保障。在教师教育课程实施过程中，应构建指向实践与反思、批判与创新的教师教育课程体系，逐步完善"教育见习·模拟教学·教育实习·实践反思"立体式教师教育实践课程结构，实施"理论引导·案例分析·实践体验·研究发表"一体化教师教育实践课程，为培养具有创造力的教师提供有效的课程资源保障。师范大学以"创造的教育"理念为指导，"两代师表"共育，最终目的指向培养具有创造力的德智体美劳全面发展的社会主义事业的建设者和接班人。

（三）引领基础教育发展

师范大学办学应一切从实际出发，立足发展要求，遵循教育规律，继承教育传统，通融中外经验，服务国家需要，响应时代号召，借鉴而不照搬，继承而不守旧，这是扎根中国大地办好师范大学和教师教育的应有之义。师范大学应始终致力于在培养卓越的教师和未来教育家方面有新作为，在破解教师教育和基础教育领域重大热点难点问题方面有新突破，在探索具有中国特色师范大学办学模式方面不断创造新举措。当前，创新成为时代主题。师范大学率先提出"创造的教育"理念，其缘由是针对目前教师创造力整体不足的问题；其目的是努力造就一批具有创新意识、创新能力和创新习惯的优秀的师资，并以此影响辐射和引领带动我国教师教育的健康发展。[①] 首先，师范大学的教师教育要了解基础教育，以基础教育的学生培养要求和师资建设需要作为教师教育的逻辑起点。其次，师范大学的教师教育要研究基础教育，以基础教育问题作为教师教育的研究对象。再次，师范大学的教师教育要服务基础教育，以基础教育质量提升作为教师教育社会服务的目标追求。最后，师范大学的教师教育要引领基础教育，以服务基础教育深化改革和质量提升为己任，体现师范大学的专业

---

① 刘益春.秉持"创造的教育"理念　培养具有创造力的教师 [J]. 中国教育学刊，2017（4）：卷首语.

性与社会责任感。

三、一流师范大学践行"创造的教育"理念的实践样态

高水平师范类大学必须以培养优秀的教师、未来的教育家以及国家急需的各类师资人才为己任，在一流大学和一流学科建设的过程中，继续坚守、强化师范性和教师教育特色，推进教育观念、教育内容、教育方法手段、教育管理、教师素质现代化，加速传统型社会向学习型社会转变，构建"全民学习""终身学习"机制，实现人与社会同步发展、人的全面发展，在提升我国人力资源发展水平、发展能力、发展潜力和发展贡献等方面，发挥引领与主导的排头兵作用。[①] 以"创造的教育"理念为引领，一流的师范大学建设应体现如下实践样态特征：

（一）一流的师范大学应坚守具有中国特色的教师教育发展之路

师范大学是我国高等教育体系的重要组成部分，定位一流的办学目标决定了师范大学的发展道路。首先，中国的师范大学必须拥有中国情怀、中国立场、中国气派和中国特色。在宏观办学思想上要深入落实立德树人根本任务，全面弘扬社会主义核心价值观，全过程培养德智体美劳全面发展的社会主义建设者和接班人。在具体办学实践方面要培养大批的高素质、专业化、创新型卓越的教师与未来的教育家，以满足广大人民群众日益增长的美好教育需要，并担负起全国 1000 余万中小学教师的继续教育重任；其次，中国的师范大学必须坚持教师教育属性，担当起全国师资人才培养主力军的教育使命。我国教师教育百年历史经验表明，教师教育因师而立，由师而兴，依师而荣。作为师范大学，只有研究教师教育、服务基础教育、突出自身特色，才具备存在的逻辑前提、发展的现实基础和实现一流建设目标的潜在可能。最后，师范大学应率先践行"创造的教育"理念。立德树人，教师先行，立德先立师，树人先树己。教师应首先以德立言、以德立行、以德施教、以德育人，成为青少年成长的模范。"理念"是"德"的重要组成部分，师范大学率先践行"创造的教育"理念不仅具有"示范效应"，而且具有"增值效应"。

---

① 程光旭，姚若侠，孔祥利. 推进师范类高水平大学一流学科建设 [J]. 中国高等教育，2016（3）：44.

（二）一流师范大学应定位于具有创造力的卓越的教师队伍的培养

一流的师范大学应定位于一流的师资人才培养，一流的师资人才培养应建设一流的教师教育体系。一流的教师教育应是"融合型"的教师教育，即通识知识教育与专业知识教育的融合；学科教育知识与教师职业教育知识的融合；教育理论知识与教育实践知识的融合；教师必备品格与教师关键能力的融合；教师职前培养与教师职后培训的融合；师范大学与地方政府、中小学校的融合；大学教师、中小学教师、师范生与中小学学生的融合；教师教育学术研究与师范生教育实践的融合。这种融合的教师教育理念既包括教师教育课程要素的统合，又包括教师教育阶段的契合，还包括教师教育主体的合作，同时关注了教师教育空间的弥合。① 这种"融合型"教师教育，在目标上强调将教师培养成为"反思型实践者"而非"技术熟练者"；在理念上强调基于实践认识论而非技术理性主义；在方法上注重把反思和探究融入整个教师教育过程；在机制上构建教师教育机构、地方政府和中小学校合作模式。② 这是培养卓越的教师的基本标准和要求。

（三）一流师范大学应指向具有前沿性的教师教育学术研究

教师教育学术研究是一流师范大学建设和一流师资人才培养不可或缺的重要组成部分。在"创造的教育"理念的引领下，教师教育学术研究需要定位具有前沿性、实用性和应用性的教师教育课题建设。教师教育课题研究是解决教师教育领域诸多问题的有效途径，也是培养高素质专业化教师队伍的重要方法和主要途径。一流师范大学的建设，倡导教师教育研究者应扎根基础教育实践，教师教育课题来源于基础教育，研究过程结合基础教育，研究成果应用于基础教育，针对基础教育教学实践中存在的现实问题开展课题研究，与中小学教师融为一体，实现优势互补、共同成长、共同发展。把教师教育研究放在中小学校园里，把论文写在中小学课堂

---

① 刘益春，李广，高夯."U—G—S"教师教育模式建构研究：基于教师教育创新东北实验区建设的实践与思考 [J]. 教师教育研究，2013（1）：62.

② 刘益春. 秉持"创造的教育"理念　培养具有创造力的教师 [J]. 中国教育学刊，2017（4）：卷首语.

里，把研究成果应用于基础教育实践中。[①] 教师教育研究与基础教育实践的深度融合，才有可能创生一流的教师教育学术研究成果，进而更好地发挥一流师范大学服务基础教育优质发展的办学能力。

（四）一流师范大学应勇于破解教师教育改革难题

在建设一流师范大学的过程中，遇到的发展问题和改革难题接踵而来。但要建设一流师范大学，这些问题不能回避、不可回避，也不得回避。我们必须正视、思考这些问题，探索解决的策略。首先是师范生自身素质状况与职业发展取向问题。师范院校应根据教师职业的特殊性，探索师范生招生面试策略，将最适合并乐于从事教师职业的优质生源录取到师范大学；其次是在教师教育模式实验探索的过程中，需要地方政府提供稳定的"政策保障"，并形成"长效机制"，确保"融合型"教师教育模式可持续发展；再次是师范大学的教师教育者队伍建设急需加强，其数量不足、质量不优、结构不合理等问题依然严重，急需解决；最后是教师教育国际化与信息化水平有待进一步提高。这些问题既是建设一流师范大学遇到的问题，又是建设一流师范大学过程中未来发展的提升空间。[②]

教育是国家强盛之基，创新是民族进步之魂。坚守教师教育本色，践行"创造的教育"理念，大力促进教师教育发展，深化基础教育课程改革，为国家培养出大批德才兼备的卓越的教师与未来的教育家，为民族培养一代又一代富有创新精神和创造能力的社会主义事业的建设者和接班人，是建设一流师范大学的不懈追求与责任担当。

［原文刊载于《东北师大学报（哲学社会科学版）》2019 年第 1 期（李广）］

---

① 刘益春，李广，高夯."U—G—S"教师教育模式建构研究：基于教师教育创新东北实验区建设的实践与思考［J］. 教师教育研究，2013（1）：64.

② 刘益春，李广，高夯."U—G—S"教师教育模式建构研究：基于教师教育创新东北实验区建设的实践与思考［J］. 教师教育研究，2013（1）：64.

近三十年来国外教师 PCK 研究的述评

　　近三十年以来，舒尔曼是公认的教师学科教学知识研究的先驱者。在其提出教师知识研究之"范式的缺失"（Missing Paradigm）问题后，教师学科教学知识（Pedagogical Content Knowledge，简称 PCK）的研究成为教师教育研究的焦点。关于范式，托马斯·库恩认为："范式意指共同体成员所共有的东西，由共有的信念、价值、技术等构成的整体。"① "范式"可以理解为某一研究群体所共同遵守某种理念即群体成员间达成共识的假设、准则、方法和理论。而库恩的范式理论在教育研究中的映射则表现为，研究群体如何对教育问题或者现象的合法性进行解构，以寻求对教育进行合理的解释，并最终达成群体间的共识。因而，所谓的"范式缺失"就是在当前教师知识研究领域内，研究群体间尚未达成共识，甚至处于研究问题"缺失"及其方法论"悬置"状态。

　　当前的研究方法论，主要问题在于其囿于"说明"与"理解"范式之争论。以胡塞尔、海德格尔等为代表的现象学研究者们则将"理解"视为"思维方式""人的存在"方式，并坚持"'说明'是自然科学的致知方法，自然科学以'说明'的方法获取事物的原因；'理解'是历史科学的致知方法，人文科学以'理解'的方法揭示生活的意义"。② 而马克斯·范梅南则坚守教育学研究者们应以追求教育学活动的意义为准则，体验教育生活为目的，最终达到"理解"教育之"生活世界"的目的。而根植于"理解"之范式诸如民族志研究、生活史研究等研究，其目的就是摆脱福柯所言之"规训"与"惩罚"。韦伯等人之工具理性支配下的逻辑范式受到"质疑"与"批判"，研究方式逐渐由"工具理性"走向"价值理性"。"而从研究价值导向来看，'实证主义'及其量化研究和'解释主义'及其质性研究可以归属于'学术导向'，其目的是'求真'；而'批判理论'及其

---

① 托马斯·库恩. 科学革命的结构 [M]. 北京：北京大学出版社，2003：133-137.
② 冯建军. 走向生命关怀的教育研究 [J]. 高等教育研究. 2004，25（3）：25-29.

行动研究则归于'实践导向'，其主要目的是'求善'。"① 如今，"理论"与"实践"的二元对立的局面被打破，逐步走向"理论"与"实践"的协同与共融，力求"真"与"善"的统一。而后衍生出的不同研究范式或者方法论为教师 PCK 的研究提供了方法论意义。本研究试图承接研究方法论转向之新趋势，借以"历时"之路径来梳理国外教师 PCK 之研究问题走向；以"共时"之手段来呈现国外教师 PCK 研究方法之现实样态。本研究希望对我国教师 PCK 的研究有所裨益与提供借鉴。

一、教师 PCK 研究的历史考察

舒尔曼所谓的教师知识研究"范式缺失"论点引发争议后，学术界逐渐掀起了教师 PCK 研究的热潮。本研究试将国外教师 PCK 的研究划分为四个重要的时期：准备期、初创期、拓展期、深化期，以梳理与探究其研究的历史发展轨迹，发现其内在发展的逻辑规律。

准备期：理论与实践范式的转向，教师知识研究新趋势。教育理论的众多研究者苦于"教育理论"与"教育实践"之间二元对立的状态，拉近二者之间的距离或者摆脱二者之间的禁锢成为研究的新突破途径。杜威试图以"实践中学习"的方法：观察、洞察与反思，将二者进行融合。日本研究者佐藤学更是以"理论的实践化""实践的典型化理论"来消解二者的对立状态。因而，"教师应该知道什么知识"的问题争论短期内难以达成共识，却形成西方教师知识研究的两种截然不同的研究范式与发展路径，为教师 PCK 研究的产生与发展奠定了坚实的理论基础。

初创期：研究兴起阶段。这一时期应最早源于杜威的论点："教师关注的是他自己拥有的学科知识如何能帮助理解儿童的需要和行为，并决定该以哪种媒介给予学生恰当的指导。"② 而后，舒尔曼批判性地认为美国教师教育过程缺乏针对学科教法知识的考量，且教师知识研究存在"范式缺失"的瑕疵。舒尔曼引出"学科教学知识（PCK）"新概念，并诠释其为何以"比喻""说明""解释"以及"演示"等手段将特定学科内容知识转化为易于学生理解的"表达"或者"阐释"；以及了解学生个体原有的概念等。③ 肯尼迪强调教师 PCK 的"学科知识"与"教学知识"的混合而

---

① 陈向明. 质性研究：反思与评论（第 2 卷）[M]. 重庆：重庆大学出版社，2008：2-11.

② DEWEY J. The Child and the Curriculum [M]. 北京：北京师范大学出版社，2018.

③ SHULMAN L S. Knowledge and Teaching：Foundations of the New Reform [J]. Harvard Educational Review，1987，57（1）：1-22.

非总和。^①而塔米尔批判性地强调"特定的学科"（Subject Matter Specific）的教学知识中的"诊断""评量"与教学资源的"积累"。^②卡特则强调教师对学科知识的了解程度，并诠释为：如何将学科知识"传递（Translate）"到教室中的"课程事件（Classroom Curricular Events）"^③，以及其他研究对其的批判与继承。该阶段的研究，"继承"与"批判"两条路径并行，教师PCK的研究逐渐得到深化与延伸，标志着教师PCK的研究逐渐兴起。

拓展期：由内涵诠释转向教师知识内容解构。诸多研究者对其内容进行了深入的探讨。其中，格拉斯曼将其结构解构为"学科的教育目的、目标知识""学生关于特定学科内容主题的先备知识""课程知识""教学策略"四个方面。^④而吉蒂斯则将教师PCK知识诠释为"学科知识"与"一般教学知识"交互作用的"共生物"。^⑤吉蒂斯所谓之"共生物"包含学科知识与一般教学知识的内容。而威尔和马凯斯特等依照布卢姆分类理论将教师PCK知识诠释为：普通PCK（General PCK）、学科PCK（Domain Specific PCK）、话题PCK（Topic Specific PCK）三类。^⑥该时期教师PCK研究内容不断丰富，其内部结构不断拓展与丰富，并与其他领域内的理论进行了较为合理的融合与发展。

深化期：从教师PCK实体属性的"静态"诠释走向教师PCK实践属性的"动态"解构。同时，关注了教师个体情感因素对教师PCK的动态

---

① KENNEDY M M. A Survey of Recent Literature on Teachers' Subject matter Knowledge [J]. Issue paper 90-3 NCTRE. Michigan State University, East Lansing, Michigan: 1990.

② TAMIR P. Subject Matter and Related Pedagogical Knowledge in Teacher Education [J]. Teaching and Teacher Education, 1998 (4): 99-110.

③ CARTER R. Teacher's Knowledge and Learning to Teach [M] //HOUSTON W R. Handbook of Research on Teacher Education. Collier Macmillan Canada: Inc, 1990: 291-310.

④ GROSSMAN P L. The Making of A Teacher: Teacher Knowledge and Teacher Education [M]. New York: Teachers College Press, 1990: 7-9.

⑤ GEDDIS A N. Transforming Subject Matter Knowledge: the Role of Pedagogical Content Knowledge in Learning to Reflect on Teaching [J]. International Journal of Science Education, 1993, 15 (6): 673-683.

⑥ VEAL R W, & Makinster J G. Pedagogical Content Knowledge Taxonomies [EB/OL]. http: //unr. Edu/homepage/crowther/ejse/vealmak. html.

形成过程的影响。科克伦等人则将教师 PCK 的形成视为有机的动态发展过程①，继承与批判原有"静态"的实体性分析，对教师 PCK 进行了"动态"的解构。而 Tuan、Jeng、Whang、&Kaou 综合前人的理论探究发现，影响教师 PCK 发展的诸多因素中，教师本人对学科教学知识的偏好、反省与行动的能力以及本身教学库的资源等因素占有重要的影响。② 约翰斯特和安缇等则将"个体情感""信念"等情感方面纳入教师 PCK 发展的研究③，研究主体由"知识本身"转向"教师个体"。詹姆比拉斯试图将"感情生态（Emotional Ecology）"理论引入教师 PCK 理论的研究。④ 同时，更有部分研究者结合学科进行了研究，如帕克和奥利文（Park & Oliver，2008）拓展了教师 PCK 中教师效力（Teacher Efficacy）对于教学的作用⑤，瑞查森和哈瑞森等（Richardson & Harrison，2005）也对教师 PCK 进行了有益的探索。该时期的教师 PCK 知识的研究拓展至不同的学科领域，采用多种不同的研究范式，教师 PCK 的研究进入理论的深化期与繁荣期。

二、以"学术导向"为取向的教师 PCK 研究

以"学术导向"为价值取向的研究，多体现为实证主义指导下的量化研究法以及解释主义引导下的质性研究法。量化研究以实证主义为哲学基础，以证实普遍性为目标，对行为进行控制和预测，以寻求共识。量化研究的支持者认为，事物的内部以及事物与事物之间必然存在某种稳定的模

① COCHRAN K F. De Ruiter J A KING R. A. Pedagogical Content Knowledge：An Integrative Model for Teacher Preparation [J]. Journal of Teacher Education，1993，44（4）：263-272.
② TUAN II，Jeng B，WHANG L，et，al. A Case Study of Preservice Chemistry Teachers' Pedagogical Knowledge Development [R]. Paper Presented at the National Association for Research in Science Teaching，San Francisco，1995.
③ JOHNSTON J，AIITEE M. Comparing Primary Student teachers' Attitudes，Subject Knowledge and Pedagogical Content Knowledge Needs in a Physics Activity [J]. Teaching and Teacher Education，2006，22：503-512.
④ ZEMBYLAS M. Emotional Ecology：The Intersection of Emotional Knowledge and Pedagogical Content Knowledge in Teaching [J]. Teaching and Teacher Education，2007（23）：355-367.
⑤ PARK S，STEVE OLIVER J. Revisiting the Conceptualisation of Pedagogical Content Knowledge（PCK）：PCK as a Conceptual Tool to Understand Teachers as Professionals [J]. Research in Science Education，2008（38）：261-284.

式和秩序，有待于研究者去发现自然规则。① 该取向的研究者试图用量化的方法，来解释事物的内在和事物与事物之间的规律，从而来证实其假设"事物的内部以及事物与事物之间必然存在某种稳定的模式和秩序"。② 该研究取向的研究者多采用演绎式的研究思路，用数据进行论证，强调事物之间的因果关系，并通过控制研究对象的行为，期待合乎研究者的假设。

纵观教师 PCK 的研究现状，教师 PCK 研究的内容与方法不尽相同。Counts（1999）、Van Driel 等（1998，2002），Abd-El-Khalick（2006）、Aun Toh 等（2003），Park 和 Oliver（2008）等，Friedrichsen 和 Dana（2005）等，从其来源视角进行了较为系统的研究。卡茨以观察、访谈等研究手段，以参与某教师培训项目的物理教授的 PCK 来源作为研究内容，得出与格雷斯曼研究相同的结论。③ 而 Abd-El-Khalick 则选取有经验的生物教师和在校师范生生物教师各两名，以开放问卷和个人访谈的方法，将数据进行量化来描述教师综合学科知识和特定学科知识的获得，并验证了这些知识与教学经历的某种关系。④ 以上诸多研究者试图以量化的方式来解构教师 PCK 的来源。

而质化研究的目标是描述和解释特定的研究情境中人们的经验、理解社会以及人们日常生活的意义。质化研究的对象是具体而变化的故事、事件及其过程和意义等方面，人们不能独立地认识现实，现实也不能被完全地了解，因其受社会、历史、经济、文化等因素的影响和制约。研究者必须构建一个理解现实世界的"图式"，来理解研究对象的世界，而两个主体之间是彼此影响的。在研究过程中，主体间的关系得以建构与确立。

而具体到教师知识研究的领域内，研究者为了探寻教师 PCK 发展的内在逻辑与发展规律，采用了多样的研究方式，如跨文化的对比研究等。例如，史密斯和尼尔采用教学录像、访谈、教师撰写的日志等手段进行数据收集，来研究教师 PCK 概念的转变，并按照概念转变教学的特点对数

---

① 陈忠卫. 质化研究与量化研究的范式差异及融合趋势：兼论在管理学界的应用 [J]. 管理学家（学术版），2012（3）：3-12.

② 艾尔·巴比. 社会研究方法（第 10 版）[M]. 邱泽奇，译. 北京：华夏出版社，2005：22-23.

③ COUNTS M C. A Case Study of A College Physics Professor's Pedagogical Content Knowledge [D]. Georgia State University，1999.

④ Fouad A E K. Preservice and Experienced Biology Teachers' Global and Specific Subject Matter Structures：Implications for Conceptions of Pedagogical Content Knowledge [J]. Eurasia Journal of Mathematics Science and Technology Education，2006，2（1）：1-29.

据进行分析。① Baxter 和 Lederman 等在其研究中，采用了聚合和推理法、概念图、卡片分类和图片表述法、复合测定法等手段②，并在此基础上，获知教师 PCK 的发展与变化程度。以上研究者试图采用质化的方式来解构教师 PCK 的发展规律。

三、以"实践导向"为取向的教师 PCK 研究

以"实践导向"为价值取向的研究，多以"批判理论"及行动研究为手段。行动研究为该取向主要的研究手段与方法。如凯姆密斯和麦克塔格特所阐释，"行动研究是一种自我反思的研究，在实践中验证理论从而提高教学质量，增强对课程、大纲、教学和学习的认识，以促进教学的改进，更好地诠释和验证现行的教学理论"。③ 行动研究范式彰显了教师本身的自我反思、自我觉醒、自我批判精神的逻辑演变过程。而马克斯·范梅南从非判断性理解、发展性理解、教育性理解、形成性理解等维度对教育学进行了解构，映射了教师 PCK 研究方法的新路径。教师可以通过自我叙述、自传或者传记、评论等手段来折射教师 PCK 的改变与发展，如克莱蒂茵等开展的教师生活体验的自我陈述，勾勒教师如何逐步理解他们在课堂上的生活，来彰显教师 PCK 的变化与发展，采用了包含日志记录、访谈文稿、观察、讲故事、写信、自传写作、课堂计划、新闻信札和其他写作等，从而实现"经验的再构"。④

马克·约翰森等人则试图通过评论的方式来反映：教师对知识的理解如何影响他们建构课堂经验，以及他们与学生、家长、同事、管理人员交互作用的方式。施瓦布在其研究"教师学问"的项目中将评论分为"文献评论"和"主要研究"两类，对教师知识进行研究。⑤ 也有研究者采用案例研究方法。Lee Shulman 阐释其以第三人称描述的案例研究，是从以第

① SMITH D C，NEALE D C. The Construction of Subject Matter Knowledge in Primary Science Teaching [J]. Teaching and Teacher Education，1989 (5)：1-20.

② BAXTER J A，LEDERMAN N G. Assessment and Measurement of Pedagogical Content Knowledge [J]. In GESS－NEWSOME J. &. LEDERMAN N G (Eds.) Examining Pedagogical Content Knowledge. Dordrecht，the Netherlands：Kluwer，1999：147-161.

③ KEMMIS S，MC TAGGART R. The Action Research Planner [C]. Geelong，Victoria：Deakin University Press，1982.

④ CLANDININ J，CONNELLY M. Narrative，Experience，and the Study of Curriculum [J]. Cambridge Journal of Education，1990，20 (3)：241-254.

⑤ SCHUBERT (1987，Fall). Educationally Recovering Dewey in the Curriculum [J]. Current Issues in Education，7，1-32.

一人称描述（包含日记、私人信件、学生作业的样本、录音带、观察者的记录）的案例报告中抽取出数据信息。朱迪斯·舒尔曼相信以上研究方式能从某种程度上反映理解实践的智慧。总之，究其以上研究方法的旨归，各类研究手段或者路径都意在从教师本身的视域来解读教师知识的转变，通过教师自我反思、自我批判等达到自我觉醒，从而促进教师知识的发展。

四、教师 PCK 研究与发展之未来展望

综合前文研究的框架，分析表明，国外教师 PCK 的研究经历了准备期、初创期、拓展期、深化期几个重要的纵向逻辑深入拓展时期，历经研究方法或者跨领域等横向维度的研究视域的拓展过程。教师 PCK 之研究现状给我们今后的研究以启示的同时，也给我们深入研究教师群体的内在知识体系提出了新的走向。

一是注重学科教师知识理论研究的深掘，促进教师知识理论研究的领域拓展和多元化发展。以上对研究现状的梳理表明，当前国外教师 PCK 的研究多集中于理论研究的层面，实践层面的研究较少。而理论层面的研究，又多集中于教师 PCK 的内涵与本质、内部结构及内容拓展的层面，或者针对学科（科学、物理、化学等）进行了探索与研究；而针对人文、社会科学学科的研究较少。通过历史视角的脉络梳理与整理，我们发现，研究者们对教师 PCK 的内涵与本质、内容结构、发展途径等诸多方面进行了多层次的分析与解读，研究的内容不断拓展，打破了以往学科知识与教学知识无关联或影响较少的认定。

但研究者们对于教师 PCK 的研究也达成了某种共识——即教师 PCK 是什么的问题，教师 PCK 用什么研究方法来研究的问题，教师 PCK 怎么发展的问题以及其他相关方面的问题。这也表明，在教师 PCK 的研究方面，研究者已清醒地注意到，研究不是简单地囿于教师 PCK 如何界定、如何解构的问题，而是如何继续发现教师 PCK 的新问题，以及如何汲取其他研究理论以更好地促进该理论研究的深化与发展。而其最终极目标无疑是促进学生的健康发展，如何促进"人"的发展、怎样提升教师的知识将成为研究的重点"区域"。吸收更多关注教师的研究群体共同来研究，教师群体不应该一直处于被动的地位，而应该成为研究的一部分，积极参与到教师 PCK 研究中。

二是走学术导向与实践导向融合的研究路线，促进研究方法论的多样

化引进。当前多种研究方法共存甚至共融，已然成为方法研究的趋势。不同研究取向逐渐由对立走向协商，甚至是共融。囿于"解释"与"理解"两种思维的研究路径，研究者们正逐步走向协商。从当前教师 PCK 研究方法的进展来看，教师 PCK 的研究多囿于"解释"与"理解"的纠缠旋涡之中。多数仍坚持其研究的视域内的"解释"与"理解"，但从部分研究中可得知，其部分支持者也在慢慢有所转变，逐渐转向以"实践导向"为取向的行动研究。

而就当前研究"范式"的转换与新转向，研究者们对研究方法论的再反思表明，教育学研究的方法论遇到了其发展的瓶颈。"思维展开的演绎性倾向造成教育学方法论研究的空洞性、思维展开的虚无性倾向造成理论发展'形式'上而非'实质'上的进步。"① 问题本身的研究方法论的逻辑先在性，更是警示我们应注重问题的本体论的研究。我们应首先善于发现问题，然后再注重解决问题。解决问题需要较为多元的研究方法论做支撑，提供适合问题的方法论。当前教师 PCK 的研究，需要不同的视角与研究方法，走学术导向与实践导向融合的研究路线，并汲取其他研究范式的"营养"，为寻求教师 PCK 问题的"真"与"善"提供范式，应是有益的努力。

[原文刊载于《教育导刊》2013 年第 5 期（李广　徐哲亮）]

---

① 王澍，柳海民. 从唯方法论主义到问题与方法论的统一：改革开放 30 年教育学方法论研究的知识论立场探寻 [J]. 教育研究. 2011 (1)：39-44.

教师教材理解范式的深度变革

教师教材理解反映教师对国家课程理念的认知程度，也反映教师自身的专业水平。教师教材理解是教师用教材教的重要前提，教师教材理解程度直接影响教师用教材教的质量和水平。教师教材理解包含教师对教材知识、教材组织逻辑、教材价值、教材时代使命的理解等。新时代人才培养的根本任务是立德树人，这要求教师教材理解将走向知识体系、方法论、思维方式与价值观的融合。围绕"培养什么人""怎样培养人"和"为谁培养人"的根本问题，必将促进教师教材理解范式的深度变革。

一、教材本体理解：课程开发与专业发展相互促进

教材是课程开发的显性文本成果，凝聚着课程开发者的智慧。在教师教材理解和使用的过程中，教材既是教师课程开发的对象，也是教师专业发展的载体，并且在提升教师知识素养和塑造教师专业品质的过程中不断获得增值。

（一）教材是教师课程开发对象

教材是课程开发的显性成果。课程开发者在课程开发的过程中依据课程目标选择课程内容，研制开发方法和手段，进行开发组织与设计，形成开发结果并进行评价，最终形成符合课程标准要求的教材。教材的一次开发是国家行为，"教什么""怎样教"和"为谁教"，是课程开发中对教材的终极追问。教材要符合学生认知特点和教育教学规律，以学生全面发展为基本出发点，满足学生发展需求和社会发展需要。同时，教材要考虑教师的驾驭和把握能力，尽量用文本的丰富性来预判教学方法的多样性和灵活性。

教师教材理解是对教材的二次开发。教师教材理解既要尊重教材的权威性，也要体现教师使用教材的创造性。教材的二次开发是教材在教育教学活动中的全新实践，由于使用对象不同、方法不同、目标不同、方案设

计不同，教材呈现出不同的功用效果。例如，按教材体系归纳的大单元教学、主题课程群教学、学科融合式教学，就是对教材的二次开发。教师教材理解是教材价值增值的过程，教师理解教材、研究教材，形成具有个性化的教学设计，落实针对具体对象的教学目标，往往产生超越教材学科知识的效果。尊重教材、基于教材、理解教材、建构教材、增值教材，课程开发实现了意义二次建构。

（二）教材是教师专业发展助推器

教材是教师专业发展的有效载体。教师首先要充分理解教材的思想意图和教材的内容价值，这是对教师专业素质最基本的要求。教材体现国家意志，蕴含民族文化传统，饱含时代精神、国家情怀和民族特色，所以，教师要把握教材立意，准确传递教材思想主旨，明确教材导向作用和时代价值，全面落实全国教育大会提出的"要把立德树人融入思想道德教育、文化知识教育、社会实践教育各环节"的任务，将教材的思想价值观与学科知识内容内化为教师主体价值与认知结构的一部分，促进教师专业的发展。

教材是体现教师创造精神的重要平台。同样的教材，不同的教师，使用水平与效果存在差异或差距，这体现了教师在理解教材、使用教材的过程中不同的创造性。教师要创造性地使用教材，教材编得再好也只是用于教学的材料，或提供某些教学的框架与导向。由于学生的学情不同，教师使用教材会有所删减、调整或补充。这表明，教师对教材的理解和使用，既要基于教材、尊重教材，又要超越教材；教材既为教师教学提供了课程资源，也为教师构建了发挥创造性的专业平台。教师根据实际教学需要创造性地理解教材、丰富教材、使用教材，实现教材效益最大化，这是教师专业发展的重要体现。

（三）教师应成为主体性可再生型"教材"

教师本身即是主体性教材资源。好教师本身就是一部好"教材"，这一点应该引起教师的足够重视。物态化教材是教师教学过程中使用的客体对象，当教师在使用教材的过程中充分发挥其主观能动性，教师自身就转变成为具有主体性质的"教材"。在理解教材的过程中，教师需要不断学习新知识、积淀情感、总结经验、提高认识，才能适应新时代人才培养目标要求。

教师在教育知识、课程知识、专业知识和学科教学知识方面积累得越丰富，并能够把握教育教学时代特征和学生心理发展阶段的特点，通过身体力行、言传身教、日复一日的教学向学生传递着人格修养和个人魅力，教师对学生的世界观、人生观、价值观产生潜移默化的影响则愈强大，教师的主体性教材价值不断得以实现。学生学习生涯中最持久的陪伴者就是教师，所以，好教师本身就是一部生动的高品质的"活教材"。

教师应成为可再生型教材资源。首先，在教学活动中，教师先理解教材，再引导学生理解教材。因此，教师是教材的先行学习者。教师为学生学习而进行的先行学习，具有专业目的性和育人道德性，这对于教师来说既是知识素养的提升，也是职业信念的强化。其次，教师理解教材的过程包含教材深度解读、教学资源拓展、教学过程设计等多个专业环节。每一个环节对于教师来说都是一次专业洗礼，都会增长教师的专业智慧。再次，教材传递的知识、观念、价值、思维、品质，在教学活动的过程中同样会滋养教师的人格品质和气质，这对于学生形成良好的情感、态度、价值观具有重要意义。教材文本呈现形式是静态的、外显的，教材意义理解和吸收是动态的、内隐的。教师通过教材理解可以提升认知水平、学科素养和专业智慧。在教材理解的过程中，教师自己逐渐成为主体性可再生型"教材"。

二、教材价值理解：逻辑取向与价值追求趋于融合

教材要围绕"培养什么人"来确立编写目标的终极价值指向。新时代人才目标是培养具有崇高理想和信念的人，培养能深入社会实践、积极投身社会主义事业建设的人。因此，教师教材理解要充分理解教材的育人目标价值取向，理解教材中包含的本体价值、主体价值和社会价值。

（一）教材内容逻辑与本体价值融合

把握教材的内容逻辑是教师教材理解的基础。叶圣陶先生曾说过，"教材无非是个例子"。这句话可从两个方面理解：一方面，教材是个例子。教材作为教学的媒介物，是学科例子的集合、材料的编辑。这种教材理解方式注重教材的内容逻辑，着眼于教材本身蕴含的知识、内容、目标和重点，依据教材预设的组织逻辑进行教材理解、教学设计、活动实施和师生互动，体现教材内容对师生教材理解的规定性。另一方面，教材无非是例子。教材发挥价值的途径是课堂教学，教学阐释是教材理解"落地"

的通道。教材理解要追寻教材作为例子的深层含义，更要透视教材作为例子背后的教育价值。要通过教材理解达成对教材内容的"本体价值"追问，坚持深层次、多视角、全方位和创生性原则，挖掘教材内容蕴含的丰富意义和潜在价值，形成师生与教材内容之间的深度对话，在教育教学的过程中充分实现对学生的素质提升和价值引领。

挖掘教材本体价值是教师教材理解的关键。教材能做什么？汉代学者刘向说："书犹药也，善读之可以医愚。"教材是学生的必读书，"善读"至关重要。"善读"意味着要品味教材包藏的文化底蕴，领悟教材的潜隐价值，关注现实生活，认知社会规律。"从教材看教材"，是教材理解的浅层次；"从教材看教材之外"，是教材理解的深层次；"从教材看教材内外"，是教材理解的科学逻辑。教材是教师教学所用的素材的统称，教师理解教材要立足教材，又要超越教材。只有不断地对教材内容"本体价值"进行追问，在教学活动过程中不断地进行回答，才能解决"培养什么样的人""怎样培养人"和"为谁培养人"的根本问题。

（二）教材心理逻辑与主体价值融合

寻找教材中的学生心理逻辑是教师教材理解的重要内容。尊重学生的身心发展水平和成长规律是开展教育教学活动的前提，是依托教材有效开展教育教学活动的现实基础。关于教材心理逻辑，一般有"学生理解教材"和"教材理解学生"两种心理观。学生理解教材，意味着教师千方百计促使学生学习教材知识、形成学科能力、熏陶学科素养。教师为学生理解教材做好服务，将学生心理经验和情感体验向教师理解的教材主旨聚拢。教材理解学生，是以学生为起点的教材理解，教材服务于学生成长的需要。教材价值因学生而异，不同地区、不同特点的学生从教材中领悟自己发展需要的部分。教材理解遵循学生心理逻辑，关注学生个人成长和现实体验，目的是促进学生精神建构和主体发展。

教师教材理解需回归对学生成长的主体价值追问。教师需要将教材蕴含的知识价值、科学价值、思维价值、文化价值等充分地挖掘出来，实现教材促进学生成长价值的创造性转化，引领学生在教材理解的价值实践中获得共性发展和个性塑造，全面提升学生的核心素养。教材设计体现国家意志，教材编写体现学科发展动向，教材使用体现师生理解水平。教师教材理解要突出"以人为本"取向，在宏观上把握国家人才需求目标，中观上落实学科发展目标，微观上实现学生个人发展目标，循序渐进地实现教材促进学生发展的主体价值。

（三）教材生活逻辑与社会价值融合

教师教材理解要遵循学生生活逻辑。教材内容与社会、政治、经济、文化、科技、生态、文明等具有深刻的关联性，涵盖社会生活的方方面面。教师生活体验和学生生活经验是加深教材理解的助力器，教师教材理解要回归学生的具体的生活情境。教师教材理解需要把握教材与社会、教材与人的发展的辩证关系，落实立德树人根本任务，坚持正确的社会发展观和人才成长观，培养学生的核心素养，这就要求教师在教材理解过程中既要遵循社会需求的逻辑取向，又要明确学生成长的价值取向。教材中包含的国家情怀、民族价值观念、优秀传统文化和革命传统教育等，是潜隐在学生具体生活中的文化背景和价值底色，潜移默化地为学生的发展提供动力支持与价值引领。

教师教材理解应有意识地渗透社会价值。社会发展的终极推动者是人，全面发展的人、终身学习的人、德才兼备的人是改变社会、推动社会进步的决定力量。教材理解范式的变革，要求教师既要基于教材本身，又要放眼社会发展，把教材内容与社会发展相联系，将学生培养与社会进步相结合，在社会这本"大教材"中寻找积极的素材，发现有利的因素，融入教学活动，引领学生在理解教材、认识社会的学习过程中获得成长进步，形成个人与社会之间的统一协调的关系。社会不是像一根绳子拽着人走，而是像一面镜子照着人前行的方向。教材理解需从社会需求走向社会引领，实现教材理解、教育活动、学生发展与社会进步的和谐一致。

三、教材应用理解：文本解读与意义建构走向统一

教材是知识的凝聚、文化的精华，教材具有知识传播、能力培养和教导育人的功能。教师教材理解，是文本解读与意义建构的协调统一，文本理解走向丰富，教材意义不断生成，二者合力为师生共同成长服务。

（一）教材多元解读与师生多元对话相统一

多元解读保证教材理解的丰富性。在教材阅读中有文本中心论、读者中心论、视域融合论三种代表性的主张。视域融合论的倡导者伽达默尔提出"作者第一"与"读者狂欢"的说法，认为教材理解是教材原初意义与读者创生意义的综合体，是读者视野与作者视野所呈现出的相互交融的状

态。视域融合论强调教材文本多元解读，解读义项多样，解读情境多样，解读角度多样。这种解读在不同的情境、语言、视角的组合下，实现交互性理解，形成分享性经验。多元解读站在作者和读者融合的立场，忠于教材的内容的规定性，又尊重读者理解的水平。多元解读把历史情境和现实情境结合起来，尊重历史境遇，又观照现实生活，是深刻领悟的解读，有利于学生视域的拓展。多元解读价值导向就是立足于人的发展，"以文化人"的过程，实现"文"与"人"的有机融合。

多元对话实现教材理解的人文性。巴赫金的对话理论主要有对话的存在性、对话的差异性与对话的他性三个特征。通过多元对话进行教材理解，就是充分尊重作者、教师、学生作为对话各方的公平性。教材理解是教师与学生、文本与教师、文本与学生、学生与学生的真正对话，相互引发使对话逐步深入，实现互动交流、平等合作、自主探究、开放共享、和谐共生。教材理解的对话差异性和对话他性理解，形成个性化认知或者创见，有不同的观点、不同的思想闪现，这本身就是在创新教材理解方式、拓宽教材理解渠道、提高教材理解水平。教材理解的多元对话是在多元解读的基础上实现解读主体的自由，是"用教材教"目的观的充分体现。

（二）教材内容结构与师生动态生成相统一

把握教材内容结构有助于教师理解教材多维价值。教材价值解读有两个向度：一是理解教材的原生价值，二是理解教材的教育价值。教材原生价值理解直指教材本身，是揣测式理解，尽量贴近历史情境下的作者，做到读懂读透。对教材原生价值的解读要求有"界"。首先，要基于文本内容进行研读，要在学科范围内理解文本，师生研读教材、贴近内容，并据此形成科学的教学目标、合理的教学设计。其次，要对教材内容结构有深度把握，教材中的单元结构、体裁排序、主题预设，都影响对教材教育价值的理解。教材教育价值理解是生成式理解，是课堂具体情境下师生创生性的领悟，打破教材结构和顺序，架构作者、读者、文本之间沟通的桥梁，使教材价值得到充分的挖掘和实现。

教材理解的动态生成有助于激发师生的实践能力和创新能力。教材使用是师生思维的融合与碰撞，往往突破书本逻辑，把教材内容与个体经验、社会生活联系起来，形成新认识、新能力，学会观察和理解生活中的实际问题。基于教材的师生活动，是有主题、有目的的过程，具有动态生成特点。师生在既定目标下的教学生成是掌握学科知识、运用学科方法、生成学科能力的表现，也是对学科思维方式、学科文化特征、学科教育价值的深度理解。教材的意义在于教材使用时发生的师生对话及师生成长，教材理解范式从聚焦于教材本身到聚焦于教材的使用者，从关注教材内容走向关注学生培养，教材由静态文本走向动态情境，为学生成长提供可能的空间，为学生终身的发展奠定学科基础。

（三）教材科学事实与师生精神建构相统一

教材理解应尊重学科的科学事实。科学事实的内涵，一般与经验事实和客观事实联系在一起，是学科长期积累传习的共性认知。教材学科属性、学科理论、学科知识是认识教材的基础，基于教材进行教材理解是基本前提。要依托教材、忠实教材，理解学科知识的积累成果和实践创新，全面贯彻教材的指导思想，为社会主义建设服务。教材编排与选择是尊重客观事实、依据科学事实、观照经验事实的有目标有秩序的活动，教材理解是充分尊重前人经验基础上的记忆、重现、再造，是在包罗万象的事实中分科分类汲取知识营养的过程。

教材理解应指向学生精神建构活动。教师在教材理解过程中，心里是始终"惦记"着学生的。换言之，教师是为学生的学习而理解教材的。如果说教材编写是"人为"的选择、取舍、判断与确定内容的系列过程，教材理解则是"为人"的反复的学习、加工、改造和创生的过程，是教师基于学生发展而进行的教材拆解、组装、审视、批判、理解、吸收的过程。教材理解向来"不是一种单纯重构过程，而始终是一种创造过程"，是教师基于学生现实并指向学生未来的意义解读与精神建构的过程，是与学生分享知识、学识、经验和情感的过程。教材作为教学载体，以科学事实的方式承载了教书育人的客体价值，并通过教师教材理解，以精神建构的方式实现教材立德树人终极目标的价值追求。

[原文刊载于《教育研究》2019 年第 2 期（李广　孙玉红）]

个性化学习的理论建构与特征分析

一、个性化学习的基本含义

快节奏的现代社会是一个崇尚和张扬个性的时代，人们的生活方式千差万别，人们的学习方式也各式各样，我们正在步入个性化学习时代。为适应未来社会的发展和满足个体生存的需要，每个人都在极力寻找属于自己的坐标点，以充分发挥自己的智慧和潜能，体现自身存在的价值。进入新世纪，个性化学习已成为我们每个人最基本的人生态度和生存方式。"能培养出英才的学校固然是好学校，但能让每个学生都获得成功的学校才是理想的学校。"网络社会的到来，为学生的个性化学习提供了可能，打破了学习内容、进度、起点、目标、要求等的统一性。学生可以根据自己的特点和需要，在更大程度上自由地选择适合自己的学习资源，按照适合于自己的方式和进度进行学习。个性化学习将使每一个学习者的潜能得到最大限度的发挥，获得成功的体验和生存效能感。

个性化学习的含义可以概括为以下几个方面：第一，个性化学习是指针对学生个性特点和发展潜能而采取恰当的方法、手段、内容、起点、进程、评价方式，促使学生各方面获得充分、自由、和谐发展的过程。第二，个性化学习强调学习过程既是个性的展现和养成的过程，也是自我实现和追求个性化的过程。第三，个性化学习在某种程度上揭示出教育与学习的本质区别：教育的起点在于通过教育机构进行的考试选择教育者认为聪明的人进行教育，而学习的起点在于使任何一个人都能在原有的基础上变得更加聪明；教育的过程是教育者使受教育者成为其所期望的人的过程，这在某种程度上抹杀了人的个性、独立性、反思性、主动性与创造性；而学习的过程则是指学习者成为自己所希望成为的人的过程，最大限度地体现人的个性、独特性、进取性、发展性、潜在性与原创精神。教育面对的永远只能是少数在经济、资质、时间、内容、方式等各方面"适合"的人来进行，而学习则不对任何人有偏见。

信息化社会在进一步强化教育的个体价值与社会功能的同时，促使人们更加关注的是在信息时代背景下教育应如何更好地满足未来社会发展的需要。信息技术在教育领域中的广泛应用，使教育的发展呈现出很多新的趋势与特点，更重要的是其强烈地促进了人们教育观念的更新。信息化为21世纪的教育带来了全新的理念。现代教育媒体的充分运用，使个性化学习在信息化社会里已不再是理论上的乌托邦，而是人们日常生活中的自由选择。基于信息技术的现代教育技术手段的合理应用本身就要求同时变革人的传统教育观念、教育思想与教育模式，代之以尊重人的独立性、主动性、首创性、反思性、合作性，以及相信人固有的强大的学习潜能的全新的教育观念、教育思想与教育模式。[①] 个性化学习正在由一种理想变为一种现实，并进而成为我们这个时代的典型特征。

二、个性化学习的理论基础

（一）多元智力理论的提出

美国哈佛大学心理学家加德纳教授对传统智力理论指导下的运用智力测验贴标签式的为学生排队分等的做法持否定态度，并进而指出了传统智力理论的不足与缺陷。由此，加德纳提出了智力多元论的观点。在多元智力理论的指导下，加德纳倡导学生主动参与、探究发现、交流合作的学习方式，在教育理论与实践领域产生了极大的影响。

加德纳认为，人的智力是多元的。在早期的研究中，加德纳提出了言语/语言智力、逻辑/数学智力、视觉/空间关系智力、音乐/节奏智力、身体/运动智力、人际交往智力、自我反省智力七种智力。其在1998年和1999年又分别提出了自然观察者智力和存在智力。加德纳指出，每个人都不同程度地拥有上述九种智力，各种智力的不同组合和发展早晚便表现出了个体间的智力结构与发展水平的差异和行为特征，尤其表现在个体解决现实生活问题和创造社会有效产品方面的能力差异与行为特征。

多元智力观的核心思想是要我们认真地研究并尊重个体间的个别差异。从理论上讲，任何个体都不可能在单一的智力方面得到有效的表现。

---

① 钟启泉，崔允漷，张华. 为了中华民族的复兴　为了每位学生的发展：基础教育课程改革纲要（试行）解读 [M]. 上海：华东师范大学出版社，2001：20.

从实践上讲，某一教育方法只能适合某一些学生。教育如果以最大化的个别方式来进行就会产生其最大的功效。教育最大化个别方式的极限就是个性化学习。多元智力理论强调学习者智力的个体差异性，这为个性化学习提供了坚实的智力理论基础。

（二）元认知理论研究的新进展

自 20 世纪 70 年代中期"元认知"这一术语被弗拉维尔提出之后，元认知便很快成为认知心理学和教育心理学的重要概念之一，并对教育理论研究和教育教学实践产生了重大的影响。弗拉维尔认为，元认知是个体对自身认知过程的知识和意识。元认知的核心意义是关于认知的认知，并认为元认知技能在多种认知活动中起着主要作用，具有广泛的实用性。目前较为一致的观点认为，元认知包括元认知知识、元认知体验和元认知监控三方面。这三方面又由各种具体的心理要素组成。

元认知的提出与深入研究使人们认识到，任何一个个体都具有自己独特的元认知方式与风格，其元认知知识结构、元认知体验方式、元认知监控能力及三者的组合方式与发展速度、达到的水平等也各不相同。个体独特的元认知方式与风格必然导致其形成独特的个性化学习方式与风格。元认知理论的深入研究与广泛认可是时代进步与发展的标志，是崇尚个性、关注个性的体现，是对个体生命的尊重与人性的关怀。个体在对自己的认知、体验与监控的基础上所选择或形成的学习方式，必然与自己的认知特点相吻合，其学习过程也必然能最大限度地发挥、挖掘出个体的综合潜能。当代国内外教育研究者在元认知理论研究方面所取得的丰富的研究成果，为个性化学习奠定了坚实的认知理论基础。

（三）"以人为本"教育理念的普及

"以人为本"教育理念的普及及及其对教育实践活动所产生的巨大影响，体现了时代的进步与社会的发展。它不仅反映了人们对当代社会物质文明与精神文明发展的不平衡性以及现代科学技术发展所产生的效应的关注，而且揭露了现代社会发展过程中所发生的人的异化与扭曲的社会病态现象。人本主义思潮中关于教育个性化思想的合理内核在当代教育实践中已被充分地加以借鉴与吸收。人是世间万物的最尊贵者，人为世间万物的根本，人本身的存在和需要应被视为认识问题和价值取舍与道德评判的最终依据和标准。正视人的存在，珍惜人的生命，尊重人的权利，关注学习者的快乐与痛苦，理解学习者的需要与渴望，提升学习者的自觉能动性，弘扬学习者的主体精神，应该成为"以人为本"教育理念的价值追求。

"以人为本"教育理念的广泛影响强烈地冲击了传统的教育思想与模式。"教育已越来越变成学习。"受教育者必须从单纯注重理性的"知"中解放出来，成为主动探究、自主建构、善于合作、乐于表现、个性丰富的学习者，才能适应未来社会发展的需要。教育应关注个体的人生意义，关注学习者的生活世界并为学习者的现实生活服务，关注学习者价值的选择与价值观的形成，关注学习者的情感、意志、信仰、理想与希望。使教育与学习融为一体，使目标与过程互为统一，使认知与情感相互整合，使内容与手段相融合，使教育者与学习者互动互进，使每一个作为学习者的个体成为既具有丰富的科学文化知识、顽强的"生存能力"与挑战意识，又具有丰富的情感、合作技能与关心他人、自然、社会的博大胸襟，是"以人为本"教育理念指导下的教育实践的价值追求。"以人为本"教育理念的普及为个性化学习创设了良好的社会文化背景与氛围。

（四）教育公平的多元分析

随着社会的发展与进步，教育公平问题已成为世界各国政府和人民所普遍关心的一个重要问题，教育公平的理论研究与实践践行与目前所倡导的全民教育、终生学习，以及关注弱势群体的教育理论研究与实践探索密切相关。教育公平涉及多学科、多层面、多因素，仅从某一方面难以把握其全貌与本质。因此，很多研究者认为，对教育公平应进行多元分析。如我国的一些研究者从伦理学、经济学、法学等视角对教育公平理论所进行的探讨，西方学者从起点、过程、结果和水平、垂直、代际等视角对教育公平理论所进行的研究等。

对一个正在接受教育的个体而言，对其生存文化背景的理解、对其现实生活经验的把握、对其年龄特征的尊重、对其个性发展需要的认同，以及在此基础之上为其所构建的课程结构、选择的教学内容、提供的教育平台，如能使其个性化学习成为可能，教育公平便由理论走向了现实。从个体发展角度来看，最重要的是其现实教育公平的最大限度的实现。

（五）人的全面发展学说的丰富与发展

对个体个性的充分、自由、和谐发展的追求是个性化学习时代精神的集中体现，也是人类不断认识自身、发现自身、控制自身、超越自身的发展进步过程。古希腊哲学家亚里士多德在两千多年前提出了和谐发展的思想，文艺复兴时期的卢梭、狄德罗等主张通过"健全的教育"培养"健全的人格"，空想社会主义者莫尔、欧文、傅立叶等在 19 世纪提出了人的全面协调发展思想。马克思主义则批判地吸取了历代先哲们关于人的和谐发展的思想，从而创立了马克思主义关于人的全面发展的学说。当今世界变化之快，使任何一种进步理论都在新的实践面前不断地得到了充实和发展，个性化学习已成为当代先进教育思想之一。

瑞典教育与文化事务大臣英格瓦·卡尔森指出："学校的使命不再是纯粹简单地传授一定数量的知识了（如过去它曾经做的那样）。一所基础学校的根本目的，尤其是指导教学的根本目的，在于使每一个人有可能自由地发展他的才能和爱好。"[①] 使个体的智力和体力都获得尽可能多方面的、自由的、充分和统一的发展，是人类千百年来对自身发展的永恒追求与至高理想。

三、个性化学习的主要特征

（一）学习资源的多重属性

首先，个性化学习强调学习资源的学习性与整体性。这里的学习性是指学生的学习内容应遵循知识的逻辑、个体的心理发展规律和学习者的学习心理特点，使学习者预期学习结果序列化，通过学习者的学习活动，形成自然与经验、有机体与客观环境的有机整合。学习资源带有"人为"的文化特征，即学习资源是"为人"的。世界是个人、社会、自然彼此交融的有机整体，学习资源来源于世界，体现为科学、艺术、道德的统一。个性的发展体现为个人、社会、自然的内在整合，体现为科学、艺术、道德的内在和谐。学习者的学习活动面临着三个世界：自然、社会和自我。因此，自然的一山一水，社会的一人一事，自己的一情一感，有机地构成了个性化学习的资源库。而且，在学习的过程中生成的丰富多彩的情感体验和个性化的创造性表现，可以进一步活化学习资源，使学习资源进一步丰富，体现出了学习资源的整体性。

其次，个性化学习强调学习资源的动态性与生成性。学习资源的动态

---

① 联合国教科文组织国际教育发展委员会. 学会生存：教育世界的今天和明天 [R]. 华东师范大学比较教育研究所，译. 北京：教育科学出版社，1996：42.

性，一方面是指构成个性化学习资源的各要素之间的关系是不断地生成与变化的；另一方面是指针对不同的学习领域、不同的学习层次、不同的学习环境，学习资源要保持动态的调整。个性化学习资源以其开放性而保持其强大的生命力。通过学习资源面向学校、社会、家庭和社区的开放而实现的学习社会化和社会学习化的双重建构，以及学习资源从面向每一个具体的学习活动到个体的终身学习历程的开放，个性化学习从空间到时间体现了其学习资源的开放性。

最后，个性化学习强调学习资源的网络化。一方面，知识的快速更新，需要新的学习资源表达形式。另一方面，信息技术和互联网的快速发展也为个性化学习资源提供了有效的载体。基于信息技术提供的学习资源更能够尊重学习者的兴趣、特点、能力与学习方式。

（二）学习价值追求的多重性

对知识的单一价值追求和对学习者强加式的外在评价，直接造成了学生人格的扭曲和身心的畸变。人非机器，人的认知过程总是伴随着丰富的情感体验和相应的意志调节，是一种并行性的思维过程，而非机械的线性思维。个性化学习强调对学习者人性的关怀，通过学习者对多维学习资源整合所实现的知识、意义、思想、价值、理念、情感融为一体的学习过程，学习者在以知识获得为主线的过程中，将充分体验学习的乐趣、成功的喜悦，展现自身的个性，实现自己的价值，发挥个体的创造性，人格也将得到完满的发展。

个体在学习的过程中，不仅掌握了知识、形成了技能，而且发展了能力、学会了学习，情感、态度、价值观等也得到了升华。所以说个性化学习的价值追求具有多重性。

（三）学习风格的独特性

学习风格是指学习者在长期的学习活动中表现出来的一种具有鲜明的个性的学习方式和学习倾向。[①] 学习风格由个体的生理要素、心理要素和社会要素构成。个体对外界的物理刺激、一天中的时间节律以及接受外界刺激的偏爱等构成了学习者学习风格的生理要素；个体的认知、情感、意志等构成了学习者学习风格的心理要素；个体的独立性、乐群性、竞争

---

① 史爱荣，孙宏碧. 教育个性化和教学策略［M］. 济南：山东教育出版社，2001：159.

性、合作性等构成了学习者学习风格的社会要素。不同的个体，不同的社会文化背景，不同的心理特征，自然会形成不同的学习风格。

学习者为了完成学习任务而采用的方法、策略、步骤，以及对学习活动的动机、态度、情绪体验、坚持性等是存在个体差异的，这种差异在崇尚个性化生活方式的时代更具有明显性。学习风格兼有活动和个性两种功能，学习风格直接渗透于学习过程中，使学习过程得以顺利进行，并使学习过程与结果接受个性的影响。社会的发展与时代的进步，使得个体个性化的学习风格得以张扬。个性化学习风格的独特性是个体存在的价值与意义的重要体现。

（四）学习过程的终身性

知识更新的加速是 21 世纪个性化学习的重要特征之一。"如果说大学毕业在某种程度上是个体受教育的终结，那么，离开校园将是真正意义上学习的开始。"当前，人类的知识每三至五年就增加一倍，终身学习已成为保证个体生存、促进经济增长和维护社会和谐发展必不可少的条件。面对波澜起伏的知识的海洋，唯有个性化学习才能使我们畅游其中，领略美景，撷取宝藏，否则，只能望洋兴叹，沦为新时代的落伍者。个性化学习是个体适应时代发展需要的基本的生存方式。个性化学习过程的终身性体现为：生命的过程就是学习的过程，学习的过程就是展现生命的过程，展现生命的过程就是个性形成的过程。唯有个性才有活力，唯有个性才有创造，唯有个性才有发展。[①] 个性化学习是一个终身的过程，人的全面、自由、和谐发展的终极就是人的个性的形成与发展。

（五）学习方式的自主性、合作性与探究性

自主性学习是就学习的内在品质而言的，相对的是被动学习、机械学习和他主性学习。自主性学习的基本特征是：学习者参与确定对自己有意义的学习目标，参与制订学习进度，参与设计评价指标体系；学习者积极发展各种思考策略和学习策略，在解决问题中学习；学习者在学习过程中对认知活动能够进行自我监控，并做出相应的调适；探究性学习是通过为学生创设一定的情境，使学生自主独立地发现问题和解决问题等一系列活

---

① 李广，姜英杰. 把握语文课程标准，树立语文教育新理念 [J]. 现代中小学教育，2002（04）：14.

动，使知识技能、情感、态度得到发展，特别是促进学生探索精神和实践能力的发展；合作性学习是相对个体学习而提出的，是指课堂教学中以小组学习为主要的组织形式，依据一定的合作程序和方法促使学生在异质小组中共同学习，从而利用合作性人际交往促成学生认知、情感、态度等方面发展的学习方式。

人的精神世界是自主地、能动地生成与建构的，而不是外部强加的力量推动而成的。换言之，任何学习都是一个积极主动的建构过程。通过自主的、有意义的活动和建构过程，个体的原创精神、天赋潜能、情感意志、个性能力等得以展现，并凝固在活动过程与结果之中，同时丰富、发展着个体的资质与素养。基于价值引导与自主建构相统一的个性化学习方式，从学习者的角度看，是潜能的开发、精神的唤醒、独特性的彰显与主体性的弘扬；从师生共同活动的角度来看，是经验的共享、视界的融合与灵魂的感召。个性化学习倡导自主、合作与探究，尊重了人的本性，吻合了我国基础教育课程改革所提出的现代学习方式的基本理念。

确立适应个性化学习的教育教学理念需要教育实践上的大胆探索和教育理论层面上的深入研究。首先，应积极开发并合理利用各种社会资源及丰富的自然资源，尤其应积极开发利用信息化课程资源，为实施个性化学习提供内容载体。其次，应大力推进信息技术手段在教育教学过程中的科学使用，促进教师教学方式和学生学习方式的深刻变革，为实施个性化学习提供技术手段。再次，在教师素质提高、教学观念转变的同时，更应关注学生学习素质的培养和适应现代社会发展的学习观念的养成。主体因素是实施个性化学习的关键因素。从教师的角度来讲，教师应积极践行个性化教学的理念，在教育教学的过程中应充分尊重并鼓励学生个性的展现与张扬；从学生的角度来讲，学习过程应成为学生展现个性、表现个性、培养个性和塑造个性的过程。最后，从学习进程、学习环境、评价方式等方面也应相应地制订出可操作的适应个性化学习的有效策略，以保证个性化学习理念在教育实践中的深入践行。

［原文刊载于《东北师大学报（哲学社会科学版）》2005 年第 3 期（李广　姜英杰）］

倡导个性化学习，建构学生健全人格
——基于新课程学习方式的价值取向

一、新课程学习方式的价值取向：个性化学习

（一）个性化学习的提出

健全人格的建构是学生全面发展的重要组成部分，是现代社会发展对教育提出的基本要求，也是人的自身发展的内在需要。在课程实施过程中，学习方式直接影响着学生人格的形成过程与发展结果。以终身教育为典型特征的学习型社会，对学生的人格发展提出了新的要求，在倡导以人为本、尊崇个性的时代，具有个性化特征的学习方式已成为学生健全人格建构在学习方式上的必然选择。新课程所提倡的自主探索、合作交流等学习方式是社会进步与发展的需要，也是塑造学生的健全人格的需要。

学习方式与学生人格建构具有密切关系，新课程提倡的具有个性化特征的学习方式对学生健全人格建构具有积极意义。在课程实施过程中，教育者和学习者通过转变学习方式促进了学生人格的建构。在课程改革实践中，我们看到课堂教学所发生的变化，如创设情境，鼓励学生自主探索，学生在小组合作与交流中提出个人的见解，学生表现出创新和独立思考的品质等，都反映了学习方式对学生人格建构的影响。同时，应当充分注意到，从学生健全人格建构的视野上，个性化学习方式在理念和实施策略上还需要进一步研究和探索。研究适合于学生健全人格发展的个性化学习方式，是课程改革进一步推进的重要任务。

（二）个性化学习对学生健全人格建构的积极意义

首先，个性化学习资源的多维性，为学生健全人格的建构提供了内容上的保证。世界是个人、社会、自然彼此交融的有机整体，学习资源来源于世界，体现为科学、艺术、道德的统一。个性的发展体现为个人、社会、自然的内在整合，体现为科学、艺术、道德的内在和谐。个性化学习

立足于个体个性的整体性，自然的一山一水，社会的一人一事，自己的一情一感，有机地构成了个性化学习资源库。在学习的过程中，个体所产生的丰富多彩的情感体验和个性化的创造性表现，活化了学习资源，使学习资源体现出了整体性、开放性、生成性等多维性特征。

其次，个性化学习价值追求的多重性，为学生健全人格的建构提供了评价标准。对知识的单一价值追求和对学习者强加式的外在评价，会直接造成学生人格的扭曲和身心的畸变。人非机器，人的认知过程总是伴随着丰富的情感体验和相应的意志调节，是一种并行性的思维过程，而非机械的线性思维过程。个性化学习提升了对学习者人性的关怀，透过学习者对多种学习资源整合所实现的知识、意义、思想、价值、理念、情感融为一体的学习过程，学习者在以知识获得为主线的过程中，体验了学习的乐趣，获得了成功的喜悦，展现了自身的个性，实现了自己的价值，发挥了个体的创造性，人格得到了完满的发展。

再次，个性化学习风格的独特性，为学生健全人格的建构提供了价值导向。学习者为完成学习任务而采用的方法、策略、步骤，以及对学习活动的动机、态度、情绪体验、坚持性等是存在个体差异的，这种差异在崇尚个性化生活方式的时代更具明显性。学习风格直接渗透于学习过程中，使学习过程得以顺利进行，并使学习过程与结果接受个性的影响。社会的发展与时代的进步，使得个体个性化的学习风格得以张扬。个性化学习风格的独特性是个体存在的价值与意义的重要体现。

最后，个性化学习方式的自主性、合作性与探究性，为学生健全人格的建构提供了学习方式的属性特征。

现代教育媒体的充分运用，使个性化学习在信息化社会里已不再是理论上的乌托邦，而是人们日常生活中的自由选择。基于信息技术的现代教育技术手段的合理应用本身就要求同时变革人的传统教育观念、教育思想与教育模式，代之以尊重人的独立性、主动性、首创性、反思性、合作性，以及相信人固有的强大的学习潜能的全新教育观念、教育思想与教育模式。

个性化学习正在由一种理想变为一种现实，并进而成为我们这个时代的典型特征。基于学生健全人格的建构，个性化学习已成为现代社会学生在学习方式、价值取向上的必然选择。

二、倡导个性化学习：新课程理念下学生健全人格建构教育情境的创设

教育情境是学生健全人格建构的主客观因素的统一。学生健全人格的建构总是在一定的情境中进行的，脱离具体情境的学生人格建构是不存在的，学生健全人格的建构需要良好的教育情境的创设。倡导个性化学习，是新课程学生学习方式的价值取向，是课程改革三年来经验的总结与升华，也是继续深化课程改革，建构学生健全人格教育情境创设的精神核心。

（一）新课程实施中的"五变"，推动了学生健全人格的建构

基础教育课程改革实施三年来，学生的学习方式、学生的综合素养、教师的教学观念、教师的角色特征、学校的课堂教学、课程的实施等各方面都发生了重要的变化。这些变化有力地推动了学生健全人格的建构。

1. 学生学习方式的变化是学生健全人格建构的必要前提

新课程的实施，激发、培养了学生的学习主体意识。在新课程中，学生的主动性、独立性、创造性得到了关注，学生的学习方式表现出多样性和个性化。学习方式是带有个性化的心理倾向和行为特征，尊重学生个性化的学习方式，这一理念在课改实验区得到了有效的践行。学生学习方式的变化为学生健全人格的建构提供了必要的条件。

2. 学生综合素养的变化是学生健全人格建构的重要组成部分

三年的课程改革实验，最大的受益者是课程改革实验区的学生。来自实验区的调查研究表明，课程改革实验区的学生在识字、信息素养、交流与表达能力、质疑精神、创新与动手实践能力等各方面都有了明显的变化。学生综合素养的变化是学生健全人格建构的重要的组成部分。

3. 课堂教学目标的变化是学生健全人格建构的价值导向

新课程的课堂教学目标是立体的，是由知识与技能、过程与方法、情感态度与价值观三位一体构成的。以往以知识与技能为价值取向的单一的、狭隘的课堂教学目标，压抑了学生的个性发展，使学生在课堂中变成了知识的"垃圾桶"与技能训练的"工具"，扭曲了学生的人格。课堂教学目标的重新定位，意味着学生人格建构价值导向的调整。课堂教学目标的变化为学生健全人格的建构树立了正确的价值导向。

4. 教师角色特征的变化是学生健全人格建构的重要保证

"教师是辛勤的园丁"，那么教师在辛勤地修剪小树，让小树整齐划一

的同时，是否使小树失去了个性和自由？教师是蜡烛，燃烧了自己，照亮了别人，在这一过程中，是否产生了"灯下黑"和"黑色晕轮"呢？教师是春蚕，在无私奉献中，是否也会作茧自缚呢？教师是人类灵魂的工程师，在建构灵魂的高楼大厦时，是否也会破坏生态平衡呢？"师者，所以传道授业解惑也"，学生的"无惑"，其原因是否与教师向学生传授知识的方法有关呢？面对传统的教师角色观念，我们有过质疑和反思吗？传统的教师角色观念对学生的人格发展产生了怎样的影响？新课程提出了教师角色转换的思想，这一思想在实验区也得到了深入的践行。教师是学生学习过程中的指导者，教师是学生人生路上的引导者，教师是学生活动的组织者，教师是学生生活中的服务者，等等。这是对学生主体性尊重的体现，教师不能替代学生。教师角色转换是学生健全人格建构的重要保证。

5. 课程内容的变化是学生健全人格建构的物质依据

新课程强调课程内容要来源于现实生活，要与学生的现实生活经验紧密联系，要为教师和学生留有创造和发挥的自由空间。课程改革实验区的教师与学生在实施新课程中获得了前所未有的解放，课程内容的开放性、灵活性、生活性、实践性使学生真正成为课程内容学习的主体。课程内容及其价值取向的变化是学生健全人格建构的物质依据。

（二）进一步优化新课程实施的教育情境，促进学生健全人格的建构

倡导个性化学习，进一步优化新课程实施的教育情境，促进学生健全人格的建构，在理论深度和实践层面仍需进行大量的研究与探索。

1. 优化个性化学习的精神文化情境，丰富学生健全人格建构的内涵

个性化教育已成为当代国际教育思想改革的重要标志之一。联合国教科文组织在 1972 年发表的《学会生存——教育世界的今天和明天》的报告中亦把促进人的个性全面和谐发展作为当代教育的基本宗旨。美国当代的个性化教育与日本自 20 世纪 80 年代开始的以个性养成为基本价值取向的第三次教育改革行动如出一辙，均体现了对生命个性的追求与崇尚。"因材施教"的教育基本原则，在孔子提出两千余年后依然备受世人推崇，这充分说明个性化教育思想所具有的生机与活力及其对教育改革与发展所具有的深远的指导意义。

对个性化教育思想的继承与发扬，在以终身教育为显著特征的学习化社会里，必然会历史性地升华为一种更具革新意义和代表人类前进方向的时代精神——个性化学习。这也正是教育自身发展规律的集中体现。我们要优化古今中外的个性化教育思想，不断丰富学生健全人格建构的内涵，以适应社会发展对人才的需求。

2. 优化个性化学习的科学技术情境，为学生健全人格建构提供有效手段

经过漫长的文化积累和数次重大的科学技术革命，人类经由农业文明、工业文明而进入知识密集、节奏快变的信息时代。以计算机科学为典型代表的信息技术产业在世纪之交迅猛崛起，并进而成为促进科技发展的新的动力生长点。在信息技术浪潮的巨大冲击下，社会发展日新月异，国际互联网——信息高速公路已为人们所普遍应用。现代科技的快速进步与发展强有力地促进了教育信息化的历程，对教育的发展产生了巨大的影响。

信息化社会在进一步强化教育的个体价值与社会功能的同时，促使人们更加关注的是信息时代背景下教育应如何更好地适应未来社会发展的需要。信息技术在教育领域中的广泛应用，使教育的发展呈现出很多新的趋势与特点，更重要的是其强烈地促进了人们教育观念的更新。优化个性化学习的科学技术情境，为学生健全人格建构提供有效的手段，是深化课程改革所必须解决的理论与现实问题。

3. 优化个性化学习的社会情境，充分发挥社会作用，促进学生健全人格建构

这个时代唯一不变的就是"变"。透过现象看本质，我们可以发现，人类的需要是一切"变"的动力所在。人类的需要在走向个性化，因此，这个时代也可称为个性化需要的时代。什么样的教育才能满足未来社会发展的需要？未来社会的发展需要什么样的人才？以网络为特征的知识经济时代必将导致教育发生质的变化。唯有个性化学习才能适应 21 世纪发展的趋势与需要。学生人格的建构离不开具体的社会环境，社会的整体认知方式对学生人格的建构具有重要的影响。课程是文化的载体，课程实施具有文化的传承功能，通过课程的实施，形成良好的、积极的对学习的社会认知方式，将有助于学生健全人格的建构。

[原文刊载于《中小学教师培训》2004 年第 7 期（李广）]

课程价值取向：含义、特征及其文化解析

一、课程价值取向的含义

对课程价值取向含义的理解应建立在对价值取向的本质的正确认识的基础之上。对于价值取向的本质认识，当前研究中主要有以下三种观点："心理倾向说""客观标准说"和"行为趋向说"。"心理倾向说"认为价值取向是主体在需要的驱使下，在价值选择时表现出来的一种心理倾向性。如"价值取向指主体在价值选择和决策过程中的一定的倾向性"[①]。"客观标准说"认为价值取向是主体在价值选择时共同遵守的客观标准。如"价值取向是内化于人们意识之中的公认的判断事物的标准，它决定着所有具体的外在行为准则之间逻辑上的一致性，使人们在具体的文化场景中做出'正确'的选择和判断，它也是文化的核心"[②]。"行为趋向说"认为价值取向是价值主体在价值选择过程中所表现出来的行为趋向。如"价值取向就是人们在一定场合以一定方式采取一定行动的价值倾向"[③]。

王德如博士在综合以上三种观点认识的基础上指出，价值取向就是价值主体按照当前的认识水平，以一定的客观价值标准为依据，在价值实践过程中表现出的心理倾向与行为趋向。[④] 在对价值取向这一认识的基础上，借鉴马云鹏[⑤]、靳玉乐[⑥]和刘志军[⑦]等人关于课程价值取向的相关研究成果，可以认为，课程价值取向是指课程价值主体按照当前的认识水平，以一定的客观价值标准为依据，在课程价值实践过程中表现出的心理倾向与

---

① 李德顺. 价值学大词典 [M]. 北京：中国人民大学出版社，1995：286.

② 李韧青. 论中国传统价值取向对教育的影响 [J]. 江西科技师范学院学报，2003（6）：9-11.

③ 袁贵仁. 价值学引论 [M]. 北京：北京师范大学出版社，1991：350.

④ 王德如. 课程文化自觉的价值取向 [J]. 教育研究，2006，27（12）：72-78.

⑤ 马云鹏. 国外关于课程取向的研究及对我们的启示 [J]. 外国教育研究，1998（3）：38-43.

⑥ 靳玉乐，杨红. 试论文化传统与课程价值取向 [J]. 西南大学学报（社会科学版），1997（6）：62-67.

⑦ 刘志军. 课程价值取向的时代走向 [J]. 教育理论与实践，2004（10）：46-49.

行为趋向。

二、课程价值取向的基本特征

(一) 课程价值取向的关系性特征

课程价值取向的关系性特征是由价值的本质属性所决定的。价值是客体满足主体需要的关系，主体与客体并存，并非客体或客体属性作为"实体"的孤立存在，也并非作为主体或主体需要的孤立存在。价值的这一本质属性决定了课程价值取向所具有的关系性特征。其作为一种关系性的存在有赖于以下三个条件：

第一，对客体属性、功能及本质、结构的准确判断。客体的属性、功能是形成一定价值的客观前提，而其属性或功能又由其本质、结构所规定，所以准确地认识客体（课程）的属性、功能及其本质、结构和发展规律就成为确定合理的课程价值取向的首要的客观因素。

第二，对主体需要的深入解读。任何价值关系的形成总是以需要为起点，以利益为归宿。在价值关系中，主体的需要往往蒙上了一层主观的色彩，似乎是可以随心所欲的。但实际上，需要本质上是客观的，它产生并受制于主体自身的结构、内在规定性和主体同周围世界的客观联系。对主体需要的深入解读是建构课程价值取向的一个重要的主体因素。

第三，对客体属性转化为主体需要的现实可能性的正确把握。这是价值主体所确定的价值目标和价值方向是否有意义的问题，也是主体确立的价值标准问题。这种标准绝不是某一主体的主观的价值标准，而是非个体的标准，是人类整体的内在尺度。可见，一种价值取向的确定，往往是一个完整的历史的主体客体化和客体主体化相统一的辩证过程。[①]

由此可见，课程价值取向同样是作为一种关系而存在，具有关系性特征，是客体属性、主体需要，主体客体化、客体主体化相统一的过程。课程价值取向这种关系性特征可以归结为三个基本问题：课程应该具有什么价值？课程应该代表谁的价值？课程的价值应该怎样实现？

(二) 课程价值取向的历史性特征

课程价值取向的历史性特征表现为课程价值取向是一个动态的变化过

---

① 庞卫国. 试析"以人为本"价值取向的确定：兼谈价值取向确定的条件 [J]. 湖湘论坛，2004，17 (2)：28-31.

程，它是在一定的历史文化发展进程中逐渐形成的，表现出一定的时代特征，同时随着时代的发展变化而不断地超越与进化，表现出价值的选择性特征。课程价值取向的形成无法脱离具体的历史文化情境，一定的历史文化情境中的课程价值取向又力图体现并代表其所处时代的本质特征。历史上，人们在课程实践中形成的各种不同的课程价值倾向，均在某种程度上反映了那个时代的本质特征。纵观人类文化发展的历史长河可以发现，课程价值取向的演变与文化世界观的演变紧密相连，并表现出一定的历史规律。

古代文化世界观是一种建立在直观体悟认识思维方式基础上的活力论世界观，其文化价值取向主要包含文化价值的自然取向和文化价值的整体性取向两方面。因此，古代的课程价值取向无论在中国还是在西方都表现出了自然主义价值取向和整体性价值取向。现代文化世界观是建立在近代物理学和数学基础上的机械论世界观，其文化价值取向主要是一种主体性文化价值取向，这种文化价值取向后来逐渐演变为一种人类中心主义。因此，这一时期的课程价值取向主要表现为由认知过程取向、行为取向、学科取向等并列共存向人本主义取向过渡。而当前社会则体现了对生态文化价值的追求。生态文化是对古代文化、现代文化的辩证发展，其世界观是建立在生态科学和系统科学发展基础上的自组织演化的世界观，其文化价值取向是对古代整体性文化价值取向和现代主体性文化价值取向的整合，强调人与自然、人与人、人自身的协调发展。因此，当前的课程价值取向提倡"以人为本""和谐发展"，课程价值取向在多维度上趋于融合。可见，课程价值取向作为一种价值主体活动过程，它的发展变化无法脱离历史的时空，带有历史性特征。

（三）课程价值取向的实践性特征

课程价值取向的实践性特征表现为课程价值取向产生于课程实践，即课程价值取向是主客体在实践活动中相互作用的产物。事实上，价值关系中的主客体本身即是实践的产物。从价值主体来看，主体的需要、动机、欲望、情感等，其产生的前提和实现方式都来自实践，或者说它们都是主体实践活动的内化物，是主体客体化过程。人类实践活动形式的丰富性决定了主体需要、动机、欲望、情感等的丰富性，人类实践的深刻性决定了主体需要、动机、欲望、情感等的深刻性。从这一角度也说明，实践本身创造了人，并丰富了人性，提升了人性。从价值客体来看，价值客体是人类实践活动的外化产物，是客体主体化的过程。离开实践，课程价值主体的心理倾向就无法表征，课程价值主体的行为趋向也就失去了客观载体。因此，课程价值取向离开实践便无法存在与发展。

课程价值取向的实践性特征还表现为课程价值的实现依赖于实践。实践创造了人本身，并丰富了人的需要。人在实践中融合了自然生命和社会生命，使自身的生存建立在对社会化的物质需要和精神需要的满足基础之上，并使自身的发展实现于这两类需要不断得到满足的过程之中。而人的内在需要通过人类的物质和精神的生产与创造能力不断向外推进，客观化为相对独立于人之外的社会实践系统。因此，现有的一切社会实践活动和文化成果都是人类的内在需要向外推进的一种形式，是人的本质外在化的一种结果。课程价值通过实践获得实现，从这一意义来说，课程价值取向同样具有实践性特征。

三、课程价值取向的文化解析

（一）课程价值取向发生的文化前提

1. 课程具有文化本体性

独立性是课程文化本体性的重要标志。文化孕育了课程，课程同时包含着文化，但脱胎于文化的课程并不等同于文化本身，课程具有自身独特的质的规定性。因此，作为文化本体存在的课程具有自身的自主行为。自主性品格是由事物本身独特的本质所决定的，事物具有自身独特的质才有可能成为它自己，而与其他事物区别开来。课程脱胎于文化之后便具有自身独特的质的规定性，在保持并不断增强自身自主性的运行过程中与外界建立普遍的联系。课程的独立性是在人类的社会实践活动中获得的，并且是与人的需要密切联系在一起的。课程作为文化本体所具有的满足人的需要的客观属性归根到底是人所赋予的，是人主观性的客体化。因此，课程价值取向必然会因人的需要的变化而随之变化，课程的独立性本身就是对人的需要的不断满足。

2. 课程具有与文化的协同发展性

文化是课程的母体，脱离文化的课程将成为无源之水、无本之木。文化是课程成长与发展的肥沃土壤，文化为课程提供取之不尽、用之不竭的精神资源。文化的发展、变迁与变革对课程有重要影响，甚至起到了决定性的作用。反之，课程的发展与变化同样会促进文化的丰富与进步。"课程应当能体现与反映一定时期社会文化、民族文化传承与发展的要求，具有很强的适切性。"① 在文化的发展中，价值观起到了重要的作用，或者说，是价值观引导着文化的进步与发展。在课程的历史发展进程中，则是课程价值取向起到了对课程发展的引领作用。因此，也可以把课程价值取向称为课程的灵魂或核心。无论是文化还是课程最终关注的还是人的问题，都是为满足人的发展需要的问题。课程与文化协同发展，课程并非某一具体文化的传承工具，课程的目的是为了人，或者说课程是因文化而存在，但不是为了文化而存在。二者的共同目的都是为人的，二者的协调发展为课程价值取向的发生提供了必要的前提。

（二）课程价值取向变迁的文化基础

1. 传统文化与文化传统：课程价值取向变迁的历史与现实依据

传统文化与文化传统的含义并不相同，传统文化的落脚点在文化，是相对于当代文化或外来文化而言的。在传统文化的历史发展进程中，经过长期的历史积淀就形成了相应的文化传统，文化传统的落脚点在传统，它与传统文化不同，它既存在于一切传统文化之中，也存在于一切的现实文化之中，而且隐藏在每一个人的灵魂深处。课程价值取向来源于传统文化，而文化传统丰富并升华了课程价值取向。传统文化与文化传统是不同的事物，具有不同的质的规定性，但二者又是密不可分的。是传统文化孕育而形成了文化传统，而文化传统则升华了传统文化。没有传统文化就没有文化传统，没有文化传统，传统文化也就失去了意义。传统文化由一个民族的祖先所创造，文化传统则是一个民族生生不息的灵魂。文化传统产生于一个民族的历代的文化生产与创造实践中，并在这个民族的长期的历史实践中成长而逐渐成为一个民族的集体意识，最终成为一个民族的精神。黑格尔说："一切现实的，都是合理的。"恩格斯说："一切合理的，都应该成为现实的。"传统有其存在的合理性，有合理性的东西应该让其成为现实性。因此，在探讨课程价值取向的问题时，是无法回避传统文化和文化传统的。课程价值取向来源于文化传统，并指向文化的未来。

我国传统文化的精神支柱是儒家学说，儒家思想对课程建设的影响是深刻的。首先，在课程目标上非常重视"贤人"和"君子"的培养，把道

---

① 洪俊，齐阿娜尔. 课程失衡：民族地区农村学校课程的多元文化解析［J］. 东北师大学报（哲学社会科学版），2008（1）：34-39.

德的完善放在首位，较为忽视理智的训练。其次，在课程内容上，由于儒家学说既不重视实际观测，又不鼓励精密分析，致使它偏重人伦和社会方面的知识内容，忽视实证的自然科学知识。再次，课程设置是以人的群性（共性）发展为出发点，忽视人的个性发展。最后，在课程实施上，重视内省以"致良知，达良能"，忽视外求；重视整体把握，忽视逻辑分析；重视直觉、思辨，忽视实证等。① 儒家传统思想至今对我国课程的发展依然具有重要的影响。可见，传统文化与文化传统是课程价值取向变迁的历史与现实依据。

2. 文化交流与文化冲突：课程价值取向变迁的外部诱因与内在需要

文化冲突可以看作一种极端性或非常规性的文化交流，它可能使一些文化消亡，也可能促进一些文化的发展，甚至带来新的文化的产生。希腊、罗马文明的辉煌就是建立在与地中海地区其他文明的交流与冲突基础之上的。我国的汉唐盛世所创造的令世人惊叹的灿烂文化就得益于多种文化长期的广泛交流与冲突的结果。这一时期我国的课程价值取向表现出来的是高度的文化自信。一千多年以后，盛唐的光彩已不再。1904 年清政府公布了《奏定学堂章程》，时称"癸卯学制"。这是中国教育史上第一个由中央政府正式颁布且在全国普遍实行的学制，结束了中国几千年来教育无章程、学校无体系的状态，确立了中国现代学制的基本模式和框架，奠定了我国现代学制的第一块基石。新的学制瓦解了历史悠久的中国封建课程体制，打破了伦理政治等人文科目一统天下的局面，自然科学开始在课程体系中占有一席之地。中国的课程开始朝向近代化、科学化乃至现代化方向前进。"在具有强烈异质性的外来文化的冲刷下，在其强大的控制力与强制性的文化诱因下，中国古老的文化传统在'同化'的进程中割断了自身的文化根基，以此为代价促成在社会独立生存并继续发展的一种契机。"② 本民族文化与外来文化发生交流冲突之时，往往也是课程动荡、改革之际。这一时期我国的课程价值取向体现出的是一种明显的文化自卑。

改革开放后，西方文化大量涌入，我国的课程也受到了西方文化的冲击。经过近三十年的交流与冲突，由开始时对西方文化的好奇张望、胆怯陌生、恐惧怀疑到不加选择地吸收，而今则理性对待、自觉反思，中西文化的交流与冲突进入一个新的平台期，在教育领域也孕育出了中国新一轮

---

① 王德如. 试论课程文化自觉与创新 [J]. 课程·教材·教法，2004，24（11）：7-16.
② 李姗姗，于伟. 本土化信念：我国教育理论本土化之前提性动因 [J]. 东北师大学报（哲学社会科学版），2009（6）：184-191.

的课程改革。可以说，新一轮基础教育课程改革，无论是课程改革理念、课程管理政策，还是课程内容选择、课程结构设置以及课程实施等，都是中西文化交流与碰撞的结果。这一时期我国的课程价值取向体现出了一种典型的文化自觉。我国课程价值取向在漫长的历史发展进程中体现出了由文化自信到文化自卑，再到文化自觉的发展脉络，这一发展特征，无疑说明了文化的交流与冲突为课程价值取向的变迁提供了外在诱因与内在需要。

（三）课程价值取向变革的文化自觉

1. 文化自觉是课程价值取向变革的客观需要

课程价值取向是课程的核心，没有课程价值取向的变革就没有课程本质上的变化。课程改革的起点和归宿是课程价值取向的变革，而课程价值取向的变革源自文化自觉。课程价值取向作为课程的灵魂与整个文化机制相律动，课程价值取向的变革客观上需要文化自觉。基于对文化自觉的理解，课程价值取向变革的文化自觉应做以下几方面含义的解读：一是对现有的课程价值取向本身存在的问题有清醒的认识，并对之有足够的反思能力、批判精神和有效的解决策略，同时对课程价值取向的优点与长处也有充分的理解和把握，并有足够的自信心和充分的论据使其发扬光大；二是对传统的课程价值取向自觉地加以明辨，分析其形成的历史文化条件，对其进行新的现代性诠释，使其有益于今天的课程价值取向的建构；三是积极融入全球化课程文化建构之中，增强新的世界课程价值取向建构的话语权，为世界课程文化发展做出贡献。

全球化是一个不可阻挡的发展趋势，而民族性又是一个民族获得基本生存权的根本保证。信息技术革命的潮起潮涌，国际资本的暗流涌动，使得世界各国课程文本趋同化的同时，而隐含其中的带有民族性特征的课程义化则表现出了明显的异质性。在全球化进程中，课程文化的交流范围将进一步拓宽，冲突的强度将进一步加大，融合的层次将进一步加深。因此，课程价值取向的变革将更加依赖于文化自觉。

2. 文化自觉为课程价值取向变革创造契机、指明方向并提供动力

首先，文化自觉表现为文化反思与文化批判。从思维方向上来看，文化反思是指向于过去的，是对已经发生的事物，包括思想、行为、事件、历史等进行反省式的思考。通过文化反思，我们才会知道当前课程价值取向源自何处，又处于怎样的文化境遇。而文化批判则是立足于现实并着眼

于未来，对当前存在的或正在发生的事物的审视与评判。通过文化批判，我们才会理性地把握当前课程价值取向的优劣与长短。其次，文化自觉表现为文化继承与文化借鉴。在文化反思与文化批判的基础上，对优秀的文化传统的现代性诠释与解读，使其有益于当前文化的建设，这就是文化继承。通过文化继承可以保持课程价值取向的民族特色。面对西方文化的强势冲击，文化自觉显得更为重要，在积极主动融入全球化的过程中对外来文化以一种开放的心态加以吸收，为我所用，这就是文化借鉴。通过文化借鉴，可以增强本民族文化的适应与发展能力。最后，文化自觉还表现为文化整合与文化提升。在反思、批判、继承与借鉴的基础上，对古今中外的先进文化不断地进行序的重组与意义的建构，这就是文化的整合。文化整合是文化冲突的消解而达到一种新的平衡状态。文化整合是一种"和而不同"的文化和谐状态。文化提升表现为文化的创新，实际上是文化主体自觉的表现，这也是文化自觉的最高的追求。

文化反思与文化批判为课程价值取向变革创造契机，文化继承与文化借鉴为课程价值取向变革指明方向，文化整合与文化提升为课程价值取向变革提供动力。课程价值取向变革的文化自觉就是要着力创新课程理论，努力建立反映我国文化特色的课程话语体系，提升我国在国际课程研究领域的话语权。要系统地研究和深入阐发我国的课程理念与课程价值取向的内涵，善于把国际上对我国课程文化建设新理念的认同转化为对我国课程价值取向的认同。要系统地研究和深入阐发中国特色课程文化发展模式和发展道路的课程改革政策，善于把我国课程文化发展模式的独特优势和影响转化为课程发展模式和课程价值取向的优势。要系统地研究和深入阐发我国课程历史发展中的课程价值取向内涵，善于把我国课程历史文化的独特优势转化为创新课程理论的有益养料。还要深入研究世界课程理论和实践，善于借鉴世界各国和国际社会一切体现人类普遍价值的课程思想和经验。

改革开放后，随着我国综合国力的增强，文化复兴意识也随之觉醒。中国的文化自觉就是发轫于这种被压抑已久的强烈的文化复兴愿望。而西方文化自觉则是在其数百年的繁荣之后，一种强烈的危机意识与自我审视使然。在实现世界和平与人类社会和谐的过程中，中国传统文化的精髓，无疑将为新世纪、新文化的建构做出重大贡献。我国课程价值取向的变革就是建立在这种文化自觉基础之上的。

［原文刊载于《东北师大学报（哲学社会科学版）》2010 年第 5 期（李广　马云鹏）］

我国基础教育课程价值取向的
特征及其文化阐释

一、课程价值取向及其历史文化规约性

（一）课程价值取向含义解析

对价值取向本质的正确认识是揭示课程价值取向含义的前提与基础。关于价值取向，当前研究中主要有以下三种代表性观点："心理倾向说""客观标准说"和"行为趋向说"。"心理倾向说"认为价值取向是主体在需要的驱使下，在价值选择时表现出来的一种心理倾向性。"客观标准说"认为价值取向是主体在价值选择时共同遵守的客观标准。"行为趋向说"认为价值取向是价值主体在价值选择过程中所表现出来的行为趋向。王德如博士在综合以上三种观点认识的基础上指出，价值取向就是价值主体按照当前的认识水平，以一定的客观价值标准为依据，在价值实践的过程中表现出的心理倾向与行为趋向。[①] 在对价值取向这一认识的基础上，借鉴马云鹏[②]、靳玉乐[③]和刘志军[④]等人的研究成果，可以认为，课程价值取向是指课程价值主体按照当前的认识水平，以一定的客观价值标准为依据，在课程价值实践的过程中表现出的心理倾向与行为趋向。

（二）课程价值取向的历史文化规约性

课程价值取向是在一定的具体的历史文化发展进程中经过主体不断选择而逐渐形成的，并深深地打上时代的印痕，同时，它随着时代的发展变化而不断地超越与进化。课程价值取向的形成无法脱离具体的历史文化情

① 王德如. 课程文化自觉的价值取向 [J]. 教育研究，2006，27（12）：72-78.
② 马云鹏. 国外关于课程取向的研究及对我们的启示 [J]. 外国教育研究. 1998（3）：38-43.
③ 靳玉乐，杨红. 试论文化传统与课程价值取向 [J]. 西南大学学报（社会科学版），1997
（6）：62-67.
④ 刘志军. 课程价值取向的时代走向 [J]. 教育理论与实践，2004（10）：46-49.

境，同时，一定的历史文化情境中的课程价值取向又力图体现并代表其所处时代的本质特征。课程与文化具有相互建构性。历史上，人们在课程实践中形成的各种不同的课程价值倾向，均在某种程度上反映了那个时代的本质特征。纵观人类文化发展的历史长河可以发现，课程价值取向的演变与文化世界观的演变紧密相连，并表现出一定的历史规律。课程价值取向的流变正是这种社会历史发展规律的折射，在历史长河的潮起潮落中，课程价值取向随之更迭演变。尽管课程价值取向本身是一种价值主体活动过程，但它的发展变化无疑无法脱离历史的时空，带有历史文化规约性。从文化角度对我国基础教育课程价值取向进行纵向分析，将有助于促进我国基础教育改革的深化，建构符合社会进步与个体和谐发展的新的课程文化。

二、我国基础教育课程价值取向的基本特征

（一）重视"双基"训练，忽视个性化学习

"双基"是基础知识、基本技能的简称。它主张把基础知识和基本技能作为普通中小学教学内容核心的课程理论，即为"双基论"[①]。重视"双基"是中华人民共和国成立后基础教育的标志性特征，对我国半个多世纪的基础教育发展产生了重要而深刻的影响。1952 年 3 月，教育部颁发的《中学暂行规程（草案）》中提出中学的教育目标之一是使学生获得"现代科学的基础知识和技能"，同时颁发的《小学暂行规程（草案）》把小学教育目标概括为"全面基础教育"，"双基"概念由此诞生，并成为我国教材编写、教师课堂教学质量评价的指导思想。纵观半个世纪我国基础教育的发展历程，无论从课程实践还是从课程理论研究来看，"双基"都可以称得上是一个带有浓厚的中国特色的教育术语，而不带有任何受苏联和西方影响的痕迹。"双基论"是在特定的历史时期、在特定的国情下提出并发展的。20 世纪 50 年代初、60 年代初和 70 年代末，我国几度面临着人口众多、经济落后、文化科技水平低下、教育质量出现大滑坡的国情。为了尽快提高综合国力和民族素质，我国的教育工作者几度提出了"双基"理论，并在实践中扎扎实实地加强了基础知识和基本技能的训练，从

而使教育质量得到了迅速而有效的提高。① 正如柳海民教授所言："中国学生的'双基'水平是世界公认的，也是中国基础教育的重要特色。'双基'成就非一日之功，它是中国基础教育几十年如一日坚持不懈的结果。"② 中华人民共和国成立后的 50 余年，重视"双基"的课程价值取向一直主导着我国基础教育课程的发展方向。

我国基础教育重视"双基"所取得的成就有目共睹，它使我国的基础教育赢得了整体质量和全局效益，培养了学生扎实的基础知识和基本技能。但我国的基础教育在重视学生基础知识与基本技能的同时忽视了对学生个性的培养，学生的积极性、主动性没有得到充分发挥，甚至受到某种程度的压抑。学生的学习兴趣、求知欲望、自由平等精神、质疑批判能力、发现问题与提出问题能力、合作意识与动手实践操作能力等被忽视，而这恰恰是当今社会所重视和需要的。回顾中华人民共和国成立后所颁布的课程标准、教学计划与教学大纲，无论是培养目标、内容选择、评价方法，还是教学要求等注重的都是"统一"要求，而鲜有提倡"个性"。与重视"双基"相对应，忽视"个性"也成为我国基础教育的典型特征。学生获得的带有共性的基础知识与基本技能，是以失去个性为代价的。

（二）重视逻辑思维培养，忽视感性素质开发

与重视"双基"训练相对应的是，我国学生的抽象逻辑思维能力比较强，这是我国基础教育长期重视"双基"训练的结果。我国学生抽象逻辑思维能力强、基础知识基本技能扎实并得到世界各国的普遍认可，这主要是由于我国中小学生在各类国际学科奥林匹克竞赛中持续获得令人瞩目的优异成绩，我国白领阶层在国际高科技领域尤其是计算机软件开发方面所占的重要地位，以及我国大量留学生在国外各级各类学校中的突出表现。较强的抽象逻辑思维能力来自扎实的基础知识的学习与基本技能的训练。从课程的编制来看，我国长期以来重视课程内容的基础性、基本性和范例性，强调课程内容组织上的逻辑性、系统性与结构性；从课程设置上来看，我国长期以来以学科课程为主，甚至是一统天下；从课程实施来看，我国长期以来重视课堂教学，重视书本知识，重视间接经验，重视知识传授的系统性与逻辑性；从课程评价来看，我国长期以来重视纸笔测验，重

---

① 梁丽华. 对"双基理论"的再认识 [J]. 广东教育学院学报，2002，22（3）：64-67.
② 柳海民，孙阳春. 中国基础教育改革的理性诉求 [J]. 教育学报，2005，1（3）：23-29.

视逻辑分析与间接推理等。因此,我国学生的逻辑思维能力明显占优势是与我国基础教育阶段的良好训练分不开的。仅以我国基础教育阶段的语文学科为例来看,宏观的语文知识包括字、词、句、段、篇、语法、修辞等知识内容,各单项知识又是由若干要素构成。如:"字"由音、形、义构成,"音"由声、韵、调构成,"形"由笔画、笔顺、间架结构构成,"义"由本义、引申义和比喻义构成等。因此,语文教学内容包括拼音、识字、写字、阅读、口语交际和写作等。可以看出,语文学科基础知识学习与基本技能训练的重要性。这也正体现了我国基础教育在学科教学中对学生逻辑思维训练的重视。

事物总是具有两面性,在我国基础教育重视学生逻辑思维训练的同时,却忽视了对学生感性素质的开发。根据思维过程的凭借物不同,思维可以分为直观动作思维、具体形象思维与抽象逻辑思维。这也是思维的三种不同的层次,抽象逻辑思维是最高级的思维形式。实际上,在思维形式上具有高低之分,但是在价值上它们具有等值性。也就是说,尽管思维形式本身具有高低之分,但在人的个体发展的过程与认识世界的过程中,各种思维形式具有同等的重要性。但在我国的基础教育中,则将思维形式的高低等同了思维价值的高低,抽象逻辑思维属于高级思维形式,因此而认为其在个体的发展过程与认识世界的过程中具有更高的价值。我国基础教育对于抽象逻辑思维能力培养的关注是以牺牲学生直观动作思维和具体形象思维发展为代价的,最终导致我国学生感性素质的开发在基础教育中被淡漠。

美国一位获得诺贝尔奖的生物学者在谈到"知"与"感"的关系时说:"感性对儿童的发展极为重要,它好比是儿童心灵的土壤,而知性则是播种在感性之中的种子。少年时代正是用心耕耘土壤的时期,儿童有了对美的事物的理解,对未知的新异事物的惊奇、敬畏和对事物的共感、怜悯、赞美和爱……在这之后,知识的教育才成为可能"。日本诺贝尔奖获得者福井谦一也说:"我的创造性起点来自小时候对自然体验的感动。"[①]而我国的基础教育长期以来则过分重视书本知识的传授,忽视了学生的动手操作能力和创新能力的培养,造成了学生"理性"与"感性"发展的失衡。

---

① 高橋史朗. 臨床教育学と感性教育 [M]. 东京:玉川大学出版部,1998:78.

（三）重视传统伦理道德教育，忽视现实生存能力培养

从我国半个世纪课程历史发展进程来看，传统的伦理道德教育始终是我国基础教育的重要组成部分。这表现在三个方面：一是重视学科道德课程的建设与实施。如以小学为例，中华人民共和国成立之初尽管没有单独设立德育课程，但1952年3月颁布的《小学暂行规程（草案）》则明确提出了德育的目标，具体为：使儿童具有爱国思想、国民公德和诚实、勇敢、团结、互助、遵守纪律等优良的品质。这时的德育主要是通过各科教学和课外活动进行。1957年开始在小学设政治课，1981年政治课改为思想品德课，这一名称一直沿用到新课程改革之前。二是各学科课程均有德育目标和德育内容。以小学语文课程为例，在《九年义务教育全日制小学语文教学大纲》（试用）中提出的小学语文教学要求里，包含着丰富的德育内容。例如：在语文教学的过程中，使学生受到辩证唯物主义的启蒙教育和社会主义道德品质的教育；逐步加深热爱祖国、热爱中国共产党、热爱社会主义的思想感情；陶冶爱美的情趣等。即使是课程改革后的各学科课程标准中同样包含丰富的德育内容要求。其实，学科课堂教学已经成为我国基础教育进行德育的主渠道。三是学校的其他各类活动具有浓厚的德育色彩。如学校的开学、毕业典礼，升旗仪式，主题班队会，社会实践活动，公益活动等都带有浓厚的德育色彩。正如柳海民教授所言："中国的基础教育注重培养人的深厚历史感和厚重的文化底蕴。中国的基础教育始终坚持以人类积极向上、健康文明的优秀成果陶冶教育年青的一代。基础教育汇集人类精神活动和实践活动、物质文明和精神文明的总和，并将其'去粗取精''去伪存真'编选成为教育内容，使青少年学生在思想上、文化上遨游于中华民族博大精深的文化氛围中，使他们形成忘我的钻研精神、无私无畏的献身品质和高尚的道德行为，等等。"[1]

与重视伦理道德教育相对应，我国的基础教育长期以来忽视学生的现实生存能力培养也是不争的事实。这表现在三个方面：一是我国的基础教育课程内容选择重视科学知识而忽视学生现实的生活世界。课程内容的选择与组织关注的是学科知识逻辑顺序和学生的认知规律，而忽视了学生作为人所拥有的欲望、需求、情绪、情感、想象等非理性因素的存在，课程纯粹的工具化功能在某种程度上遮蔽了学生与现实世界交流的目光。事实

---

[1]　柳海民，孙阳春. 中国基础教育改革的理性诉求 [J]. 教育学报，2005，1（3）：23-29.

上，生活世界的经验比科学世界的经验更加优先，生活世界总是预设着科学世界。科学世界产生出来的经验的意义和价值的直接实现必须通过生活世界中经验的效应来衡量与判定。[①] 学生远离了生活世界也就失去了这种衡量与判定的机会和体验。二是在课程实施中重视课本知识的传授而忽视学生动手操作能力的训练。学生在课堂教学中更多的是接受现成的答案，而很少有机会直接体验与动手操作。三是对学生的评价重视知识技能的掌握情况，而分析问题、解决问题尤其是创造能力没有得到关注。我国基础教育课程在内容选择、具体实施及评价上均没有对学生生存能力的培养给予关注，造成了我国学生远离现实生活实际，生命成长遭到了扭曲。学生"能够自己发现问题、自我思考，主动地做出判断和行动，较好地解决问题的素质和能力"，并且，"能够自律，善于和他人协调，善于为他人着想，感情丰富和充满人性"，"能够强健地生存下去的健康和体力"，这些称之为在今后急剧变化的社会里所需的"生存能力"没有得到很好的培养与训练。

三、我国基础教育课程价值取向特征的文化阐释

"文革"结束后，中国重新面临百废待兴的现实，教育领域迫切需要拨乱反正。这种需要的动力是巨大的，它迫使中国的知识精英殚精竭虑，锐意进取，大胆改革。1983 年，当我们国家的改革开放处在起步阶段时，邓小平以历史的眼光，从战略的高度，为北京景山学校题词："教育要面向现代化，面向世界，面向未来。"几十年来，这"三个面向"的题词所蕴含的深刻的教育理念，已经成为中国教育改革与发展的指针，"三个面向"的思想已经深入人心，成为我们教育改革的旗帜和灵魂。改革开放之初，正当中国教育改革和发展面临何去何从的时刻，邓小平同志发表了"三个面向"的题词，这为中国教育事业的发展指明了方向，对中国教育改革与发展产生了重大影响，特别是对解放思想、更新教育观念、深化教育改革、促进素质教育、发展教育理论等方面，都起到了历史性和战略性的指导作用。在文化开放中，中国的课程改革迈出了坚实的步伐。如重视基础知识和基础理论，对课程结构进行调整，并照顾不同的地方与学校的差异，借鉴国外课程改革经验等。

改革开放后，中国的课程改革取得了辉煌的成就，但仍然存在许多不

---

① 伍麟.“生活世界”的心理学意义［N］.光明日报，2007-03-27（11）.

足：如课程价值取向的社会本位，忽视学生个性培养；课程杂乱无序，科目过多，学生课业负担过重而又有课程严重缺失；课程管理体制改革不深入，权力过分集中；地方课程无地域色彩，学校课程无学校个性，活动课程有名无实以及选修课程开设过少；课程内容缺少学科逻辑，课堂教学不尊重学生学习的心理规律，教学内容仍然表现出"繁、难、偏、旧"的弊病，脱离学生的生活实际；课程评价改革滞后；等等。正是将中国的课程改革置于国际文化的大背景之中，我们才清晰地看到了自身的问题与不足。

进入 21 世纪，我国开始了新一轮的基础教育课程改革，我国的课程改革进入文化自觉阶段。"文化自觉是民族的自我意识，是对自身文化的自知、自省和自我超越的意识。其内涵包括三个层次：第一，文化认同，即认同自身文化。在了解和熟悉自身文化的基础上，明了自身文化的来历、形成过程、特色，并对自身文化的价值及文化样式予以认同。在民族文化认同的前提之下对自身文化的自知和自信。第二，文化反思。根据时代的变化和社会发展的需要，在与世界其他文化比较的过程中对自身文化进行反思。第三，文化超越。即在文化反思的基础上形成文化变革与发展的意识。通过文化变革与更新完成文化的自主适应，从而超越旧有文化。"① 我国新一轮基础教育课程改革是建立在对民族文化的认同与认知基础上的，是在面对时代与社会剧烈变革的反思中，在对世界其他民族优秀文化比较与借鉴中进行的主动探索、自主适应与不断超越。

中华人民共和国成立后，我国的课程价值取向在文化自闭与文化迷失中曾发生了偏颇与失衡，又在文化开放与文化自觉中不断地进行自我建构、发展与超越，是一个曲折前进的发展过程。其历史经验与教训是留给我们的一笔宝贵的精神财富，需要我们不断地解读、批判、吸收、借鉴与利用。

[原文刊载于《东北师大学报（哲学社会科学版）》2012 年第 1 期（李广　马云鹏）]

---

① 封海清. 从文化自卑到文化自觉：20 世纪 20—30 年代中国文化走向的转变 [J]. 云南社会科学，2006（5）：34-38.

课程实践品性的文化解析

课程与文化有着天然的血肉联系。就历史发展而言，课程缘起于文化传承的需要，没有文化便没有课程。[①] 从这一角度而言，文化自然是课程的母体，课程的体内自然拥有文化的血脉与基因。在漫长的历史发展中，课程遵循着文化传统善变的道路，在古今中外丰富多彩的文化交融中，随着人类文化不断地演进与变革而风起云涌，潮起潮落。在这一过程中，课程体内的文化血脉与基因使课程扮演了社会文化工具的角色，在文化面前表现出自在无为的品性，遵循着承载与传承社会文化的角色功能逻辑。但脱胎于文化母体的课程，从逻辑上讲本身就具有文化的品性与内涵，其自身的文化底蕴与文化自主性也必然会在历史的发展进程中逐渐得以确认和彰显。因此，文化与课程的关系将由单一走向复杂，由一元而走向多元。从文化视域对课程概念进行逻辑建构及其实践品性进行分析是课程研究领域中一个十分重要且具有现实意义的重大理论问题。

一、追问：课程属于什么与课程包含什么

尽管课程与教育的历史一样久远绵长，但关于课程专门研究的历史却只有不到百年的时间。在这一短暂的历史时期内，课程研究者不断地从各自的文化与研究背景，从不同的研究价值取向与不同的研究方法论视角，对课程这一教育领域中的核心问题进行了不懈的探索与研究。其中关于课程定义的问题几乎成为所有研究者关注的一个重要问题，也成为百年来课程研究领域中争论最多、争议最大的一个问题。即使是《国际课程百科全书》这样权威的工具书对课程也无法给出一个权威的定义，而只能罗列几种有代表性的关于课程的定义。

课程论方面的专家和学者给课程下的定义存在着明显的差异，甚至是互相冲突的。各种不同的课程定义反映着各家各派的课程观，同时反映着

---

① 赵颖，郝德永. 当代课程的文化底蕴与品质 [J]. 教育科学，2002，18（5）：25-28.

人们对课程、对教育和学校、对学生，乃至对知识、对社会的观点及其发展变化。至今还没有任何一个课程定义可以使各家各派都感到满意，这也说明课程这门学科的年轻或不成熟。尽管没有一个得到普遍接受的课程定义，但并不影响课程研究的深入发展，也不影响我们在头脑中形成一个基本的课程概念。然而，在教育实践上造成的困惑甚至是混乱则是显而易见的。因此，对课程本质的揭示仍然是今后课程研究领域中的一个极为重要的问题。

课程自 20 世纪初成为一个独立的研究领域以来，不同的课程研究者按照不同的价值观对课程进行了各自的定义。据美国课程学者研究统计，目前"课程"这一概念至少有 119 种定义。课程定义为何如此之多，甚至达到泛滥的程度而遭到各种各样的批判，其原因概括起来主要表现在以下两个方面：一是"课程本身属于什么"的问题没有搞清楚，而这正是进行课程研究的最基本的前提；二是"课程本身包含什么"的问题没有搞清楚，而这正是深入课程研究的最关键的问题。"课程本身属于什么"和"课程本身包含什么"这两个问题没有搞清楚，课程的研究就失去了基本的前提条件和深入研究的基本方向。课程的定义如此之多，又如此遭受非议在所难免。因此，课程定义的多样性在课程实践的丰富性面前听到的更多的是批判之声。

二、思考：定位课程的属概念与明确课程构成要素

（一）定位课程的属概念

定位课程的属概念，即解决"课程属于什么"的问题，这是课程研究的基本前提。从国际课程研究范式的演进与转换以及课程本身发展的历史来看，课程与文化始终相伴而行，密不可分。因此，越来越多的研究者开始从文化的角度来解读课程，认为课程不仅仅是文化的传承载体，其本身就具有文化的属性与品质。另外，从我国当前课程改革中出现的各种问题性质来看，均可以将其归属于文化领域，即这些问题是课程改革中的文化冲突与文化适应问题。从这一意义上说，课程的属概念应为文化，即课程属于文化，课程具有"人为"的活动过程性和"为人"的价值追求品性。

第一，从文化的概念来看，广义的文化涵盖了人类现实生活的全部领域，即包含人类生活的精神、制度和物质三大领域。广义的文化按其形态可以分为精神文化、制度文化和物质文化。在教育上探讨文化问题时一般

都取狭义的概念，即把文化看作一个受价值支配的符号系统，包括制度和精神两个层面，在这两个层面中又以精神层面为主。文化的精神层面有三方面内容：知识（经验）、价值规范和艺术。① 知识、价值规范和艺术作为文化形式，其理论基础是哲学意义上的认识论、伦理学和美学。从人类心理的内在表现来看，认识与理智相连，伦理与意志相连，美学与情感相连。不过所有认识的获得都离不开智育，所有伦理观、善恶观的获得都离不开德育，所有美丑鉴赏力的培养都离不开美育。② 从文化的概念以及文化与教育的关系来看，课程本身就是一种独特的文化存在，或者说，课程是文化的重要组成部分。

第二，从课程概念的定义分类来看，无论是把课程作为学问和学科，还是把课程作为经验、计划与活动结果，其实这些课程定义的类别都可以归属到文化的范畴。把课程看作学问和学科，实质上强调了人类数千年来所积淀的文化对个体发展的作用；把课程看作对人类文化的凝缩，其目的在于使个体成为"文化人"；把课程看作学习者个体的学习经验，实质上强调了人类文化在个体身上的辐射，是人类文化在经个体内化而表现出来的具有鲜明的个性特征的个体文化。从另一个角度来说，这也是人类文化进行传承与创造的过程；把课程看作活动、计划或结果，这实质上反映了文化的"人为"活动过程性与"为人"的价值追求性。可以看出，课程的各种定义及其分类或是间接承认了文化是课程的属概念，或是从某一角度和层面上揭示了课程的文化属性。

第三，从现实的学校教育课程设置来看，一般包括科学教育、人文教育与道德教育三大领域。而这三大领域实质上就是文化赖以存在的三种基本形式，学校设置的与科学、艺术和道德相对应的课程，实质上就是人类文化的精华浓缩与有序排列，并由此传递、传播、创造人类文化。如果说，理论上对课程的属概念是否是文化还存在一定的争议的话，那么，实践上的课程则毫无争议地皈依于文化。

（二）明确课程的构成要素

明确课程的构成要素，解决的是"课程本身包含什么"的问题，是深入课程研究的关键问题。如果对于课程的构成要素没有搞清楚，就很难对

---

① 卓新平. 宗教与文化 [M]. 北京：人民出版社，1988：33.
② 傅建明. "隐性课程"辨析 [J]. 课程·教材·教法，2000（8）：56-60.

课程进行深入的分析和研究。如果说，定位课程的属概念为我们提供了一个认识课程的范畴的话，那么，明确课程的构成要素就是在为课程区别于其他概念寻找种差。课程学者马云鹏教授认为："课程是制订好的方案与规则、实施的过程与结果。"这一观点指出了课程包含的基本要素为：课程方案、课程规则、课程实施过程、课程实施结果。本文在此基础上对课程的构成要素做进一步的深入分析认为，课程的构成要素包括课程文本、课程主体、课程实践三大要素，下面分而述之。

课程文本包括课程计划、课程标准、教科书及其他教学材料。课程计划是关于学校课程的宏观规划，它规定学校课程的门类、各类课程的学习时数以及在各年级的学习顺序、教学时间的整体规划等。它是学校教学的依据，也是制订学科课程标准、编撰教科书和其他教学材料的依据。课程标准在我国当前是指学科课程标准。它具体规定某门课程的性质与地位、基本理念、课程目标、内容标准、课程实施建议等。它是编写教科书的直接依据，是检查教学质量、评估学生的学习情况和进行课程评价的直接尺度。教科书是教师和学生用来教和学的主要材料。除了教科书之外，还有一些辅助性的教学材料，比如练习册、教学参考书、课外读物、多媒体学习材料等。

课程主体包括课程政策的制订者、课程文本的编制者、课程实施者和课程接受者。

课程实践包括课程政策的制订、课程文本的编制、课程的实施、课程的评价等。

此外，还有课程环境、课程资源、课程手段等要素。

从课程研究的历史发展来看，对课程定义的争论往往是由于把课程的要素作为课程来解读所造成的。明确了课程的构成要素，将有助于我们对课程的深入研究。这在一定的程度上可以解决目前"云者众多，实则不知所云；争论不断，实则难以成论"的状况，为广大实践工作者尤其是一线的教师提供了一个理解课程、建构课程的基本框架，可以使他们在目前铺天盖地而来的"新课程理念"中寻找到一条理解课程、建构课程的途径，走出目前迷茫困惑、不知所措的困境，尽快建构起个体的课程哲学，有利于基础教育课程改革的顺利推进。另外，从课程的构成要素来认识课程，也符合人类"从局部到整体"的认识方式，也是"分而析之，概而论之"的研究方式的反映。

综上所述，课程概念界定中所存在的"见仁见智""非此即彼""似是而非"等现象，可谓为教育实践工作者走进课程、理解课程设置了诸多障碍，也不利于课程理论本身的发展。因此，在理解课程概念时，遵循"属加种差"的定义公式，提供一种基本的释义框架，则不失为一条行之有效的途径。目前，文化是课程概念较为合理的属概念。但是，对课程概念的理解如果仅仅从文化的视角来把握，还是远远不够的，还应正确把握课程之所以是课程的构成要素。课程构成要素为我们理解课程提供了一个基本框架，也是我们区分课程类型、透视课程思想、构建个体课程哲学的重要指标。①

三、解析：课程的实践品性表现为文化工具性、文化本体性及其与文化的相互建构性

（一）课程的文化工具性

文化是课程的母体，课程来源于文化。课程是浓缩的文化，课程是文化的精华。文化作为课程的母体，使课程一经产生就拥有了文化的血脉与基因，并为课程预设了存在的逻辑前提与价值依据。但课程在漫长的发展历史进程中，其文化本体属性并没有得到确认与彰显。相反，课程缘起于文化承传需要这一"原始"的事实却逐渐演变为课程存在的根本性依据与使命，以至于课程作为文化承传的工具不仅是课程历史发展的一种真实的写照，而且成为一种不言而喻的逻辑命题。千百年来，课程始终是按照这样的逻辑而行使着复制、维持与传递社会文化的外在化的、他律性的功能与使命。② 课程脱胎于文化的母体，却扮演了文化工具的角色，成为文化的物质载体与传播手段。

课程作为文化的载体主要表现在两方面：一是课程作为文化的知识载体而形成课程内容；二是课程作为文化的精神载体而拥有价值追求。课程内容作为"一些学科中特定的事实、观点、法则和问题"③ 是对社会文化的浓缩，离开文化，课程便是无源之水、无本之木，失去存在的根基与逻辑前提。简言之，一切课程内容均来源于文化。但并不是所有的文化都能够成为课程内容，无论是中国古代社会的"六艺""四书""五经"《三字经》《百家姓》《千字文》，还是西方中世纪的"七艺"及其"现代主义"

---

① 郑和. 课程概念的逻辑学分析 [J]. 上海教育科研，2004（12）：28-30.

② 郝德永. 走向文化批判与生成的建构性课程文化观 [J]. 教育研究，2001，22（6）：61-65.

③ 江山野. 简明国际教育百科全书：课程 [M]. 北京：教育科学出版社，1995：110.

课程，也无论是当今社会全球化感召下各国先后所出现的各种新的课程形态（国际理解、环境教育、生命教育等），还是各国为保有各民族传统特色而不断被强化的民族传统课程，都体现了独特的价值取向。看来，课程的确来源于文化，但课程是进入教育领域的一种特殊文化，是一种经过筛选和重组了的文化。课程正因为具备这样的工具功能而成为最有效的文化载体。

课程不仅是文化的有效载体，而且是进行文化传递的重要手段。文化的传递方式有两大类：纵向传递和横向传递。前者即文化传承，也叫社会遗传；后者即文化传播，也叫文化扩散。"当文化在同一社会内部从一代传至另一代时，我们称这一过程为社会遗传。但当文化从一个群体传至另一个群体，从一个社会传入另一个社会时，我们就习惯于用这样的术语：文化扩散。"① 学校课程的文化传承具有社会历史性和增殖性。所谓社会历史性，是指文化传承是在特定的历史条件下进行的社会性传递方式，是通过多种社会文化形式进行的，不仅是指上一代传承给下一代，而且也可能是下一代传给上一代或同一代人之间的相互传递。所谓增殖性，是指在文化传递的过程中，人们总是根据自己的经验和价值观重新界定文化和认识文化，并增殖和繁衍出新的文化意义，甚至把自己的文化创造融入总体文化之中继续向后传承，这就是文化增殖现象。② 美国学者墨菲说："可以万无一失地说，几乎所有文化百分之九十以上的内容首先都是来自传播。"③而课程因其严密的计划性、高度的组织性和明确的目的性而成为文化最重要的传递手段。

（二）课程的文化本体性

当课程脱胎于文化的母体后，在漫长的历史发展进程中全身心地发挥着文化的工具性职能时却几乎完全遮蔽了课程本身即为文化的本体性。对课程文化本体性的确认是文化发展使然，也是课程自身发展的需要。课程既是文化承载的物质载体与传播手段，又具有文化的特质，是作为文化的一部分而客观地存在着。但从课程历史发展的状态来看，我们往往过分重

---

① 张应强. 文化视野中的高等教育 [M]. 南京：南京师范大学出版社，1999：49.

② 米俊魁. 学校课程的文化功能及实现机制 [J]. 湖北师范学院学报（哲学社会科学版），2005，25（1）：132-135.

③ 罗伯特·F. 墨菲. 文化与社会人类学引论 [M]. 王卓君，吕迺基，译. 北京：商务印书馆，1991：246.

视并强化了课程的文化工具性，而忽视了课程的文化本体性。承认并彰显课程的文化本体性，并不否认课程文化工具性的存在，这只是对课程与文化关系进行理性分析的逻辑结果，也是对课程本质属性认识的深化。

首先，课程的文化本体性表现为课程本身即为文化。按照英国人类学家泰勒（Taylor）给出的文化定义，文化应该包括物质文化、精神文化和制度文化三个层次。课程本身作为文化，同样包含这样三个文化层次。第一，从课程的物质文化层面来看，课程具有相应的文化实体存在，即课程是独立于其他文化形态的一种特殊文化。课程从设计、编制、制作，到印刷、出版、发行，经历了一个漫长而复杂的过程。在这一过程中，课程主体将一定的知识、思想、信仰、技能、审美情趣等融入课程之中，课程成为高度浓缩的文化。仅从课程的文本之一——教科书来看，无论是其精美的封面装帧，还是其丰富多彩的内容，无疑都可以称得上是一种具有实体意义的文化精品。第二，从课程的精神文化层面来看，课程具有相应的文化实质意义存在，即课程的文化存在于课程的各个领域，并对课程具有价值引导意义。无论从课程知识内容种类的选择与结构安排，还是从课程内容中所包含的各种情感及所体现出的世界观、社会观、自然观、哲学观念、政治思想、伦理道德、审美观点等，甚至是意识形态等都折射出一定的文化价值取向。第三，从课程的制度文化层面来看，课程具有相应的制度文化存在。如世界各国不同的课程管理制度，教科书审定、出版与使用制度等，同样体现着不同的文化理念。如一些国家的教科书重复使用制度之所以能够推行，其实质也是一种制度文化的存在。

其次，课程的文化本体性还表现为课程具有自身独特的文化品性。这主要包括两个方面：其一是课程文化的内在性品质；其二是课程文化的超越性品质。课程文化的内在性品质意味着课程文化是一种独立存在的本体化的文化形态，它具有独特的、自律性的文化基频、关怀依据、使命、旨趣、原则及评价尺度。内在性品质决定了课程文化是自主、自觉的，而不是他律的、消极被动的；是自为、自成的，而不是给定、委派的。[①] 课程文化的超越性品质意味着课程文化是一种走在社会时代前列的、对社会起导向作用的先锋性文化，是一种不为现实的"此岸世界"的功利主义、实用主义原则所迷惑、困扰及束缚的理想性文化，是一种不盲目地、无原则地适应社会主流文化的探索性的文化。超越性品质使课程文化独辟一块净

---

① 赵颖，郝德永. 当代课程的文化底蕴与品质 [J]. 教育科学，2002，18（5）：27.

土，开创一片理想的文化天地。人类文化将因这种超越性的课程文化而变得更加神圣、深刻，更加充满生机、活力与意义。①

我国新一轮基础教育课程改革中施行的课程标准，是对课程的文化本体性的制度规定与保证。如 2001 年中华人民共和国教育部颁布的《全日制义务教育语文课程标准》（实验稿）指出："语文是最重要的交际工具，是人类文化的重要组成部分。""认识中华文化的丰厚博大，吸收民族文化智慧。关心当代文化生活，关注多样文化，吸收人类优秀文化的营养。"《全日制义务教育数学课程标准》（实验稿）指出："数学是人类的一种文化，它的内容、思想、方法和语言是现代文明的重要组成部分。"《全日制义务教育艺术课程标准》（实验稿）指出："艺术课程是一种人文性课程，它不再把艺术视为单纯的消遣娱乐或单纯的技艺，而是把它视为人类文化的积淀和人类想象力与创造力的结晶，具有极高的人文价值。""艺术课程用艺术的感人形式、丰富的内容和深刻的人文内涵，打动学生的心理，接近学生的生活，表达学生的情感和文化追求。""艺术课程……成为学生成长的文化养分。"《全日制义务教育美术课程标准》（实验稿）指出："引导学生参与文化的传承与交流。""在广泛的文化情境中认识美术。"《全日制义务教育历史与社会课程标准》（实验稿）中的"认同民族文化，培养人文素质"，《全日制义务教育英语课程标准》（实验稿）中的"跨文化交流"等，不但承认了课程即为文化，而且在制度上予以保证。

（三）课程与文化的相互建构性

美国文化人类学家玛格丽特·米德（Margaret Mead）从文化传递模式出发，将人类文化划分为三个基本类型，即前喻文化、同喻文化与后喻文化。后喻文化是"未来重复过去"，同喻文化是"适应现在"，前喻文化是以"开拓未来为使命"。

课程的文化工具性在某种程度上表现出"后喻文化"的基本特征。"后喻文化"是一种老年文化，是传统的农业社会文化。年老意味着知识经验的丰富，而年轻则意味着无知。因此，在文化传递中，晚辈要向长辈学习。没有觉悟、没有疑问是其典型特征。与之相契合，课程则是从文化中精选出来的知识，这种知识同"后喻文化"中的教育者一样具有权威性。教育者是文化原封不动的复制者，受教育者是文化一成不变的接受者。在这种认识下培

---

① 赵颖，郝德永. 当代课程的文化底蕴与品质 [J]. 教育科学，2002，18（5）：28.

养出来的学生缺乏怀疑精神和创新意识，对自己作为人的本质力量、文化创造能力以及自身价值等一系列问题缺乏深刻的认识和领悟。人的主体性缺失的同时必然带来文化主体性的丧失，而文化主体性的丧失又影响着课程作为一种文化特质的创新和发展。如此循环往复，课程文化的发展和整个文化的发展都被局限于一个封闭的系统中，举步维艰。①

而课程的文化本体性则在某种程度上表现出了"前喻文化"的基本特征。"前喻文化"与"后喻文化"截然相反，它是一种年轻的文化，是一种充满活力的文化，是一种面向未来的文化，体现了后现代思潮的诸多特点。在这种文化中，社会的变化日新月异，年长者和他们的知识不再具有不可动摇的权威，年轻人的认识渠道更加广泛多样，他们对事物的认识远远超过了父辈。他们怀疑既定的秩序，对事物有着自己的看法。他们相信自己的文化创造能力，具有改变世界的勇气和信念。在他们身上，主体性的光芒得以彰显，并为文化的发展和创新带来希望。这些正是目前我国课程现实中所缺失的东西，也是我们应该加以提倡的。②

在"后喻文化"与"前喻文化"二者之间还有一种文化类型，即"并喻文化"。"并喻文化"的基本特征是文化交流发生在同辈之间，即长辈和晚辈的学习在同辈之间进行。年青的一代更注重从同代人那里互相感受，获取经验，他们必须根据自己的经验发展新的形式，并向同代人学习。现代教育基本体现了这一文化类型的特征，这主要是由现代学校教育特点所决定的。三种典型的文化类型，其特征具有极端性，但大致反映了课程与文化关系的历史事实、现实状态和未来发展的趋势。因此，我们认为课程与文化的关系是一种相互建构的关系。

首先，表现为文化不断地建构课程。文化具有开放性与容纳性，文化的这一品性使文化在自身的历史发展进程中不断地与社会生活其他领域进行交流与互动。文化因而不断地得以丰富，文化在丰富自身的同时为课程提供了取之不尽的内容资源与选择空间。因此也可以说，文化在创造和建构自身的同时在不断地创造和建构着课程。文化具有延续性、动态性和创造性，文化的这一品性使文化拥有了自己的传统、"场域"和变革动力。文化因而不断地得以发展，文化在发展自身的同时为课程赋予价值取向、

---

①　王彬，向茂甫. 课程文化：从工具论到本体论的认识 [J]. 内蒙古师范大学学报（教育科学版），2004，17（4）：8.

②　王彬，向茂甫. 课程文化：从工具论到本体论的认识 [J]. 内蒙古师范大学学报（教育科学版），2004，17（4）：10.

交流空间和革新的内驱力。信息社会的到来，进一步加快了文化交流的节奏与发展的步伐，促进了文化的进一步开放与相互的容纳，这将会进一步增强文化对课程的建构能力。

其次，表现为课程不断地建构文化。文化在建构课程的同时，课程也在不断地建构文化。课程对文化的选择实质上是对文化的重组与再创造的过程，这种重组与再创造的结果便是一种新文化的诞生。表现为课程在建构自身的同时在建构文化。课程总是通过一定的文本形式、多样的实践过程和丰富的客观结果表现出来，并以一定的课程制度加以保证。课程的表现形式、实践样态与结果形态实质上也是对文化的发展、创造与丰富。信息社会的到来，课程内容、课程实施方式以及课程实施的结果都将会发生巨大的变化，课程无疑会进一步地繁荣和丰富文化。

最后，表现为文化与课程走向的融合。文化建构课程，课程也在建构文化，文化与课程具有相互建构性。文化与课程的相互建构性是"人为的活动过程与为人的价值追求"的统一。文化与课程均是"人为的活动过程"，同时包含着"为人的价值取向"。课程与文化的互相建构正是因为"人为的活动过程"存在才得以发生，也正是因为"为人的价值追求"而得以延续与发展。课程与文化相互建构的"人为性"与"为人性"的统一使课程与文化走向了融合，这种融合体现为"课程文化"。

课程的文化工具性、文化本体性及其与文化的相互建构性，构成了课程丰富的实践品性。课程的实践品性应在课程品性中得以确认，这也是个体成长与发展的一种需要。快节奏的现代社会是一个崇尚和张扬个性的时代，人们的生活方式千差万别，学习方式也各式各样，我们正在步入个性化学习时代。[1] 个性化学习时代首先应是课程在实践上对个体的关怀。另外，从课程设计角度来看，课程应综合考虑自然、社会、人生三个领域的内容，构建包含艺术、道德、科学三个维度的课程结构，使课程体系具有整体性，同时要保证内容选择、时间分配、价值取向上的均衡，促进学生全面协调发展。[2] 课程实践品性在丰富的课程实践中将不断地得以彰显。

[原文刊载于《东北师大学报（哲学社会科学版）》2009年第1期（李广　马云鹏）]

---

① 李广，姜英杰. 个性化学习的理论建构与特征分析 [J]. 东北师大学报（哲学社会科学版），2005（3）：152.

② 李广，杨宏丽，许伟光，等. 我国高师院校教师教育课程设置及实施问题调查研究 [J]. 东北师大学报（哲学社会科学版），2008（6）：69.

为生存而学习：PISA 评价思想价值取向研究

一、PISA 简介

（一）PISA 实施的时代背景

知识经济的到来，引发了世界范围内的教育革命，在风起云涌的教育改革中，如何实现对人才培养质量的有效监控，以引导教育的健康发展，成为目前世界各国教育关注的焦点问题。评价一个国家教育的总体质量，评价一所学校的教学状况，评价一名学生的基本素养，其价值导向是什么，其评价标准又是什么，以及通过什么方式、方法、手段才能科学有效地进行评价与监控，这些是世界各国教育研究者在新世纪所面临的共同课题。

经济合作与发展组织（Organization for Economic Cooperation and Development，简称 OECD）为了满足社会发展对人力资本的质量监控要求，克服以往教育对学生评价的不足与缺陷，开发实施的"国际学生评价项目"（Programmer for International Student Assessment，简称 PISA）从一个全新的角度展开了对人力资本的测量与评价。在 2000 年和 2003 年两次测试之后，其新颖、规范、科学的设计与严格的控制标准，引起了人们的广泛关注和强烈反响。

（二）PISA 评价思想的价值取向

PISA 基于终身学习（lifelong learning）的动态模型设计测试，PISA 的口号是：评价学生现实生活和终身学习所必需的知识和技能。虽然 PISA 的评价领域与学校学习科目紧密相关，但 PISA 集中在学生习得技能的价值和解决问题的能力上，在一个更广阔的范围、在实际生活的情景中测试学生的实际操作能力和文化素质。[①] PISA 是考察人们在学习化的社会里所必需的那些知识和技能，这些知识和技能需要通过终身学习才能获得。PISA 衡量的是学生面对实际生活挑战的能力，而不仅仅局限于他们对学校课程的掌握情况。[②] 简言之，为生存而学习是 PISA 评价思想的基本价值取向。

（三）PISA 测试的内容领域及被试构成

1. 内容领域

PISA 以阅读能力、数学能力和科学能力为基本的测试领域，每一领域又分为若干维度。如数学领域分为数学内容、数学过程和数学情境。阅读能力测试内容包括短篇故事、网络信件、杂志报道以及统计图表等各种形式的信息，从获取信息、理解信息和思考、判断三个层面来衡量学生的阅读能力。通过多领域、多维度的测试希望了解即将完成义务教育的各国初中学生，是否具备了未来生活所需的知识与技能，基础教育阶段的学习是否为终身学习奠定了良好的基础。

2. 被试构成

PISA 启动之初计划在 32 个国家（包括 28 个 OECD 国家及 4 个非 OECD 国家）中抽选 26.5 万名 15 岁的青少年，以纸笔测验衡量这群初中学生的基本生存能力。2000 年，在这 32 个国家中开展了第一次 PISA 评价。2003 年，共有 43 个国家和地区参加了第二次 PISA 评价，其测试地域范围进一步扩大。PISA 是一项定期的、动态的监控方案，每三年进行一次评价。

（四）PISA 测试的结果反馈

2000 年举行的第一轮测试结果表明，15 岁学生的阅读能力，芬兰位居榜首，日本、韩国在数学和科学方面位居首位。所有这三个国家的学生之间的差距也最小。德国在这次测试中三个方面的测试结果均排在后面。这个结果引起了德国、欧洲甚至整个世界的震惊。2003 年 7 月公布的 PISA 第二次测试结果表明，我国香港学生的数学能力名列第一，科学能力名列第三，阅读能力名列第六。国际学生评价项目提醒各国政府应思考

---

① 任子朝. 国际学生评价发展趋势：PISA 评介 [J]. 数学教学，2003（3）：1-3，19.

② 李毓秋，严云堂. 人力资本测量与教育质量监控：国际学生评价项目 PISA 及其对我国教育质量监控的启示 [J]. 生产力研究，2003（2）：137-139.

建立迅速提醒决策者的机制，及时纠正教育发展中的不利趋势。PISA 测试结果的反馈使我们能及时而有目的地反思我们的教育，为各国教育决策提供科学依据。

二、PISA 特点分析

（一）设计科学，构思严谨

PISA 评价目标明确具体。PISA 评价的是学生经过一段时间的学校教育之后，在应对社会生活具体问题时所应该具备的知识和技能。其评价领域的确定、评价维度的选取以及所有评价内容的设计都紧紧围绕这一目标而展开。PISA 通过一套能够测量教育结果的国际教育质量指标和对各国学生进行抽样测试所取得的结果，来描述各个国家的教育质量，为各国提供一个更大范围内的测试和解释测试结果的机会。

国际学生评价项目是终身学习的一个动态的模型。学生不可能在学校里学到将来所需的每一种知识和技能，因此要培养他们终身学习的能力。阅读、数学、科学三个领域的知识内容以及运用这些知识和技能所必备的心理条件，构成了终身学习能力的基础。PISA 不仅要评价学生的知识技能，也要让学生报告他们的学习动机，对自己的了解和对不同学习环境的态度，以便综合评价学生。

PISA 提供进行长期监控和预测的工具，进行 3 年一轮、为期 9 年的长期追踪调查研究，从而使学生所提供的信息能够形成 OECD 教育指标中有关教育产出的重要指标。这样就可以使各国每三年对其教育系统的效益进行客观的比较。

（二）界定清晰，可操作性强

OECD 从人们在社会生活中应该具备的各种能力中，选择具有代表性的阅读、数学和科学作为 PISA 评价的基本内容，并对三种能力从社会生活的实际应用的角度下了操作性定义，进行了清晰的界定。其中，阅读能力被定义为：能够达到个人目标，发挥个人知识与潜力，以及有效参与社会所需的理解、应用和反思书面材料的能力；数学能力被定义为：辨认、理解并参与数学运算的能力；科学能力被定义为：使用科学知识的能力、辨认问题的能力和应用科学观点的能力。科学的定义确保了评价的可操作性。而且，测验试题来自实际社会生活的各个方面，不局限于学生在学校

学习的资料，并以真实的生活情境呈现，确保了评价的客观性。

（三）形式新颖，内容灵活

PISA 突破以往考试的模式，表现出新颖、灵活的特点。在测验中，基本没有直接的语文、数学或科学问题，而主要以投射的方式进行试题的编制。把测试的内容巧妙地融入真实的问题情境之中，从而在学生解决问题的过程中考查学生知识和技能的水平。

在试题的编制中，PISA 重点强调情境的真实性，即要求学生解决现实生活中可能遇到的真实问题；在试题内容选择方面，PISA 强调各学科的交叉渗透，强调把不同学科的内容有机地融合在一起，实现对跨学科的综合知识与技能的评价；在评价的重点确定上，强调重点评价学生解决问题的过程；在题目的确定上，由各国教育专家共同研制开发、预测后选择确定。PISA 试题编制形式新颖而严谨，内容选择灵活而科学。

（四）程序严格，实施规范

PISA 严格执行两阶段分层随机抽样，确保抽样的科学性、随机性和代表性。各参与测试的国家在按照 OECD 的要求确定好抽样框架之后，由 PISA 总部具体实施抽样，避免由于抽样的随意性而导致样本的代表性不足造成的误差。另外，为了保证各参与国的学生面对的测验材料的一致性，减少由于翻译过程中语言理解的原因造成的文字方面的差别，所有需要翻译成本国文字的测验材料都必须从两种源语进行翻译，并把两种翻译结果合二为一，使测验材料保持原有的内容风格及特点，减少因测验材料本身造成的误差。对于开放式题型的评分，PISA 规定了详细的评分标准，并提供了许多参考答案，有效地控制了评分过程中可能造成的误差。

（五）分析科学，结果客观

PISA 对评价结果的分析采用相对评价分析，即把全部参与国的所有测试结果汇合在一起，在全部分数范围内划分出相对等级，并计算各国处于各等级的学生人数。这种以能力分等级，把全部数据放在一个平台上进行比较的方式，使得从评价结果就可以直接了解每个国家学生的情况以及在所有参与国中的相对位置。

PISA 不仅关心学生的实际成绩，而且把很大的注意力投入学生之间的差异是如何形成的这一问题上。因此，评价结果分析中充分地利用背景信息，如学生的性别、经济和社会背景，学生在家以及在学校的活动，还包括学习态度、对电脑的熟悉程度及对自我调节学习的管理和监控策略等。对这些信息的分析，可以帮助解释成绩，解释学生之间形成差异的原因，因而对改善教育现状有重要作用。

由于 PISA 评价把各参与国的测试结果进行汇总分析，并利用各种背景信息进行进一步分析，这种评价结果和对结果的解释，可以对各国的教育质量的现状进行直接比较。

三、PISA 对我国基础教育课程评价改革的启示

（一）对我国基础教育课程评价改革的反思

PISA 对世界各国教育产生的影响是深远的、多方面的。面对 PISA 评价的新理念和实际运作模式，我国的基础教育课程评价改革有许多问题是值得深思的。《基础教育课程改革纲要（试行）》中提出，要改变课程评价过分强调甄别与选拔的功能，应发挥评价促进学生发展、教师提高和改进教学实践的功能。课程改革几年来，广大一线教师和教育理论研究者以新课改的评价理念为指导，对基础教育课程评价问题进行了广泛而深入的理论研究与实践探索，取得一定的成绩，但仍然存在一些值得探讨和研究的深层问题。这些问题主要表现在以下三方面：

1. 评价理论研究上的局限性

《基础教育课程改革纲要（试行）》提出要建立促进学生全面发展的评价体系，建立促进教师不断提高的评价体系，建立促进课程不断发展的评价体系。但各评价体系以及评价体系中各项评价指标、评价标准确定的依据是什么，依然是一个令人困惑的问题，其操作缺乏理论指导。另外，对学生、教师和学校评价的主体及评价主体的关系应如何加以确认，同样是一个在理论层面还没有认识清楚的问题。PISA 关于学生评价的维度、评价的标准，其理论研究成果和实际操作模式值得借鉴。

2. 评价实际操作中的失衡性

学生评价体系是课程评价体系的重要组成部分。对学生的评价也是课程改革中令学生、教师、家长和社会最为关注的问题。课程标准是学生评价的重要依据，学科课程目标一般是按知识和能力、过程和方法、情感态度和价值观三个维度设计的，并力求三个维度相互渗透，融为一体，注重学生素养的整体推进和协调发展。但在学生评价的实际操作的过程中，由

于过程和方法、情感态度和价值观两个维度操作难度大、实施复杂而被简单化和主观化，使理念上的三维立体评价在实际操作中走向一维评价，学生评价体系在教育现实中失去了平衡。PISA 评价除了关注学生阅读、数学和科学素养之外，还对学生的学习态度、自我监控能力、计算机掌握程度等方面进行调查研究，力求全方面评价了解学生，这些做法同样值得我们学习。

3. 评价结果反馈的无效性

评价无疑是具有反馈功能的，但评价反馈功能的有效性有赖于评价主体对评价结果的信任、解释及在教育教学中的科学应用。《基础教育课程改革纲要（试行）》指出，通过评价应使教师从多种渠道获得信息，不断提高教学水平，发挥评价的教育功能，促进学生在原有水平上的发展，形成课程不断革新的机制。但在实际的教育教学实践中，教育主体对评价结果的信任感、解释的科学性及对其应用的能力等因素的影响，降低了评价结果的反馈功能。PISA 的评价结果具有很强的可比性、科学性和客观性，因此引起了世界各国的关注，并将 PISA 的评价结果及时反馈到教育的各个层面和领域，使评价结果充分发挥了反馈调控功能。我国基础教育的评价，在追求评价的科学性、客观性的同时，应努力建立一套保证评价结果及时反馈的机制，确保评价结果反馈的及时性和应用的有效性。

（二）推进基础教育课程评价改革的几点建议

面对 PISA，反思我国基础教育评价改革中存在的问题是必要的，但更重要的是如何积极借鉴 PISA 的评价理念和有效做法。笔者提出以下几点建议：

1. 评价试题的设计应强调情境性

问题的情境性有助于考查学生分析、解决问题的实际能力。PISA 测验试题来自实际社会生活的各个方面，不局限于学生在学校学习的资料，并以真实的生活情境呈现，确保了评价的客观性。PISA 评价的并不是中学生掌握了多少学科知识，而是他们是否掌握了与他们将来生活有关的基本知识和技能，PISA 测量的是学生在实际生活中创造性地运用这些知识技能的能力，以便成年后在社会上发挥应有的功能。我国基础教育课程改革强调课程要为学生现实生活服务，那么课程实施后，学生是否掌握了现实生活所必需的知识和技能，如何加以评价，PISA 的经验值得借鉴。

2. 评价的价值取向应关注实际应用能力

PISA 虽然测试的是阅读、数学和科学素养，但 PISA 不是单一的学科测验，而是考查学生是否具备了适应终身学习所必备的综合能力。如阅读能力考查的是学生获取信息、分析信息、评价信息、综合信息和表达信息的能力，以及个人独立思考的能力。根据 PISA 的定义，这种阅读能力愈强的人，愈有能力搜集、理解、判断信息，以达成个人目标、增进知识、开发潜能，并运用信息，有效参与现代社会的复杂运作。我国基础教育课程改革十分关注学生的创新能力和动手实际操作能力，因此，评价的价值取向应转向于学生实际应用能力的考查。

3. 评价的维度应包括学习方式

21 世纪的社会是以终身学习为典型特征的学习型社会，在这个迅速变化的时代里，要想在学校里学到将来所需的每一种知识和技能是不可能的，学生必须在具备阅读、数学、科学等方面基础的前提下，努力培养自己的学习能力，即学会如何学习，这将比学会具体内容更为重要。教育正在逐渐走向以学生为中心的学习方式，从强调记忆背诵，转变成以解决问题为导向的学习。学生需要学会从外部世界获得信息、解决问题，并且将问题与课本里的基础知识相结合，建立起自己的知识结构。PISA 结果表明，表现优秀的学生一般都是能自我认真学习的学生。他们能够独立思考和计划自己需要学习的内容，而不是等待教师给他们"喂"信息。因此，在教育中培养学生自主学习的习惯和有效学习的能力显得尤为重要。[①] PISA 评价传递了这样的信息：学生的学习方式、学习策略、学习方法对于学生的发展是极为重要的。这一评价导向无疑值得我们借鉴。

4. 评价的结果分析应考虑背景因素

PISA 的测试表明，学生不同的家庭背景、各国不同的教育制度、教学方式和其他社会因素，都有可能造成学生测试表现上的差异。如根据 PISA 的研究可以得出这样的结论，即家庭文化的影响力更胜于财富。换句话说，家里的文学作品、诗集、艺术品愈多，父母愈常和孩子讨论书籍、电影、电视节目的内容，通常孩子的阅读能力也愈强。因此，可以认

---

① 李毓秋，严云堂. 人力资本测量与教育质量监控：国际学生评价项目 PISA 及其对我国教育质量监控的启示［J］. 生产力研究，2003（2）：137-139.

为评价的结果在某种程度上折射出了学生家庭、文化、教育、经济等背景上的差异。所以，对于评价结果的分析不应是孤立的，应将其置于具体的背景中加以分析解释，要考虑学生的个体差异性。

5. 评价的反馈应及时有效

国际学生评价项目也真切地传递了一个重要的信息：面向 21 世纪国际激烈的竞争，各国政府都需要"建立迅速提醒决策者的机制，及时纠正任何不利趋势"，都应像对待经济发展指数那样建立人力资源发展指数，及时发现和判断教育中存在的问题，制定教育改革的措施①，使教育真正发挥促进社会发展的功能。

[原文刊载于《外国教育研究》2005 年第 7 期（李广）]

---

① 李毓秋，严云堂.人力资本测量与教育质量监控：国际学生评价项目 PISA 及其对我国教育质量监控的启示 [J].生产力研究，2003（2）：137-139.

国际课程研究范式的多维转换

"范式"这一概念出自库恩的《科学革命的结构》一书，它是指"一个共同体成员所共享的信仰、价值、技术等的集合"[①]。范式不仅能够把一些"志同道合"者吸引到一起，还能够指导这些"志同道合"者共同进行"解难"活动。所以，范式对共同体成员既具有研究上的精神导向作用，同时具有对其行为上的规范制约作用。20世纪70年代以来，由于现代科学技术进步所引发的价值观念以及社会信仰的深层变化，西方课程研究范式也随之发生了重大转换。

一、研究内容：由"课程开发"走向"课程理解"

20世纪初，以美国学者博比特出版《课程》一书为标志，课程论成为一门独立的学科。其后，作为课程科学化运动的集大成者，拉尔夫·泰勒在总结其领导的"八年研究"成果的基础上，提出了著名的"泰勒原理"。泰勒原理的提出在课程发展史上具有里程碑的意义，自其提出后的30年左右的时间里在课程研究领域一直占有统治地位。

但以"泰勒原理"为代表的课程理论研究一直把"怎样科学有效地开发课程"作为课程研究的主要问题，把课程视为"学校材料"，课程研究即探究"价值中立"的课程开发的理性化的程序，从而也导致课程研究的"程序主义"的出现。这种研究倾向使泰勒原理的一些弊端充分暴露出来。首先，受技术理性支配，通过合规律的行为而对环境加以控制和管理，具有丰富主体性的教师与学生成为被控制与支配的客观对象；其次，课程研究成为一种线性的、封闭的、工艺学的操作技能训练，过于注重课程本身的问题而忽视了课程以外广阔的社会文化背景与意义空间；最后，把课程开发过程视为一种普适性的、划一性的程序操作模式，课程研究成为"课程开发"的技术程序操作。依据"泰勒原理"所进行的"课程开发"，在

[①] 黄忠敬. 课程研究的基本范式及比较 [J]. 教育理论与实践，2004 (3)：57-61.

某种程度上泯灭了人的创造性，忽视了学校实践的特殊性，遮蔽了教师与学生的主体性，这为课程研究的后来者提供了批判的依据与创新发展的空间。

20世纪70年代之后兴起的解释学、法兰克福学派、新教育社会学、后现代主义等对泰勒原理进行了深入的批判。美国著名的课程理论家派纳将泰勒原理的课程研究取向正式概括为"课程开发范式"。在对"课程开发范式"的批判与反思中，课程研究领域发生了重要的"范式转换"，即课程研究由"课程开发"向"课程理解"转换。这种研究取向把课程视为"符号表征"，课程研究的目的是"理解"课程"符号"所负载的价值观。派纳将这种研究取向概括为"课程理解范式"。课程变成了一种"文本"，对这种"文本"不同角度的解读，形成了丰富多彩的"课程话语"。当今的课程研究已经不再局限于课程开发的程序的论争，而是将课程置于广泛的社会、政治、经济、文化、种族等背景上来理解，联系个人深层的精神世界和生活体验而寻找课程的意义。[①]"课程理解"范式表现出了一种开放精神，容纳了各种理论对课程"文本"的多元解读。如"政治课程理论""种族课程理论""性别课程理论""现象学课程理论""后现代课程理论""美学课程理论""生态学课程理论""全球化课程理论"等都从各自的理论角度出发对课程进行了不同的理解与解读。

二、哲学基础："现代主义"让位于"后现代主义"

现代课程研究是建立在因西方工业革命和科技进步而产生的一系列价值观、社会精神、文化态度、思维方式等基础之上的一种课程研究范式。简言之，现代课程研究是建立在"现代主义哲学"基础之上的。所谓"现代主义哲学"，是指从笛卡尔开始的理性主义哲学、启蒙运动，19世纪以康德、黑格尔为代表的德国古典哲学，马克思主义哲学，孔德的实证主义，20世纪的马克斯·韦伯的哲学，萨特的存在主义，弗洛伊德的精神分析，哈贝马斯的交往行为理论等。[②] 现代课程研究以自然科学研究方法论为基础，以机械唯物论为哲学指导，形成了现代课程研究范式中独特的知识观、课程观、师生观、价值观、认识论与方法论。在知识观上，现代课程研究范式认为，知识是反映客观事物本质的存在，具有客观性和普遍

---

① 张华. 走向课程理解：西方课程理论新进展 [J]. 全球教育展望，2001，30（7）：40-48.
② 冯俊. 从现代主义向后现代主义的哲学转向 [J]. 中国人民大学学报，1997，11（5）：36-44.

性，而且是价值无涉（中立）的；在课程观上，现代课程研究范式认为，课程是通过程序或控制而形成的客观产品，是外在于教师与学生的客观存在；在师生观上，现代课程研究范式认为，教师是客观知识的传授者，学生是客观知识的接受者，教师与学生均成为课程编制者的操纵工具；在价值观上，现代课程研究范式遵循的是"工具理性"主义；在认识论上，现代课程研究范式强调的是结果与目标达成的状态；而在方法论上，现代课程研究遵循的是量化与标准化原则。

现代社会在享受人类科学技术成果的同时使人类逐渐沦为现代科技的奴隶。换言之，人类创造现代科技并通过利用现代科技显示人类自身力量伟大的同时，暗含着巨人举起巨石本身就包含了砸自己脚的可能性。而且，这种可能性越来越变成现实性。20世纪70年代，在概念重建运动的推动下，在对现代课程研究的反省和超越中，后现代课程研究逐渐兴起。后现代课程研究是建立在后现代主义哲学基础之上的。后现代主义哲学，从某种意义上说是一种社会批判理论，它是当代西方哲学家对于资本主义社会自身发展的一种理论反省。[①] 后工业时代的资本主义社会，在生产方式及意识形态等各方面都发生了巨大的变化，资本主义社会的深层矛盾不断激化，这促使哲学家们从更高的理论层次上来反思资本主义发展的命运及其理论基础的理性主义和启蒙精神的正确与否。

后现代主义在这一反省中更多的是看到了资本主义现代化过程给人类的生存带来的危害和弊端。因此，建立在后现代主义哲学基础之上的后现代课程研究也开始对现代课程研究的危害与弊端进行了深刻的反省与全面的批判。后现代主义哲学反对普遍化、总体性、同一性、本质论、基础论和表象论等，而肯定多元性、多样性、差异、非中心、零散化、机遇、混沌、不确定性、流动和生成性等。相应的，在知识观上，后现代课程研究认为，知识具有价值性、情境性与个体性，反对知识价值的中立性；在课程观上，后现代课程研究认为，课程并非静态的开发结果，而是开发过程木身；在师生观上，后现代课程研究认为，教师是课程的创造者、开发者、促进者与合作者，学生是课程的发现者、诠释者和建构者，师生在课程实施过程中是平等的对话者；在价值观上，后现代课程研究遵循着实践理性或解放理性的原则；在认识论上，后现代课程强调课程的动态生成过

① 冯俊. 从现代主义向后现代主义的哲学转向 [J]. 中国人民大学学报，1997，11（5）：36-44.

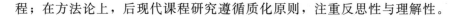

程；在方法论上，后现代课程研究遵循质化原则，注重反思性与理解性。

三、方法论指导："文化研究"涵盖"科学研究"

1859 年，英国社会学家斯宾塞在《什么知识最有价值》一文中指出：一致的答案就是科学。斯宾塞对知识的这种科学主义思维对后来的课程研究产生了重要影响。尤其到了 20 世纪三四十年代以泰勒为代表的课程目标模式，使课程研究逐步走向规范化、程序化、标准化和科学化，即课程走上了"科学研究"的道路。科学主义引领下的课程研究在不断地走向规范化、科学化、程序化与标准化，这意味着课程科学研究走向成熟的标志性特征却成了后来的人文主义、后现代主义等反思与批判的对象。这既是历史发展的无情与悲哀，也是社会发展与进步的必然。

时隔斯宾塞提出"什么知识最有价值"这一发人深省的命题 120 年之后的 1979 年，阿普尔在《意识形态与课程》一书中提出了一个具有颠覆意义的问题，即"谁的知识最有价值"。他批判了斯宾塞著名的"什么知识最有价值"的问题，认为"一个更好地表达这个问题的方式是要突出教育争论的深刻的政治本质，也就是'谁的知识最有价值'"。"知识的选择和分配不是价值中立的……而是阶级、经济的权力、文化的权力间交互作用的结果。"阿普尔对"谁的知识最有价值"做出了自己的回答，他认为，课程是法定知识，代表的是统治集团的利益。由关注课程的技术性到关注课程的政治性，由强调课程的客观性到强调课程的意义性，由追求课程的科学性到追求课程的文化性，这说明课程研究已经发生了范式转向，课程研究在方法论上由"科学研究"向"文化研究"转换。

文化研究作为一种学术思潮与知识谱系有其特定的内涵。格尔茨曾说："人是悬挂在由他们自己编织的意义之网上的动物，我把文化看作这些网，因而认为文化的分析不是一种探索规律的实验科学，而是一种探索意义的阐释性科学。"[①] 课程的文化研究的兴起，是人们对课程的科学研究暴露出的种种弊端进行反思与批判的结果，它强调定性的、理解的、解释的、现象学的方法，注重整体的和意义的文化内涵，从而更加关注"人"的现实生活。

---

① 克利福德·格尔兹. 文化的解释 [M]. 纳日碧力戈，等，译. 上海：上海人民出版社，1999：5.

四、文化语境：由"单一封闭"走向"多元开放"

首先，从空间角度来看，课程研究正在走向东西方文化语境的融合。在东西方课程文化关系的问题上，概括起来有三种典型的观点：一是西方课程文化中心主义，即西方课程文化代表未来课程发展的方向。这是视西方文明为人类最高级文明的观点在课程文化领域的折射，也是西方一元文化主义和西方普遍文化主义的表现。二是东方课程文化中心主义，即东方课程文化代表未来课程发展的方向。斯宾诺莎曾在其著名的著作《西方的没落》一书中为西方的前途唱起了挽歌，我国也有人提出东西方文化之间是"三十年河东，三十年河西"，还有人甚至提出"21 世纪是东方文化的世纪"。① 三是多元课程文化论，即世界各国各民族的文化各具其价值，各有其不同的价值观和信念，也有其存在的基础与生命力。历史的发展经验与现实的发展趋势表明，文化的多元化是文化发展与进步的本质驱动力量，也是文化存在的生态化特征。因此，课程文化的发展必定是东西方的统整与融合，而不是以哪一个为中心。由此，课程研究文化语境在空间上显得更加开阔。

其次，从时间角度来看，课程研究正在走向传统与现代文化语境的互动。历史的发展将过去、现在与未来融合于"现实"之流，因此，"现实"是最丰富、最复杂、最具有生命活力的，它不仅容纳过去，而且孕育未来。现代与传统不是对抗，而是对话，课程文化正是现代与传统之间互动与整合的结果。没有"课程开发"，就不会有"课程理解"；没有现代课程研究，就不会有后现代课程研究；没有课程的"科学研究"，就不会有课程的"文化研究"。现代与传统之间存在着千丝万缕的联系，现代既是传统的积淀与传递，也是对传统的发展与创造。当打破传统与现代对立的二元思维后，课程研究的文化语境就又打开了一扇对话之门，课程研究的文化语境无疑更加丰富了。

最后，从主体角度来看，课程研究正在走向主流与边缘文化语境的交融。从阶层关系来看，课程一直代表着上流社会的权利与利益，并反映着上流社会的文化价值观。正如布尔迪厄和伯恩斯坦所说，课程也是一种"文化资本"，统治阶级通过课程，实现其文化再生产和社会再生产。美国著名的批判学家阿普尔也指出，统治阶级把有利于他们的知识作为合法化

---

① 黄忠敬. 全球化语境下的课程文化观［J］. 现代教育论丛，2002（5）：43-46.

的知识，体现了意识形态的建构，体现了与文化控制有关的权力关系的复杂联结。[①] 从种族关系来看，课程往往反映了优势族群的文化价值取向，而忽视其他族群的感受与需求，带有明显的种族文化霸权与歧视色彩。从性别关系来看，男性中心主义在课程中得到了强化，尤其是在教科书中更加明显地反映了男性文化霸权主义。随着不同文化主体自觉意识的觉醒，边缘文化在主流文化一统天下的格局中渐次拥有一席之地，主流文化渐渐失去了课程文化唯一代言人的身份，而与边缘文化变得愈来愈平等。课程研究的文化语境进一步得以丰富。

五、研究场域：由"象牙塔"走向"田野"

以往课程理论研究是以行为科学为基础的量化的分析研究，或是用一般理论去解释、处置教学过程种种事实的实证的客观主义方法，形成试图安排、控制和改造教育实践的思辨的"宏大叙事"，直接导致理论研究越繁荣，课堂教学越枯萎；课程研究愈精确，与人类经验的联系愈少；愈是过分依赖技术理性，教学程序愈是精雕细刻，教师的创意与变通性愈是遭到扼杀，学生在课堂上愈是有深深的无力感。[②] 科学的量化研究在教育实践情境中遭遇了诸多尴尬，其弊端遭受了众多的指摘。囿于"象牙塔"中的课程研究无疑需要打开门窗，走向"田野"去呼吸新鲜的空气，与鲜活的课堂、教师、学生、教科书、教室结合起来。研究场域的转换目的是满足研究者对人以及人的文化进行详细的、动态的、情境化的描写，以探究特定文化中人们的生活方式、价值观念和行为模式。研究者要长期深入地与研究场域中的人进行直接接触或生活在一起，通过研究者自己的切身体验获得对当地的人及其文化的理解。因此，作为课程研究者就必须由象牙塔走向学校，走进课堂，与师生长期生活在一起，通过交友、访谈、作品、个案和个人生活史的研究等形式与方法，破解具体文化情境中的教师、学生、作品等表现出的价值取向及其背后的深层文化原因。

英国课程论研究者斯滕豪斯在教学过程中寻求课程开发与评价的质性过程，首先提出了"教师是研究者"的主张，促进了教师与研究者的合作研究。参与观察法是文化人类学的田野调查研究方法，研究者比较长期地进入特定区域，反复观察与收集记录，从事"现场文本"的制作，以叙

---

① 黄忠敬. 全球化语境下的课程文化观 [J]. 现代教育论丛，2002（5）：43-46.

② 魏建培，李月华. 人类学与课程研究的发展 [J]. 泰山学院学报，2005，27（4）：105-108.

事、讲故事的形式制作"教师志""学生志""课堂志",最后形成"研究性文本"。而定量研究是预先设定分析模型,通过广泛的对象与标本的实证进行概念化的"范式性认识",是"自上而下"的过程与方法;而参与观察,从具体的事件记录、个性化的叙述对象的故事,是"自下而上"的过程与方法,以期从内在叙述亲身体验的经验世界,形成多维、多层的复杂"陈述性认识"研究文本。① 田野研究方法的广泛应用,使课程研究的场域发生了转向,即由脱离课程实践的抽象理论研究走向了实际的课程实施情景之中。课程研究场域由封闭的"象牙塔"走向了广阔的"田野"。

六、研究主体:由"族外人"变为"族内人"

随着课程研究场域的变化,课程研究者的主体角色也在发生转换。传统实证主义的课程研究中,研究者和被研究者之间是一种主体与客体、控制与被控制、指导与被指导、知识生产与知识应用的割裂的二元对立的身份关系。派克创造性地提出了"族内人与族外人"的概念,族内人走到了前台,研究的客体完成了主体化过程,研究者与被研究者转变成主体与主体关系,构成了交互主体的认识关系。研究者由"族外人"变为"族内人"是研究者进行的主动的角色转换过程,这一转换过程需要研究者以丰富的理论修养为基础。但对于被研究者来说,则是一个无意识的适应过程,是被研究者将研究者视为"自我群体"中的平等一员的过程。

课程理论研究者不再是一个客观、中立、保持一定距离的观察者,而是一个行动者。课程理论研究不再只是对一个固定不变的教学"客观事实"的了解,而且是一个彼此互动、相互构成、共同理解的过程。研究者不仅在认知层面上"了解"教师,而且需要通过自己亲身的参与性体验"理解"教师;研究者不仅仅只是客观地收集教学"事实"资料,而且要切身地体察教师的行为、思想、情感。在研究过程中,教师不再仅仅是一个受体,而是一个平等的构建意义与关联的参与者、行动者、研究者,是共同体中平等的一员。当研究者有意识地由"族外人"变为"族内人"之后,当被研究者无意识地将研究者视为"族内人"的时候,研究者才会获得丰富的、客观的、真实的、鲜活的第一手研究资料。

综上所述,课程研究范式的转换,与其说是一种研究范式取代另一种

---

① 魏建培,李月华. 人类学与课程研究的发展 [J]. 泰山学院学报,2005,27(4):105-108.

研究范式，倒不如说是一种研究范式创造了课程研究的历史辉煌走向成熟后，在面对新的时代语境与课程未来发展的新要求面前所暴露出的种种无能为力而受到了无情的批判与冗繁的指摘，从而促使新的研究范式的应运而生。但新的研究范式也因其不成熟与尚需全方位的检讨而无法从根本上与过去决裂。或者说，新的研究范式脱胎于旧的研究范式，并昭示着课程研究的未来发展趋势。国际课程研究范式的演进历程，清晰地折射出了不同的研究范式背后的价值信仰与文化背景。课程研究范式的产生、发展与相互之间的斗争和融合总是在一定的社会情境中进行，而且不同的时代背景为课程研究范式的产生、发展提供了物质前提，并为其斗争与融合提供了思想武器与具体手段。把课程研究范式的演进历程放在一个更宽阔的连续的历史长河里加以考察，我们就会发现课程研究范式转换是一个动态的历史过程，是一个不断相容相补、反思与超越的过程。

[原文刊载于《外国教育研究》2008 年第 12 期（李广　马云鹏）]

第 二 章

日本教师教育经验探究

　　我国教师教育的发展不仅要针对本国问题寻求解决策略，探索教师教育新理念，同时要走出国门，参考国外教师的教育经验。面对学生学力呈下降趋势的现实危机及"教育病理"现象的蔓延，为进一步推进课程原理与学校改革理念的转换，持续提高义务教育质量，日本进行了义务教育改革。在这个过程中，日本改善教育内容、调整课程结构，同时，日本政府对教师素质能力提升持续给予关注。日本中央教育审议会提出了"提高教师质量，确立对教师的充分信任"的教师教育理念，并分别针对教师教育课程、教师职业资格证制度、教师聘用方法、教师评价取向、教师聘用渠道等方面优化改革策略。日本以教师培养的"高度化"，提高教师职业的专业化水平为目标追求，在义务教育改革中提出的宏观结构与战略构想，对课程价值取向的深入剖析、学校评价指导方针的完善、教师培养与资格制度改革等举措，对于深化我国基础教育课程改革、促进我国教师教育改革具有重要的启示作用。

日本义务教育改革动向分析

一、日本义务教育改革的时代背景

（一）对实施新课程计划经验的总结与反思

自明治维新以来，日本的教育便根据不同历史时期的实际情况，适时调整发展战略及制定相应的实施措施，使其在 100 余年的历史发展进程中日趋成熟与完善。20 世纪 80 年代，日本开始了自明治维新以来的第三次教育改革。进入 21 世纪，以 2002 年开始实施新的课程计划和新的学习指导要领为标志，日本义务教育改革进入一个新的历史阶段。

新课程方案对课程结构、课程内容和课时分配都做了调整。新课程方案的实施引起了日本各界的广泛关注，官方与民间的教育研究机构从不同层面对课程实施状况进行了跟踪调查，并不断地提出深化改革的意见与建议。例如：中央教育审议会于 2003 年 5 月发表的《关于推进初、中等教育改革的方针》，2004 年 3 月发表的《地方分权体制下教育委员会的作用》，同年 10 月发表的《教师培养和教师资格证制度的更新》等咨询报告。2005 年 2 月，文部科学省又成立了直属于中央教育审议会的义务教育专门分会，负责义务教育改革与发展的审议工作，并于同年的 5 月 23日和 7 月 19 日两次发表了中期咨询报告。可以说，日本正是通过这样一个全面、持续而深入的调查研究，使新课程计划实施的经验得以及时总结，存在的问题得以及时发现，为进一步的课程改革提供了充分而必要的依据。

（二）对学力下降趋势与"教育病理"现象蔓延的担忧

2004 年 12 月，日本发表了由经济合作与发展组织（OECD）实施的学生学习到达度调查（PISA2003）和国际教育评价协会（IEA）组织实施的国际数学、理科教育动向调查结果。与前次测验结果相比，日本学生的学力水平呈现下降态势。^① 尤其是在阅读能力方面，日本学生成绩下降明显。这引起了日本朝野对义务教育质量的深切关注与担忧。

与学生学力水平呈下降趋势相伴而行的是日本中小学"教育病理"现象的蔓延。从 20 世纪 70 年代中期开始，日本中、小学的校内暴力、欺侮、自杀等发生率越来越高，厌学、逃学、辍学人数也有所增加。进入新世纪，"教育病理"现象进一步恶化，并出现了很多新"症状"。如学生的"求分主义"与教师教学的教条主义，学生缺乏生存本领与家庭教育的病态化，社会的高学历追求与校园"没有理想一代"的形成，电视等媒体的"畸形文化"影响等。"教育病理"现象严重地困扰着日本的中小学教育，成为日本中小学教育中的一个顽疾。

2006 年 2 月 13 日，由日本中央教育审议会等联合发布的《审议经过报告》不得不承认："从 2002 年 4 月开始实施的现行学习指导要领目标并没有得到充分的实现。"^②

（三）推进学校改革理念与课程原理转换的需要

进入 21 世纪，以产业社会为基础建立起来的日本现代学校教育体制面临着严峻的挑战。为适应知识型、复合型的 21 世纪，日本的学校必须进行脱胎换骨式的改革。然而，经历了现代化历程的日本学校，在中央集权制下形成的划一性与效率化两大特征，导致在官僚主义统治和新自由主义政策把持下的日本教育改革陷入教育公共性与民主性逐渐丧失的危机之中。日本著名的教育学者佐藤学在大量的实践调查的基础上指出："日本的教育改革不是仅仅依靠新自由主义与新保守主义的政策来推进，更多的是依靠社会民主主义的政策，将学校改革作为一场'静悄悄的革命，而不断发展。"^③ 佐藤学进而提出了构建"学习共同体"的学校改革思想。佐藤学的观点未必完全代表日本官方学校教育改革的指导理念，但日本的学校教育改革却迫切需要注入新的理念。

从课程角度来看，日本的课程是依据"履修主义"制定的，即在学习

---

① 高峡. 日本义务教育改革新动向：日本中央教育审议会 2005 年咨询报告的主旨及其启示 [OL/DB]. 科研与决策. 2006（3）. http：//www. cnier. ac. cn/kyc/juece/kyc － 20060215142154. html.

② ［日］中央教育審議会初等中等教育分科会教育課程部会. 審議経過報告 [S]. 2006-2-13：7.

③ 佐藤学，田辉. 全球化时代的日本学校教育改革：危机与改革的构想 [J]. 教育研究. 2006（1）：49.

指导要领中只规定某一时期的教学内容，而不规定学生对于教学内容的掌握程度。在这种"履修主义"指导下，学生学习环境的确宽松，但由此产生的学生学力下降、学生学力高低参差不齐等也是不争的事实。为此，"修得主义"即要求全体学生要达到所规定的教育目标，逐渐被引起重视。课程原理由"履修主义"向"修得主义"转换已成为一种必然趋势。

面对教育现实问题，在一系列的调查、研讨与分析的基础上，日本中央教育审议会于 2005 年 10 月 26 日发表了题为《创造新时代的义务教育》的咨询报告。针对日本教育的现状及世界教育发展的新趋势，提出了深化日本义务教育改革的宏观结构与战略构想。前文部科学大臣中山成彬表示："本报告将指明我国义务教育的基本方向，它涉及教育的各方面事务，将成为解决目前各种问题的施政路标。"①

二、日本义务教育改革的宏观结构

（一）厘定教育目的，更新教育理念

日本当今正处于一个快速变革而又充满迷茫和激烈竞争的国际化时代。在这样一个宏观社会背景下，中央教育审议会将义务教育的目的与理念表述为："日本的义务教育承担着培养每一个国民的健康人格、使每一个国民成为国家和社会建设者的重大责任。国家要从根本上保障义务教育的全面实施，包括：保障教育机会均等、保障教育质量、保障免费，进而确保国家和社会发展的根基不动摇。"②咨询报告在开篇提出的日本义务教育目的与理念可以解读出三层含义：其一，通过义务教育使每一个国民成为国家、社会的建设者，使他们无论将来从事怎样的职业，都能够成为幸福生活的人；其二，为适应当今变化迅速的国际化社会，必须培养学生具有丰富的内心世界和坚忍不拔的精神；其三，为保证日本今后仍然能够作为具有国际竞争力的国家，为世界的发展做出贡献，活跃于各个领域，政府必须重视义务教育在培养人才方面的重要作用。

据此，日本中央教育审议会认为，国家必须竭尽全力提供促进学生德、智、体全面发展的高质量的义务教育，保证学校成为儿童能够安心学习、可信赖的场所。特别是在现代社会中，充实面向全体国民的、没有地

---

① 叶俊鸣. 日本义务教育结构改革的战略构想与行动计划 [DB/OL]. 世界教育信息. 2006 (6). http: //czsx. zsmaths. net/modules/article/view. article. php? c7/32.

② 中央教育审议会. 新しい时代の义务教育を创造する（答申）[S]. 2005-10-26.

区差别的、保障基本水准的义务教育制度，对于防止社会阶层差别扩大、保障社会安定也是极为重要的。

（二）描绘新义务教育形象

中央教育审议会在咨询报告中为日本新义务教育描绘出的形象是："期望今后的新义务教育能够保证学生学好、玩好、身心健康；确保教师的质量，使学校充满活力；通过强化学校的'教育力'，即'学校力''教师力'，来培养和丰富学生'人的力量'。"① 咨询报告进一步指出，作为义务教育阶段的学校承载着家长与社会的期望，是儿童成长、独立、个性养成、能力发展必不可少的场所。具备高素质的教师要充满自信地指导学生，并与家长和地区携手开展丰富多彩的学校活动，把学校建成充满生机和活力的场所。学校还要充分重视家长和社区居民的意见，积极发挥校委会和学校评议员的作用，促进家长和社区居民参与学校管理的积极性。学校不应从提供教育的角度，而应从家长和儿童受教育的需求来考虑如何使学校成为提供高质量教育的场所。咨询报告最后认为，通过义务教育改革，儿童一定能够成长为具有知识与能力、体魄健全、具备德行的人，在他们实现各自理想和愿望的同时，日本也会充满活力与自豪，成为受世界尊敬的国家。中央教育审议会鸟居泰彦会长认为："创建具有这样的新形态的学校是此次改革的目标之一。强化学校的教育能力，强化教师的作用，通过这样的方式培养儿童丰富的精神是国家的改革目标。"②

（三）完善义务教育体制

2005 年 1 月，小泉首相在国会的施政演说中指出，民间能解决的问题在民间解决，地方能解决的问题在地方解决。在教育方面，小泉内阁责成文部科学省着力进行以下三方面义务教育的体制改革：第一，完善由国家制定教育目标并提供保证其实现所需的基础设施的教育体制；第二，扩大市、町、村、学校的权利与责任；第三，由国家负责教育结果的检验，建立学校评价系统，以确保义务教育质量。

可以看出，日本义务教育体制改革的基本方向是中央政府对教育事务进行宏观调控，如战略目标的确定、财政上的充分保证等。在实践层面

---

① 中央教育审议会. 新しい時代の義務教育を創造する（答申）[S]. 2005-10-26.
② 叶俊鸣. 日本义务教育结构改革的战略构想与行动计划 [DB/OL]. 世界教育信息. 2006 (6). http：//czsx. zsmaths. net/modules/article/view. article. php? c7/32.

上，一方面要尽可能地推进扩大市、町、村及学校权限和责任的教育分权改革，充分发挥地方（市、町、村）和学校的主体性与创造性。另一方面，政府应采取相应的措施对教育结果进行检测与评价，以促进教育体制转变。咨询报告认为，中央集权与地方分权是同一事物的两个方面，只有二者相辅相成，相互促进，形成合力，使国家目标与地方实际完美结合，才能确保义务教育健康发展，才能创造出符合时代发展的新义务教育。

（四）明确教育主体职责，理顺教育管理部门关系

国家、地方、学校三者在义务教育中各自承担不同的职责。学校是实施义务教育的中心，学校作为实施义务教育的主体应拥有更大的权利，承担更多的责任。国家、地方（都道府县、市区町村）必须支持学校。国家进行宏观调控、提供财政支持及进行义务教育质量的检测是保障义务教育的根本。地方（都道府县）则应充分履行所属辖区的协调责任，确保中央政策的执行，为学校实施义务教育提供实际的保障。市区町村和学校是学生接受义务教育的地方。据此，中央教育审议会认为，义务教育分权改革重点是由都道府县向市区町村分权，由教育委员会向学校进行权限转移。同时，咨询报告强调，国家、地方（都道府县、市区町村）、学校三者在充分履行各自职责的同时，必须协力配合，形成合力，以保证义务教育目标的最终实现。

（五）加强基础设施建设，保证教育经费投入

咨询报告指出，必须确保支撑义务教育的基础设施的完善与完备。因此，国家、地方（都道府县、市区町村）必须承担保证财源的责任。咨询报告把教师作为教育基础设施中的最重要的因素而加以特别关注，认为教育的成败与教师质量密不可分。教师的培养、安置、工资待遇等是教育基础中的最重要的因素。能否稳定具备基本素质的教师队伍，教师是否能够有一个安心从教的工作环境，教师在社会上是否能够得到尊重，都是有关教育成败的关键问题。因此，咨询报告强调指出，与外交和国防一样，实施义务教育是国家最重要的战略之一。为此，必须切实保障以教师质量为核心的教育基础设施建设的完整性与完善性。

调整现行义务教育经费国库负担制度是日本当前义务教育体制改革的一项重要内容，日本国会专门制定的《义务教育费国库负担法》《教育职员人才确保法》和《义务教育标准法》，共同为义务教育质量和经费的保

障做出了最低限度的规定。咨询报告指出，继续实行国家与地方各分担50％的义务教育经费国库负担制度，要确保教材和图书经费。在扩大地方自由度基础上保证国家特定项目的投入经费，特别是要保证学生的安全，推进学校设施的耐震化建设。

三、日本义务教育改革的战略构想

（一）明确教育目标，检查教育结果，保障教育质量

中央教育审议会认为，国家要明确义务教育应达到的目标，充实与改善教育内容，确保教科书质量，并制定评价和检验教育成果的方法，以此来保证所有的学生都能接受高质量的义务教育。为此，改革中要着力解决以下五个方面的问题：第一，进一步明确义务教育目标，提高学生的学力，促进学生身心健康协调发展。提高学生的生存能力，促进家庭、学校、社区教育的有效结合。第二，进一步确认学校在义务教育中的重要作用，开展全国学力调查，全面、准确地了解学生的学力状况。第三，改善校际协作与中小幼衔接，充实幼儿教育，配备学前教育与保育教育的一体化综合设施。第四，针对义务教育阶段辍学问题，建立校外实施义务教育机制。第五，进一步修订与充实学习指导要领。

（二）提高教师质量，确立对教师的充分信任

世界各国都把提高教师质量作为国家的责任，既要提高师资培养的水平，又要保证在职教师水平的不断提高。教师应当得到学生、家长和其他所有国民的尊敬与充分信任。为实现这一目标，要从以下七个方面进行深入的改革：第一，明确教师应具有的形象。第二，完善、充实大学阶段的教师培养体制。第三，发挥专业研究生院在培养教师方面的作用。第四，导入教师资格证更新制度。第五，改革教师聘用方法，充实教师研修制度。第六，调适教师评价价值取向。第七，拓宽人才选拔渠道，积极录用退休人员、企业界人士，采用"非常勤"制度、校外讲师制等确保教师的质量与数量。

（三）发挥地方和学校的主体性与创造性，提高教育教学质量

为发挥地方和学校的主体性与创造性，提高教育教学质量，国家要确定标准并保证财源和相应的基础条件，明晰市区町村和学校应履行的相应

的职责。在确立学校的自主性和自律性，明晰学校相应的权利和承担的相应的义务的同时，要建立起家长和社区居民共同参与评价的高度透明的管理机制。为实现这一目标，要着力进行如下改革：第一，推进地方教育委员会制度弹性化，加强各地方教育委员会的功能及教育委员会之间的合作。第二，扩大学校在人事及学校管理等方面的权限。第三，实施学校自我评价，充实学校外部评价体系，完善家长和社区居民参与学校运营管理机制。

（四）保障义务教育基础设施条件的完备性

为保证和提高义务教育质量，国家要全面负责教职员的配置，以及学校设施、设备、教材等实施义务教育所必需的资金等条件，并确保达到国际先进水平。为此，要做好以下工作：第一，继续实行义务教育经费国库负担制度，保障教育经费的充足投入。第二，扩大地方决策权，提高地方自主性。第三，在扩大地方自主性的基础上，保证国家特定项目的经费投入，尤其要进一步推进学校设施的耐震化建设，确保学生的安全。第四，确保教科书的质量与学生的无偿使用制。

中央教育审议会在《创造新时代的义务教育》的咨询报告中，以"提高义务教育质量"为关键词，以培养学生"扎实的学力"为着眼点，以"提高教师质量"为途径，以"基础设施的完备"为物质平台，以促进学生"终身发展"为目标，阐述了日本义务教育改革的宏观结构与战略构想，其中的一些观点主张与措施策略对我国当前正在进行的基础教育课程改革与素质教育的全面推进具有重要的参考价值。

［原文刊载于《东北师大学报（哲学社会科学版）》
2007 年第 5 期（李广　马云鹏　高山达雄）］

日本基础教育现实困境、改革方向
与质量保证体系建构

一、日本基础教育面临的现实困境

（一）学生学力水平下降，生活习惯未养成

2004 年 12 月，日本发表了由经济合作与发展组织（OECD）实施的学生学习到达度调查（PISA2003）和国际教育评价协会（IEA）组织实施的国际数学、理科教育动向调查结果。与前次调查相比，日本学生的学力水平呈现下降态势。[①] 2004 年，日本国立教育政策研究所进行的"教育课程实施状况调查"也表明，日本学生在国语测试问题方面回答的正确率在降低。根据 2004 年的教育调查，逃学、暴力事件、校园欺侮等事件总数在减少，但小学的暴力事件在增多，逃学的人数依然达 12 万人左右。而且，到 2005 年状况依然没有得到好转。[②]

上述调查表明，日本学生的学力水平在下降，生活习惯没有养成。2006 年 2 月 13 日，由日本中央教育审议会等联合发布的《审议经过报告》不得不承认："从 2002 年 4 月开始实施的现行学习指导要领目标并没有得到充分的实现。"[③]

（二）教师身心负担过重，教师需求量减少

根据"日教组"2004 年 10 月实施的"全国教师职场实态"调查，当前日本中小学教师认为自己处于"多忙"状态的为 73%，这一比率明显高于四五年前的调查结果。2005 年 12 月文部科学省进行的一项有关中小

---

① 高峡. 日本义务教育改革新动向——日本中央教育审议会 2005 年咨询报告的主旨及其启示 [EB/OL]. http://www.cnier.ac.cn/kyc/juece/kyc_20060215142154.html.

② ［日］中央教育審議会初等中等教育分科会教育課程部会. 審議経過報告 [R]. 2006-2-13：7.

③ ［日］中央教育審議会初等中等教育分科会教育課程部会. 審議経過報告 [R]. 2006-2-13：6.

学教师身心状况的调查表明，因病休假的中小学教师近来逐年增加，其中因精神性疾病休假的比率也在不断地提高。1994 年、2000 年、2004 年因病休假教师数分别为 3596 人、4922 人、6308 人，其中精神性疾病休假教师比率分别为 33.0%、46.0%、56.4%。[①]

上述两个调查反映了日本中小学教师当前身心的疲惫状态，这种状态产生的原因有：1. "教师职业资格证书更新制度"的导入，使日本中小学教师对教师职业失去了安全感；2. 由于日本"少子化"问题的出现，导致生源减少、学校合并而对教师的需求量减少。根据文部科学省的预测，今后五年间将有 1300 所学校被合并，随之而来的将是对教师聘任数的骤然减少。

（三）教育经费投入不足，基础设施不完备

从基础教育经费占国内生产总值（GDP）的比例来看，与丹麦的 4.2%、芬兰的 3.7%、法国的 4.0%、美国的 3.8%、OECD 各国平均的 3.5%、韩国的 3.5%、英国的 3.4%、德国的 2.9% 相比，作为世界第二经济强国，日本的比例 2.7% 显然有些过低。在基础教育设施建设方面，日本更加关注校舍建筑的耐震性。校舍建筑的耐震性是日本学校基础设施完备性的重要指标之一，然而根据文部科学省 2004 年的调查，按照 1982 年制定的新耐震标准，当前公立中小学建筑物耐震性未加以确认的为 46366 栋，经确认无耐震性的为 20702 栋，共计 67068 栋，占总数的 50.9%。[②] 这也从侧面反映了日本基础教育投资的不足。

调整现行基础教育经费国库负担制度是日本当前基础教育体制改革的一项重要内容，日本国会专门制定的《义务教育费国库负担法》《教育职员人才确保法》和《义务教育标准法》，共同为基础教育质量和经费的保障做出了最低限度的规定。但关于基础教育经费的负担，目前日本还存在很多争议。

（四）国民不满情绪日增，社会要求不断提高

题为"国民义务教育意识调查"的结果表明，日本国民对学校教育的

---

① ［日］豊巻浩也. 小泉「構造改革」と義務教育［J］. 社会主义，2006（2）：59.
② ［日］豊巻浩也. 小泉「構造改革」と義務教育［J］. 社会主义，2006（2）：58.

综合满意度为 70%，对教师在"综合学习时间"上的指导满意度为 65.3%。① 另外，国民对中小学生缺少室外游戏体验、学生间的交流减少、学生"群体游戏"、礼仪行为活动等的有效性也存在不满意情绪。

与国民对基础教育不够满意相对的则是日本社会的发展对基础教育提出了更高的要求。面对严峻的环境问题、少子化问题、高龄社会问题等，为了保证社会福祉，保持社会持续发展，以及随着日本社会、经济等各领域规制的放宽，对未来国民所需具备的素质及所需承担的责任提出了更高的要求。未来社会的发展对日本的基础教育也提出了更高、更严、更多的要求。日本基础教育面对未来社会的发展，还有很多问题需要加以解决。

（五）教育目标未实现，教育主体责任不清

"培养每一个国民的健康人格，使每一个国民成为国家与社会的建设者，这两点作为基础教育的目的是任何时代都不会变化的最基本内容。"② "学生人格的形成，个体独立性与个性的养成，能力的发展等都有赖于学校教育的作用。处于剧烈变化的时代，作为文明国家的一员，若为世界做出贡献，活跃于各个领域，学校教育的作用是不言而喻的。"③ 为实现学校教育目标，1996 年，日本中央教育审议会在咨询报告中提出了"生存能力"的概念，并于 2002 年 4 月将其引入现行的学习指导要领之中。日本的基础教育由以单一的知识传授和技能培养向"生存能力"的育成转换。日本中小学现行学习指导要领全面实施已经近五年，但效果不够理想。因此，文部科学大臣小坂指出，在 2006 年度或 2007 年度对学习指导要领进行重新修订。教育审议会应按这一时间表做好各学段以及各学科具体的、深入的讨论与征求意见工作。④

日本基础教育中出现的各种问题表明，日本的学校教育并没有充分实现基础教育的目标。这从学校的角度来看，是教师以及一般国民对学习指导要领确立的背景及基本指导目标不是十分清楚。从学生角度来看，是学

---

① ［日］中央教育審議会初等中等教育分科会教育課程部会. 審議経過報告［R］. 2006-2-13：8.

② ［日］中央教育審議会. 新しい時代の義務教育を創造する（答申）［R］. 2005-10-26：12.

③ ［日］中央教育審議会初等中等教育分科会教育課程部会. 審議経過報告［R］. 2006-2-13：3.

④ ［日］合田哲雄. 教育課程部会の審議経過報告について［J］. 教育委員会月報，2006（3）：5.

生基础的、基本的知识与技能的掌握，以及学生自主学习与自主思考能力等还没有达到预期的目标。而从学校、教育行政部门、家长、市町村等教育主体来看，则是教育主体责任不清的问题。

二、日本基础教育改革的基本方向

（一）促进学生发展

促进学生发展可以具体表述为以下三个方面：1. 夯实学生的学习与生活基础；2. 培养学生扎实的学力；3. 培养学生的社会自立精神。日本现行学习指导要领总则中指出："以培养学生的'生存能力'为目标，通过开展富有特色的教育活动，在培养学生自主学习、自主思考能力的同时，使学生获得丰富的基础知识，形成扎实的基本技能，并使学生的个性得以充分发挥。"[①] 着眼于将来的职业与生活需要，从日本学生当前的身心与学习状况来看，教育审议会认为，培养"生存能力"首先应重视学生的生活习惯、学习习惯以及读、写、算等学习与生活基础的夯实。其中，应更加重视学生的语言能力的培养与生活体验的积累。

日本现行学习指导要领以及义务教育审议报告中的学力观都认为，基础知识与基本技能即"习得型"的教育与自主学习、自主思考即"探究型"的教育，并非二者必择其一。扎实的学力的培养应是两方面教育的有机综合。基础知识与基本技能的培养是前提条件，然后是基础知识与基本技能活用能力的培养，在此基础上通过实际问题的探究活动，学生自主学习与自主思考能力的培养才成为可能。这不是单一方向的前进过程，而是一种相互关联的能力的提高过程。在知识技能的培养过程中，同时要关注探究活动中的知识技能的活用与思考力的培养。而在培养自主学习、自主思考能力的同时，应关注学生基础知识的巩固性与丰富性，以及基本技能的扎实性与熟练性。

中央教育审议会认为，作为家庭、社区、社会、国家直至国际社会中一员的自觉性、基本生活习惯、遵纪守法意识、健全的伦理观、主体的判断能力、适切的行动、对艺术的趣味、理解他人，以及为获得丰富的人生所需要的感性、想象力、表现力等，是当今社会对学生适应社会变化的最基本的要求。面对社会的急速变化，应加强信息教育，充实能源、环境问

---

① ［日］文部省. 小学校学习指导要领［S］. 1998：1.

题等方面的教育内容。科学技术教育、小学阶段的英语教育等也应参照他国的教育课程不断地进行充实。基础教育应提高履行教育责任的自觉性，以促进学生社会自立精神的培养。

（二）改善教育内容

近年来，日本年青一代中的不接受教育、不就业、不接受培训（Non-education、Nonemployment、Nontraining，简称 NEET）或称"三 N"问题越来越突出。这与日本"培养国民健康人格"和"培养国家与社会的建设者"的基础教育目的形成鲜明对照。日本教育审议会认为，教育内容的改善应有利于促进"作为国家或社会成员所应具备的素质"的培养。具体地说，教育内容的改善应有助于学生获得关于衣食住行方面的基本知识与实际技能，有助于丰富学生的人性与感性，有助于提高学生的思考力、判断力、表现力等，有助于增强学生的体魄，有助于学生良好的生活习惯的养成等。最终促进学生"综合能力"的形成，即学生主体性与自律性、自我与他人关系及自我与社会关系的协调能力等的形成。

从学科角度看，应进一步发挥国语教育在文学、语言、文化的传承与发展中所具有的重要作用。数学等理科教育应切实培养学生的科学思维能力。外语学科应注意培养学生的关心、意欲与积极态度等。"综合学习时间"要进一步突出综合特性，应以发挥学生个性、促进学生主体性提高、形成自立性等目标为重点。各学科应相互协调，承担起相应的责任，共同促进基础教育目标的全面实现。

（三）调整课程结构

中央教育审议会指出，日本学校实行 5 日制后，学生年在校日为 200日左右，这与国际水准相当，但课时数略低于国际水准。根据学生、学校的实际状况和社会的实际要求等进行专门的实证性研究后，将对课时数进行必要的调整。另外，学生学习的机会应加以扩充。学校、家庭、社区三者应相互协调，各自发挥相应的作用，进一步充实周六、周日及假日学生的活动。

在教育课程的编制上，应充分尊重学生身心发展的规律和学年阶段的特点。幼儿园阶段，以幼儿的欲求、自发性、好奇心、游戏、体验的综合指导为基础，培养孩子丰富的情感、想象、兴趣，以及健康生活的态度等，为小学的学习与生活奠定基础。小学阶段，以作为个体，也作为国家或社会的一员在社会生活中所必需的知识、技能、态度的培养为基础，在培养"丰富人性"的同时，通过与自然、社会、人、文化等各种对象的接触，培养学生自信、自立的品质。初中阶段，以学生自我个性的发现与养成及自立的培养为重点。高中阶段，以对将来人生道路选择能力与态度的培养，及对社会认识的加深，对将来的学问、职业的兴趣与关心，个性的进一步生成及自立的确立等为重点。另外，要注意幼小衔接，小学、初中、高中衔接阶段的教育与指导。尤其在小学与初中衔接阶段出现的逃学、辍学与暴力行为问题高峰应引起特别注意。日本新义务教育的最终目标就是通过学校教育力和教师的力量的提升来培养学生的综合能力。[①] 课程结构的调整应有助于这一目标的实现。

三、日本基础教育质量保证体系的建构

日本基础教育改革就是要构建一个由国家制定教育目标并提供保证其实现的基础条件，由地方自治体和学校承担实施的过程，最终由国家检测教育结果的新的教育体系结构。据此，中央教育审议会提出要构建一个从教育目标具体化到教育结果评价与反馈的基础教育质量保证体系。这一体系可以简约地归纳为以下四个方面。

（一）学习指导要领目标的明确化

日本的课程是依据"履修主义"制定的，即在学习指导要领中只规定某一时期的教学内容，而不规定学生对于教学内容的掌握程度。在这种"履修主义"的指导下，学生学习环境的确宽松，但由此产生的学生学力下降、学生学力参差不齐等也是不争的事实。为此，"修得主义"即要求全体学生要达到所规定的教育目标，逐渐被引起重视。课程原理由"履修主义"向"修得主义"转换已成为一种必然趋势。学习指导要领目标的明确化，具体包括各学科教育目标、全体学生基础知识与基本技能目标、学生基本生活习惯培养目标、家庭教育目标、保证教育机会均等措施的明确化，学生思考力、表现力等能力目标的明确化，具体学习内容目标的明确化（如 A4 纸 1 页 1000 字的表达）等。

---

① ［日］花田龍志. 中教審答申「新しい時代の義務教育を創造する」を読んで──新自由主義的な教育論がねらうもの［J］. 進步と改革，2006（3）：6.

（二）信息提供及其他基础设施的充实

中央教育审议会指出，现行学习指导要领提出了先进的教育理念与令人鼓舞的教育目标，但更有必要向教师提供实现理念与目标的具体方法。学校教育目标及为实现学校教育目标而开展的各类学校教育活动，作为信息不仅让教师充分了解，而且应该让以家长为代表的国民加以了解。如学习指导要领的总则，各学科的指导内容及各学科指导内容的关联性等。应注重优秀指导案例的积累、有效指导方法的资源共享、教师研究成果的展示等。另外，包括教科书在内的教学资源及学校设备、设施、器材等也应进一步加以充实，以确保基础教育改革的顺利进行。

（三）教育课程编制现场主义的重视

要推进教育目标的明确化，同时，为了达到教育目标，还应鼓励各学校采取各自有特色的做法，尽最大限度发挥学校自身的创造性。学习指导要领为全体学生提供的是共同学习内容的基准，这为地方自治体和学校在实践中留出了一定的自由空间，学校及教师应充分加以利用。学习指导要领中的总课时数与各学科课时数是根据学校教育法施行规则的标准制定的，各学校制订的年度计划不低于这一标准即可，可进行弹性处理。中央教育审议会指出，课程编制的现场主义应给予充分重视。

（四）教育成果的评价与反馈

中央教育审议会认为，教育成果的评价应多种方式结合。具体包括以下三个方面：1. 学习评价。主要包括学习发表会，各种检定学习进步、知识与技能获得情况的评价、家庭学习（作业）与校外学习活动的评价等。2. 全国学力调查。实施全国学力调查要避免学校间的排名与过度竞争。3. 学校评价。学校评价要定量评价与定性评价相结合。对于评价结果，学校及教育行政部门要及时向社区、家长、国民等进行反馈与说明，并提出解决问题与改善教育的措施，以充分发挥评价的反馈与促进功能，确保学校教育质量的持续提高。

［原文刊载于《外国教育研究》2007 年第 9 期（李广）］

日本中小学教师教育理念与改革策略分析

一、日本中小学教师教育理念的提出及内容

2005 年 10 月 26 日，日本中央教育审议会发表了题为《创造新时代的义务教育》① 的咨询报告。这是在总结和反思 2002 年实施新课程计划与《学习指导要领》经验基础上的一份全面阐述今后日本义务教育改革理念与改革策略的文件。咨询报告分为总论和分论两大部分。总论重在阐述日本义务教育改革的基本方向。分论重在阐述保证实现改革目标的各种具体的策略。分论的第二章以"确立对教师的充分信任，切实保障和提高教师质量"为标题，阐述了日本中小学教师教育的基本理念。其中"对教师的充分信任""保障和提高教师质量"成为当前日本中小学教师教育理念的关键词。

教育的成功与否取决于教师。为了办好国民希望的学校教育，必须培养大批受学生、家长以及社会广泛尊重和信赖的高质量的教师。那么，具有什么样素质的教师才是学生、家长、社区居民所信任的教师呢？为此，咨询报告在第二章中又以"塑造教师应有的形象"为标题，对教师在职业情感、职业能力和综合素养三个方面提出了具体的要求。

（一）强烈的教师职业情感

作为教师，对自己的职业要具有使命感和自豪感，对学生要充满爱与责任感。面对不断变化的社会和学校，能够采取恰当的方法促进学生进步与成长。要具有不断努力学习、保持进取精神的品格。

（二）高超的教师职业能力

咨询报告指出，"教师以教学论胜负"，这就是"教育专业"的专业之

---

① 中央教育審議会. 新しい時代の義務教育を創造する（答申）[R]. 2005-10-26.

所在。这种专业能力具体包括：理解学生的能力、指导学生的能力、指导班集体的能力、年级的协调能力、指导学生学习的能力、教学的能力、应用教材的能力等。

（三）综合的教师职业素养

教师是学生人格的塑造者，或者说，教师影响学生人格的形成。因此，教师不仅应具备丰富的人格魅力和良好的社会适应能力，要有丰富的常识和良好的教养，懂得礼仪，还应当具备较强的人际交往能力、沟通能力等。另外，教师与同事的合作能力同样非常重要。

"塑造教师应有的形象"是对教师教育理念的进一步阐释。可以看出，日本把学生、家长、社区居民是否对教师信任作为中小学教师教育成败的重要标准。而取得学生、家长、社区居民对教师的信任，其根本途径是保障和提高教师质量。因此，咨询报告提出了以"提高教师质量，确立对教师的充分信任"为关键词的中小学教师教育理念。这一理念实际上是以保证和促进学生发展为根本目的的。咨询报告在提出教师教育理念的基础上，对教师应有的形象进行了描绘，使这一理念变得更为直观、形象，并具有可操作性。

二、日本中小学教师教育改革的基本策略

在《创造新时代的义务教育》的咨询报告中，充分阐述了教师在基础教育中对人的发展的重要作用。报告指出：如果说教育培养了人，那么也就可以说，教育的成功与否取决于教师。无论哪个国家，都应该把保证教师队伍的质量作为发展战略中的一个重要课题。能否建设一支稳定的、具备一定素质的教师队伍，教师能否有一个安心从教的工作环境，教师在社会上能否得到尊重，都是事关教育成败的关键问题。教师的培养、安置、工资待遇、培训等是教育基础中最重要的因素。必须在教师培养、选用、研修、评价等各方面进行综合改革。通过改革，一方面要鼓励教师不断进取，另一方面要不断改善教师的待遇，使教师成为受人羡慕的职业，使学校成为受人羡慕的工作场所。教师是实现教育功能的最活跃的主体因素，为确保教师教育理念的实现，塑造让全社会信任的"教师应有的形象"，不断提高教师质量，咨询报告对今后的教师教育提出了四项基本改革策略。

（一）加强教师教育课程与教师职业资格证制度改革

日本的普通大学与专门培养教师的学院，在遵循发挥各自的特色培养教师的"开放制"原则下，为教育界提供了大量的具有广阔视野和专门知识的人才，这一"开放制"的教师教育原则今后依然会得到重视。但咨询报告在"教师的综合修养与学生人格的形成密切相关"这一认识的基础之上提出：今后培养教师的大学应当加强哲学、伦理学、历史学等人文科学和基础科学的课程建设与教学改革，以保证培养的教师具有丰富的人文修养。大学的教育阶段，是作为教师最基本的资质能力的养成阶段，要立足于中小学教育的实际情况和实际需要来培养教师。课程编制、成绩评价等要进一步进行改善与充实。要参照"教师应有的形象"，审查、评价、改革大学的教师教育课程。

另外，咨询报告提出，在确保提高大学教师教育质量的基础上，对教师职业资格证制度的改革也是必要的。要把教师职业资格证书作为贯穿教师职业生涯过程、不断提高教师素质的保证机制。同时要注意，不能由于引入教师资格更新制度而使选拔教师的范围变小，使教师的身份不稳定，给教师以过重的心理负担，使教师职业失去魅力。教师职业资格证制度的改革是为促进教师教育、提高教师质量服务的。

（二）改革教师聘用方法，完善在职教师进修体制

日本当前教师年龄结构失衡，大多集中在 40～50 岁之间，今后会迎来一个退休高峰，确保质和量两个方面的教师培养与聘用是日本教师教育面临的一个重要问题。因此，咨询报告提出：在改革、完善、充实培养阶段的教师职业课程的基础上，改革和完善聘用阶段的旨在保证聘用优秀教师的聘用方法更为重要。而且，教师被聘用后，要采取切实措施保障其社会地位与待遇的稳定，并确保完善的、使教师安心学校教育工作的基础设施条件，使教师职业充满魅力。

为保证教师质量的不断提高，教师的在职进修与培训同样非常重要。有鉴于此，咨询报告指出：国家一方面要不断加强有组织的教师研修，另一方面要加强对地方教委的指导、建议和帮助，保证教师研修的质量。国家、地方要相互协调，完善在职教师培训机制，充实培训内容，改革培训方法，确保在职教师的实践指导能力不断提高。

（三）调适教师评价取向

评价是促进教师质量提高的有效手段，为充分发挥评价的促进功能，咨询报告指出：在录用教师时，要在重视作为教师应具有的指导能力和综合素养的同时，将大学学业成绩、志愿者活动的状况等一并纳入评价内容。对于在职教师的评价不能仅像一般企业所秉持的"成果主义"评价，而必须考虑教师工作的特殊性，不要单纯地审查结果，而应当通过评价鼓励教师工作的积极性，给教师以自信心。在评价教师时，要排除主观性和随意性，坚持客观标准，要依据教师的职责与权限对其进行科学的评价。

缺乏指导能力的教师不能站在讲台上，学校必须选派那些优秀的、受到信赖和尊敬的教师担任班主任。通过加强学校的教育能力，即"学校能力""教师能力"，来培养和丰富学生的"人的能力"，把学校建成充满生机和活力的场所。报告再三强调，要通过评价促进教师质量的提高，通过教师资格证和任用制度的改革，在社会中形成信赖和尊敬教师的风气。

（四）拓宽教师聘用渠道，促进多样化人才录用

二战后，日本采用的是专业的教师教育大学与普通大学的教师培养相结合的方式，向社会提供师资力量。由于各种相关法律都对教师的任教资格有严格的规定，作为教师除了要取得相应的资格证书外，还要经过相应的任用考试。而且，由于日本的教师具有公务员的身份，社会地位稳定、待遇高，长期以来一直都是许多年轻人向往的职业，也使得教师队伍的数量和质量得到了充分的保障。但随着社会的变化，近年来，日本教师的职业能力、敬业精神出现了一些问题，如教师队伍不稳定、老龄化等现象。

针对这一社会现实，为了保证教师的数量与质量，咨询报告提出：进入教师紧缺时期，鼓励学校开辟多种渠道，从企业中吸引有经验的人员以及重新聘用退休教师加入教师队伍中。可以采用"非常勤"讲师制度、特殊教师资格证制度等多样化人才录用制度来保证学校教师的质量与数量。

三、思考与启示

日本中央教育审议会基于对教师重要性的认识和教师制度等方面问题的分析，在咨询报告中从教师的标准、教师的培养、教师资格制度的改革，以及在职教师研修等几个方面阐述了教师教育改革的基本策略。以下几个方面值得我国的教师教育在改革中加以思考。

（一）重视教师作用，保证教师待遇，确保教师地位

咨询报告关于教师地位、作用的认识，与我国传统的尊师重教思想具有本质上的一致性。目前，我国在教师社会地位的保障，尤其是广大农村地区教师待遇、安置与工作条件等方面还存在诸多问题。审议会在咨询报告中提出的关于教师地位、待遇保证的一些具体的改革措施值得我们加以研究与借鉴。

（二）充实教师教育课程，完善聘用体制，加强在职培训

为保障和提高义务教育质量，教师的培养、聘用和在职培训是至关重要的三个连续而又关系密切的环节。为此，咨询报告根据社会发展的需要，提出了旨在提高教师综合素养的教师教育课程内容的充实与课程评价改革的建议，并对教师聘用方法和在职培训提出了相应的改革措施。从教师职前教育、教师聘用与在职培训整体上进行教师质量的保证，并对不同阶段的教师制定相应的保障机制，这从方法论上给我国的教师教育改革一个重要启示：保证与提高教师质量是一个系统工程，职前教育、聘用过程、在职培训应相辅相成，协力进行，才能确保教师的质量。

（三）以教师资格证严把"入口"，以"多渠道"拓宽人才录用

教师职业资格证是通往教师职业的通行证，通过教师职业资格证制度为教师职业的"入口"设立了严格的标准，保障了教师的质量。在此基础上，灵活地采用"非常勤"讲师制度等"多渠道"拓宽人才的录用，在教师短缺的情况下，保证了教师的数量。这一点也值得我们在教师聘用中根据实际情况加以参考。将教师职业资格证的"严格性"和"多渠道"任用人才的灵活性相结合，可以既保证教师的质量，又能吸收多样化的人才为教育所用。

日本中央教育审议会在教育调查中也发现了许多关于教师质量的问题，尤其是对"综合学习时间"的困惑与不适应问题，甚至有少数教师的资质不符合教师的职业要求。但审议报告还是更多地从教师的专业发展、制度改革的角度来考虑如何解决教师质量的问题。这在某种程度上体现的也是一种信任教师、尊重教师、鼓励教师、促进教师发展的人文关怀理念，同样值得我们思考。

［原文刊载于《中小学教师培训》2007 年第 3 期（李广　马云鹏）］

日本小学国语学习指导要领价值取向研究

　　中国与日本一衣带水，在语言文化上，两国有着许多相通之处。日本作为现代发达的资本主义国家在其漫长的历史发展的过程中，受我国古代灿烂文明的影响很大，其文化传统、生活习俗都与我国有很多的联系和相似之处。19世纪中叶，我国和日本在政治、经济方面相差无几。但是，日本通过明治维新变革，实行"教育先行"的政策，为其实现资本主义现代化提供了大量的人力资源，使其在短短的半个世纪内发展成为资本主义强国。日本国语作为其基础教育中的基础学科，其历史发展经验、价值取向流变及未来发展趋势，对于深化我国基础教育课程改革，尤其是对我国语文课程价值取向的建构具有重要的借鉴意义。

一、日本小学国语学习指导要领价值取向流变分析

　　日本的学习指导要领是第二次世界大战以后，在美国经验主义影响下制定而成的，是日本民主化教育的产物之一。它由日本文部科学省（原文部省）颁布，是关于课程改革的纲领性文件，相当于我国的课程标准，是国家对学生接受一定教育阶段之后的结果所做的具体描述，是国家教育质量在特定教育阶段应达到的具体指标，它具有法定的性质。目前为止，日本几乎每十年就对学习指导要领进行一次修订，每次的修订都在不同程度上促进了国语教育的发展。

（一）以"具备言语能力"为核心价值取向的改革期

　　日本现行的学制及课程体系是二战后确定的。1945年日本战败后，以美国为首的联合国军队接管了日本政权，并对日本进行了全面改造。1947年日本颁布了《教育基本法》和《学校教育法》，以此为依据，日本进行了战后的教育改革。之后，每十年左右进行一次比较重大的课程改革。

1947 年的《小学国语学习指导要领》在日本课程发展史上具有跨时代的意义，国语教育以培养对社会实际生活有用的语言能力为重点，指出小学国语教育是通过听说读写的学习，使学生获得在各种场合中熟练运用语言的经验。1951 年进行了一些修订，但基本思路和课程设置并没有大的改变。1958 年的《小学国语学习指导要领》和 1968 年的《小学国语学习指导要领》修订的背景相似：社会普遍存在对道德教育的强调和对知识技能学习的重视，要求指导要领的内容更完善、更系统。1958 年的学习指导要领强调增强基础学力，注重对听说读写的语文综合实践能力的培养，表现了对学生思维及情感培养的重视。1968 年的《小学国语学习指导要领》在重视基础知识和基本能力的同时，提出了人的"协调和统一"的主题，更多地关注学生的情感态度、价值观的培养。1977 年的《小学国语学习指导要领》强调国语的工具性。相对应，学习指导要领的结构也改为"两领域一事项"，即理解、表达领域和言语事项。听、读归入理解领域，说、写归入表达领域。相关的语言基础知识，以"言语事项"形式独立出现。1989 年修订的《小学国语学习指导要领》继承了 1977 年确定的以言语教育为中心的国语教育基本立场，并特别强调对学生思考力和想象力的培养。纵观日本战后 60 余年小学国语课程价值取向的变化可以看出，培养"言语能力"始终以关键词的形式"屹立"于学习指导要领的核心位置。

（二）以"具有丰富个性"为核心价值取向的发展期

20 世纪末，经历了经济恢复与飞速发展的日本，具有信息化、高科技化、国际化和成熟化等现代化社会的基本特征，已跻身于发达国家的行列。为了适应和满足社会进一步发展的需要，日本必须完成由"追随型社会"到"创造型社会"的过渡，这就需要一大批不仅具有"追随"能力，更具有创新能力的"追究型人才"产生。而日本临时教育审议会（简称临教审）在其发布的审议报告中披露，日本经济的高速发展带来了偏重学历的社会风气。人们为了进入一流企业、一流学校而展开了激烈的竞争。家长、教师和学生都不得不卷入这样一种只重分数的教育中，忽视了对学生个性发展的指导。很显然，这种教育难以培养出创造意识与创造能力高度发展的"追究型人才"，不适应一个以"终生学习"为显著特征的"创造型社会"的需要。于是，以培养学生丰富的感性、推进"教育个性化"、鼓励创新为显著特征的"新学力观"应运而生。

国语学习指导要领修改了原有国语课程的内容领域，在思想上鼓励学生有自己的想法，重点放在培养学生用合适的、富有逻辑性的语言表达自己的观点，突出强调了学生的"表现"，将学生能否明了、准确、恰当、客观地表达和传送自己的所知、所感放到了学力的突出位置。另外，值得特别注意的还有"亲自"一词，它同发展学生的个性，形成学生的"完善人格"，激发和培养学生的"关心、意欲"，并使之树立正确的"态度"有密切的关系。倘若不注重让学生"亲自"去体验、尝试、发现、思考和表现，就不可能培养和塑造出具有丰富个性、强烈的主动创新精神和顽强适应能力的"创造型人才"。此时，日本的国语课程凸显了学生"个性"培养的重要性，深入践行"一校一特色，一生一个性"的教育理念。

（三）以"促进开放性"为核心价值取向的探索期

进入 21 世纪，为了追求和保持政治经济大国的地位，同时提高国际竞争力，教育课程做出了重大变革：以培养具有丰富的人性和社会性，能自立于国际社会的日本人为目标，通过尊重和理解本国、本地区的传统文化来丰富日本人的人性，培养自觉意识，并通过尊重和理解其他国家文化的多元性，培养新日本人——活跃于世界舞台、值得信赖、有所贡献的日本人。日本小学国语学习指导要领对教材内容的选择提出要"有益于学生热爱自然、感受美好事物的心灵的培养；有益于促进学生对日本文化与传统的理解与热爱；有益于培养学生作为日本国民爱国的自觉意识及希望国家、社会发展的态度；有益于促进学生对世界文化和风土人情的理解，培养国际协调精神"的要求。①

面对新世纪的科技进步及社会变革速度的加快，教育越来越注重培养人的"适应能力"和"生存能力"，以使个体能够在不断发展的社会中拥有以不变应万变的生存智慧。"生存能力"的培养，不可能在封闭的课堂和教师的讲义中完成，传统的教学活动有时甚至扼杀了学生的"生存"与"适应"能力。日本的国语教育开始强调感性教育并鼓励开放性的教学活动，鼓励教师和学生从课堂、讲义走向社会和大自然，还学生以人的自然属性和社会属性，让整个社会及大自然中所有的事物都成为学习的对象。在家庭、社区及其他一切可能的环境中，使学生尽可能多地接受广泛的刺

---

① ［日］文部省.小学校学习指导要领解说（国语编）［Z］.东京：东洋馆出版社，1999：172.

激，增强学习意欲，摆脱狭小空间的束缚，在亲身经历中不断积累生活经验和社会阅历。这样，校园的一草一木、社会的一人一事、自然的一山一水都是学生的教材。国语课程的开放性，使学生得以与社会、自然、同伴充分交流，个性得以尽情展现，情感体验极大丰富，并形成与人交往的相应技能，为其"生存能力"和"适应能力"的发展打下坚实的基础。

二、现行日本小学国语学习指导要领价值取向解读

进入 21 世纪，社会变革步伐进一步加快，日本迎来了全新的"知识社会"时代。正是在这样的背景下，日本于 2011 年 4 月全面实施了小学国语新学习指导要领（简称"新要领"）。新要领对 1998 年的要领做了较大的调整和修订。新要领在领域结构上依然保持着"说话·听话""写""读"三个部分，表现出日本对学生语言交际能力和表达能力的重视。值得关注的是在总目标方面并没有变化，仍然是在培养适切的表达能力与正确的理解能力、提高学生的沟通与交流能力的同时，培养学生的思考力、想象力和言语感觉力，增强学生对国语的关心，使学生养成尊重国语的态度。[①] 新要领具体体现了以日本传统语言文化为基础，培养活跃在国际社会上的日本人的教育理念；突出了以培养有效运用国语能力为重点；以大力充实语言活动为手段；立足于知识与技能学习的基础上，以培养思考力、判断力、表现力为核心的生存能力，热爱传统语言文化，尊重国语的态度为目的的改革基本方针。

（一）"听话·说话"领域目标与内容价值取向
1. 以"切实提高言语交际能力"为目标

日本小学国语新要领中的"听话·说话"学习领域位列各学习领域之首，强调培养适切的表达与正确的理解国语的能力，突出"表达"的重要性，关注听的态度和说的技巧。在"听话·说话"中同样对培养学生的思考意识和思考能力非常重视。如选择想要对他人诉说的事，考虑事情发生的顺序，简洁明了地说；不要丢掉对方说话的内容要点；把自己的想法有条理地、通俗易懂地说明白，并注意考虑听话对象的情况；对应不同的目的，选取适当、贴切的语言进行表达；听话时注意对方说话内容的中心、

---

① ［日］文部科学省. 小学校学习指导要领解说（国语编）［EB/OL］.［2008-08］. http：//www. mext. go. jp/a＿menu/01＿c. htm.

重点，并边听边梳理自己的感想；在交谈中，注意双方观点的差异和共同之处等。"听话·说话"中包含着丰富的判断、比较、辨别、取舍、综合的思维过程。因此，"听话·说话"过程本身也是学生思维品质训练与提高的过程。

2. 以"培养学生的对方意识"为核心

从各阶段的目标来看，将"对方意识"的培养放在了核心的位置。要求学生能站在对方的立场，考虑对方的想法而积极主动地进行交谈，这样的目标都是培养学生说话、听话时的对方意识。如新要领中指出，带有对方意识、不要丢掉对方说话的要点、带有兴趣地听；注意考虑听话对象的情况，听话时注意对方说话的中心；对应不同的对象和目的能说清楚，并能注意抓住对方话语内容的中心来听。抓住对方的意图来倾听；能够理解说话人的想法和心情，用心地听懂他人的说话；注意听每个人的发言，尊重对方的立场和思考，一边考虑说话者的意图一边倾听。这些要求带有明显的关注"对方心理"的价值取向。

3. 以"为现实生活服务"为理念

新要领中还列举了一些说话听话活动事例，这些事例均与学生的现实生活密切相关。如一至二年级的"询问、应答""诉说自己经历的事""倾听朋友的话""介绍自己读过的书中有趣的地方"等。三至四年级的"就身边的事演讲""一边听一边记下要点""说明或报告身边发生的事"等。五至六年级的"把自己的观点写成演讲提纲，并运用其进行演说""带着明确的目的意识倾听朋友的观点""交流自己的调查结果或总结"等。这些活动的例子为教师教学活动的有效展开提供了重要的参照。

(二)"写"领域目标与内容价值取向

1. 尊重学生"写"的心理逻辑

我国小学语文课程标准中的"写作"领域是从内容角度进行逻辑划分的，小学的三个阶段分为："写话""习作""写作"。初中阶段为"写作"，体现了我国课程标准"写作"学习领域重视内容逻辑的价值取向。而日本小学国语学习指导要领则从学生的角度出发，在目标要求上按三个学段表述为"乐于写""习惯写"和"注意效果写"，体现了日本课程标准"写作"学习领域尊重学生心理逻辑的价值取向。

2. 尊重学生"写"的表达需要

我国小学语文课程标准中的"写作"要求，非常重视学生对语文知识在写作中的实际应用，而日本则十分强调学生根据表达的需要选择材料。这一区别无疑将为学生的写作带来不同的取向与结果。日本小学国语学习指导要领关于"写"的第一学段要求指出，一边考虑对象和目的，一边写。从想写的题材中收集有关的事例，考虑简单的布局，使自己的想法能够明确地表达。第二学段中指出，对应一定的目的和意图，把自己的思考有效地进行书面表达。第三学段中指出，在对文章进行整体通盘把握的意识下，整理必要的写作素材，更进一步明确表达自己的想法，考虑文章结构的合理安排及有效性。

可以看出，日本小学国语课程标准关于"写作"的要求是着眼于学生表达需要的。

（三）"读"领域目标与内容价值取向

1. 尊重学生"读"中的自我思考

我国课程标准对阅读过程中的主体交流非常重视，强调在阅读过程中对故事中的人物心情的体验以及对阅读感想的表达，并鼓励学生提出质疑。将阅读看作一种多元的"对话"过程。相比之下，日本则对阅读主体的自我思考非常重视，强调学生在阅读过程中应积极进行思考。如第一学段中指出考虑时间及事物发展顺序，把握内容大意；第二学段中指出根据理解的内容，融入自己的思考进行归纳，并关注每个人的阅读差异；第三学段中指出对所写的内容能把握实际与感想、意见等之间的关系，带有自己明确的思考进行阅读。为获取必要的信息，思考有效的阅读方法。三个学段中，学习指导要领对阅读主体的自我思考非常重视，强调学生在阅读过程中应积极进行思考。[①]

2. 尊重学生"读"中的想象与方法

我国语文课程标准非常重视学生的语文基础知识及语文积累。相比之下，日本则非常重视学生阅读中的想象与语文实际能力的培养。

如第一学段中指出想象场面情景进行阅读。注意语句的停顿、内容及效果诵读；第二学段中指出根据文章的叙述顺序，想象场面与情景的变化进行阅读。对应一定的目的，归纳段意或层意，同时能根据需要注意文章细节进行阅读。诵读做到能够把文章的内容、中心和场面有效地表现出来。第三学段中指出能一边品味文章中有关人物的心情、场面描写及优美

---

① 李广. 中日小学语文课程价值取向跨文化研究 [D]. 长春：东北师范大学，2008：92-93.

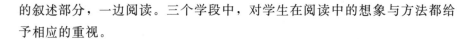

的叙述部分，一边阅读。三个学段中，对学生在阅读中的想象与方法都给予相应的重视。

三、启 示

日本小学国语学习指导要领的价值取向对于我国小学语文课程改革深化具有重要的启示，我们应加以深入研究和思考。从以上分析来看，至少以下几点值得我们关注。

（一）课程理念：时代性与经典性并重

日本小学国语课程关于内容的选择注重时代性，具有鲜明的时代特征，而且十分重视与现实生活的联系。用最新的信息来刺激学生的大脑，激发学生的参与热情。这样，母语教育就因为注入活水而充满生机。另外，为了培养学生对本国文化的尊重，接受本民族文化的熏陶，课程中还要求有一定的经典篇章，以增强民族自信心和自豪感。日本小学国语课程向学生展示了必要的母语知识，还引入历史、政治、思维训练法等方面的相关知识，这样不仅丰富了母语学习的内容，扩大了学生的视野，而且更有利于学生创造性思维的形成与发展，并且为师生了解、掌握与母语相邻学科之间的横向联系建立了必要的平台。

（二）学习方式：实践性与生活性相结合

国语课程不仅应该给师生提供教学材料，而且应该或隐或显地为师生提供教法和学法。日本国语课程强调情景性、思维性、合作性。学生可以在教师的指导下和可操作性的方法的启示下，独立完成指定的学习任务。学生可以采用不同的方式，或多人独立完成相同的任务，或每个学生完成不同的任务，广阔的弹性空间为学生的自我发展创造了有利条件。国语课程是实践性很强的课程，听说读写能力只有在实践中才能形成。因此，日本的国语课程非常重视学生的实践操作与体验，并将国语学习与学生的现实生活结合起来，为学生的现实生活服务。

（三）课程实施：言语教育与综合实践相融合

从日本战后国语教育课程发展的历程看，有一项始终不变的内容是对言语教育的坚定。日本 21 世纪言语教育立场的关键词是"恰当地表达和准确地理解国语""丰富的言语感觉""思考能力和想象能力""尊重对方的立场和观点""交流能力""自己的观点""合乎逻辑地叙述""应变能力""爱好读书""关心尊重国语的态度"等。变化的是更重视学生的实践能力、思考能力、语言交际能力等综合技能的培养。在 1998 年的学习指导要领中，规定了小学三年级开始设置"综合学习时间"，要求小学三年级以上，一周三课时为综合学习时间。综合实践是国语课程实施的重要方式，选择恰当的国语学习内容，充分运用综合学习时间，将二者紧密融合起来是国语课程实施的重要方式。

（四）目标追求：统一要求与尊重个性相协调

国语学习指导要领是对学生国语学习的统一要求，但在国语课程实施过程中要体现对学生个性的充分尊重。日本意识到国民个性的发展是国家综合竞争力的基石，改变了整齐划一的教育方法，而注重学生的个性与能力的发展。在学校教育教学活动中，学校以培养生存能力为目标，创造性地开展有特色的教育活动。在培养学生自主学习、自我思考能力的同时，努力促进学生的个性发展。国语课程实施既是培养学生个性的过程，也是学生展现个性的过程。

［原文刊载于《外国教育研究》2012 年第 7 期（李广　赵阳）］

促进学校自律、持续地改善与发展

——日本《义务教育学校评价指导方针》解读

在多年的调查与研究的基础上，日本文部科学省于 2006 年 3 月 27 日颁布了以"促进学校自律、持续地改善与发展"为基本理念的《义务教育学校评价指导方针》。① 评价方针由前言、学校评价目的、学校评价方法、学校评价项目与指标举例和附录（参考文献及资料等）五个部分组成。该评价指导方针对于我国当前正在进行的基础教育课程评价改革与实验具有重要的参考价值，本文试对其进行研究与分析。

一、学校评价指导方针制定的背景及目的

从 2002 年到 2004 年间，文部科学省为进一步充实学校评价，在全国的都道府县开展了"关于确立学校评价体系的调查研究"活动。调查中，一方面把各地各具特色的学校评价指针、指导书及有效做法等不断充实到学校评价制度之中；另一方面，调查中也发现了学校评价实施的不充分之处，以及学校评价结果没有进行相应的公布等问题。2005 年 6 月，内阁会议决定通过了《关于经济财政运营与体制改革基本方针 2005》，其中的《2005 年度义务教育阶段学校外部评价的实施及结果公布指导方针的制定》，以及 2005 年 10 月 26 日中央教育审议会发表的题为《创造新时代的义务教育》的报告都指出："今后为进一步充实学校评价，制定可供学校、地方自治体参考的大纲性的学校评价指针是必要的。"《义务教育学校评价指导方针》在这一背景下应运而生。

指导方针主要适用于市、町、村立的义务教育学校（包括小学、中学、中等教育学校前期课程、盲聋养护学校的小、中学部）。指导方针参考了各都道府等制定的学校评价指针与指导书，吸收其先进经验与做法，并考虑到多数地区的共通性等，目的是保证学校教育活动及学校管理工作能够自律、持续地改善与发展，进一步促进学区居民及家长积极参与学校

---

① 文部科学省. 義務教育諸学校における学校評価ガイドライン［S］. 2006-3-27.

管理，鼓励学校设置者进一步努力改善学校的办学条件，使全国的义务教育学校保持一定水准的教育质量。学校评价指导方针是为改善学校评价质量而制定的，各学校在进行学校评价时可根据实际情况参考执行，灵活使用。

二、学校评价的目的

2005 年 10 月 26 日，中央教育审议会发表的《创造新时代的义务教育》报告中，提出的义务教育结构改革的基本方向是：第一，国家负责制定教育目标，并保障提供完善的基础设施；第二，扩大担当义务教育实施过程的市、区、町、村和学校的权限与责任；第三，国家负责义务教育成果的检验，以确保一定水准的教育质量。由此可见，学校、地方公共团体的自主性、自律性将被强化，各类学校及地方团体也将更加努力开展学校评价活动。伴随家长及国民对于学校教育质量关心程度的提高，学校评价将变得越来越重要。而且，为了保证教育质量，学校主管部门也将充分利用学校评价来改善办学条件。

据此，《义务教育学校评价指导方针》提出以下三点学校评价目的：第一，通过对学校自身教育活动质量及学校运营管理措施的适切性的检验，以及对为取得教育效果而设定的目标及其达成状况的把握，来保证学校有组织地、持续地、良性地改善与发展；第二，各学校通过自己评价、外部评价的实施及其结果的说明、公布等，增进学生家长、学区居民对学校教育活动及学校运营管理的支持与理解，促进信赖、开放型学校的建构；第三，学校的管理者通过了解学校评价结果，以采取相应的改进措施，确保学校教育质量的提高。

可以看出，通过学校评价，目的是使学校领导、教职员工、学生家长、学区居民等充分了解学校教育活动及学校运营管理情况，加深相互间的理解。同时调动学生家长、学区居民参与学校管理的积极性，最终促进学校自律、持续地改善与发展。

三、学校评价的方法

《义务教育学校评价指导方针》提出，学校评价由三个基本要素构成：第一，学校自己进行的评价及根据评价结果进行学校运营管理的改善（自己评价）；第二，评价委员会等进行的外部评价及根据评价结果进行学校运营管理的改善（外部评价）；第三，评价结果的说明、公布及学校管理者根据评价结果对相应的学校工作的调整与办学条件的改善。从学校评价的三个要素中可以归结出学校评价的两大基本方法，即自己评价与外部评价。

自己评价是在校长的带领下，由全体教职员工参加，按照设定的目标和具体的计划等进行的评价。同时，可以对学生、家长、居民等进行问卷调查。自己评价的基本程序为：第一，制订学校目标；第二，实施自己评价；第三，提出学校运营管理改善策略；第四，形成自己的评价报告；第五，评价结果的说明、公布及根据评价结果进行学校办学条件的改善。

外部评价是学校评议员、学生家长、学区居民等对学校进行的评价。外部评价的基本程序为：第一，成立外部评价委员会（由学校评议员、家长、学区居民、大学的研究者、他校的教职员、有学校教育经验或相关专业知识的人员组成）；第二，向外部评价委员说明其应履行的义务及应遵守的规则；第三，外部评价的实施（包括考察、听课、座谈、参观、看资料等）；第四，对学校自己适切性的评价；第五，形成外部评价报告；第六，评价结果的说明、公布及根据评价结果进行学校办学条件的改善。

学校评价可以采用自己评价的方法，也可以采用外部评价的方法，还可以二者结合进行。无论采取哪一种方法，都要把评价的结果向学生家长、学区居民等进行说明与公布。参照评价结果，学校的管理者要向学校提供相应的支援及进行必要的条件改善，并对学校评价的适切性给以必要的指导和建议。从学校评价方法及操作程序上也可以看出，学校评价的最终目的是促进学校自律、持续地改善与发展。

四、学校评价的项目与指标

《义务教育学校评价指导方针》关于学校评价的项目与指标中，一共给出了十项一级评价指标，每一个一级评价指标又包含若干项二级指标（对二级指标的具体内容没有一一列出，只进行了举例说明）。一级指标与二级指标内容如下：

（一）教育课程与学习指导

1. 指导目标、指导计划、课时数及实施状况。

2. 学生学习状况评价及评定结果。

3. 学力调查等的结果。

4. 与运动、体力相关的调查结果。

5. 学生对教学的评价结果。

6. 教师上课采用的说明、板书、提问等教学方法情况。

7. 视听教材、教育设备、教具等应用情况。

8. 体验性学习、问题解决性学习、学生兴趣与热情的激发、自主性学习等情况。

9. 学生个性化学习指导情况。

10. 教材开发及校外人才利用情况。

11. 乡土自然文化资源、传统文化活动等教育资源的利用情况。

12. 学校图书馆的利用及读书情况。

13. 课堂教学研究实施情况。

（二）学生指导

1. 建立健全学生指导体制情况。

2. 建立丰富的人际关系及人际交往规范的指导情况。

3. 教育咨询体制的建立情况。

4. 防止教室内不正当行为的情况。

5. 与家庭、社区及相关机构的合作情况。

6. 对出现的问题采取的相应措施。

7. 与学生生活习惯相关的调查结果。

（三）升学（就业）指导

1. 指导体制建设情况。

2. 勤劳观、职业观的形成，升学、就业选择能力及态度养成的指导状况。

3. 学生的资料应用方法，升学、就业信息的收集及应用方法，学生的能力、适应性等的发现与开发方法。

4. 工作场所体验的实施状况。

5. 升学、就业咨询的实施状况。

6. 升学、就业指导所必要的设施（咨询室、资料室）设置情况。

7. 与家庭、社区及相关机构的合作情况。

（四）安全管理

1. 学校安全计划的制订与实施情况（包括安全管理体制的建设）。

2. 危机管理指导手册的制作与应用情况。

3. 教职员工及学生安全能力的培养情况。

4. 安全检查实施情况（包括通学路的安全检查）。

5. 与家庭、社区及相关机构、团体的合作情况。

6. 学校防灾计划的制订及实施情况（灾害发生时的应急机制、防灾避难训练情况等）。

（五）保健管理

1. 学校保健计划的制订及实施情况（包括学校环境卫生的管理情况）。

2. 健康诊断的实施情况（包括事前指导、事后处置）。

3. 心理关怀体制建立情况、健康咨询活动、防止药物乱用教育活动情况。

4. 日常健康观察、疾病预防、学生自我健康管理能力的培养等情况。

5. 与家庭及社区的保健机构（保健所、医疗机构）的合作情况。

（六）特别支援教育（障碍儿指导）

1. 校内支援体制的建立情况（校内委员会、特别支援协调者、校内研修等）。

2. 交流及共同学习的实施情况（确保特殊学生即障碍儿在正常班级学习的机会）。

3. 个别指导计划及教育支援计划的制订情况。

4. 与医疗、福祉等相关机构的合作情况。

（七）组织运营

1. 学校明确的管理、责任体制的建立情况（校务分管情况、校务处理体制的建立等）。

2. 服务监督情况。

3. 学级指导情况。

4. 管理情况。

5. 学校事故处理情况。

6. 信息管理情况（公文的制作、收集、保管等，个人信息的保护等）。

（八）研　修

1. 校内研修实施体制的建立情况。

2. 校内研修课题的设立情况。

3. 校内、校外研修实施情况（课堂教学研究、教材研究、与指导方法相关的研究等）。

（九）与家长、社区居民的合作

1. 与学校评议员、家长等的座谈情况及学校运营协会的运营情况。

2. 与家长、社区团体的联络情况。

3. 家长、社区居民参与学校运营管理情况。

4. 信息提供情况。

5. 教育咨询体制的建设情况。

6. 幼小、小中、中高合作与衔接情况等。

7. 来自家长、社区居民的具体意见与要求。

8. 对家长、社区居民调查的结果。

（十）设施、设备

1. 设施、设备的应用效果（富余教室、特别教室的有效利用）。

2. 设施、设备的检查情况（安全、保养管理等的检查）。

3. 学习、生活环境的充实等情况。

《义务教育学校评价指导方针》给出的是一个基本的评价框架，是一个具有指导性与开放性的学校评价体系，在实际的学校评价中，各地区、各学校可因地制宜，根据实际情况进行项目上的适当增减与修改。

五、思考与启示

《义务教育学校评价指导方针》提出，学校评价的目的是帮助学校把握自己的教育活动状况，促进学校与家长、学区居民的沟通与理解，以最终促进学校自律、持续地改善与发展。这一评价理念与我国（中国）课程改革中倡导的发展性评价理念具有本质上的一致性。但评价指导方针所表现出的以下几方面特点还是颇为值得我们在深化素质教育课程评价改革实验中加以研究与思考。

1. 评价理念的宏观指导性与评价系统的开放性

指导方针是在文部科学省经过三年多时间的大规模的实践调查的基础上制定的，是众多教育专家的智慧结晶和全国各地学校评价经验的集结。经文部科学省颁发后，对全国各地义务教育学校的学校评价具有指导性意义。评价指导方针制定的目的是为各学校、各地方自治体提供一个学校评价的参考体系，是为提高学校评价质量而制定，各学校可参考灵活使用，并可随时对其提出改进意见。评价指导方针是一个开放性的评价系统。这既可保证各学校在学校评价理念上的一致性，也为各学校在评价中发挥主体性与创造性留出了弹性空间。

2. 评价方法的灵活性与可操作性

为保证学校评价目的的实现，指导方针中提出了学校自己评价与外部评价两大基本评价方法，每一方法中还提出了基本的操作程序与注意事项。两种评价方法可以单独使用，也可以结合使用。这使评价指导方针同时具有可操作性，保证了评价理念在实践层面上的可践行性。

3. 评价主体的多元性与多维性

评价指导方针中提出的学校评价方法本身，即暗含着评价主体多元性与多维性这一评价思想。首先，参与学校评价的主体是由不同的利益群体代表组成的，体现了评价主体多元性的特点；其次，参与学校评价的主体是由不同知识与经验背景的人员组成，体现了评价主体多维性的特点。由校长、学校全体员工、学生、家长、社区居民、大学研究者、他校教师及有相关知识和经验的人员等具有多元性与多维性的主体参与学校评价，可以确保学校评价过程的公开性、透明性，评价结果的客观性、科学性与有效性。

4. 评价项目重点化与序列化

评价指导方针遵循重点化与序列化相统一的思想，提出了评价指标与评价项目参考体系。在提出一级评价指标与二级评价指标的基础上，并以举例的方式对二级指标中的评价项目进行了解释说明。这在某种程度上可以确保学校评价灵活、全面而又重点突出。

5. 评价结果的及时反馈与有效利用

把评价结果向学生、家长、社区居民进行说明、公布，以及向学校主管部门进行评价结果汇报等，一方面可以促进开放型、信赖型学校的建构，另一方面能够使学校教育中存在的问题得到及时解决。对评价结果的及时反馈和有效利用，可以充分发挥评价对学校发展的促进作用。

[原文刊载于《外国中小学教育》2007 年第 6 期（李广　马云鹏　高山达雄）]

学校适应学生：对日本一所
个性化学校的个案研究

当前日本义务教育面临着诸多现实问题，如学生学力水平下降，"教育病理"现象进一步蔓延，教师身心负担过重，国民不满情绪日增，教育目标没有充分实现，学校改革步履维艰等。这些问题正是日本义务教育学校"教育力"下降的具体表现。20 世纪 90 年代以来，日本的一些中小学已经开始就提升学校"教育力"在实践中进行了大胆的探索，日本 C. S. L. 学习评价研究所所长松浦三郎把这样的学校称之为"向教育挑战的个性化学校"。树之国儿童村学园是其中一个典型代表，对其进行全面而深入的剖析，可以在某种程度上对日本个性化学校的办学特色、教育理念、课程实施等有一个深刻的理解和把握，也可以为深化我国的基础教育课程改革提供经验参考。

一、学校无墙壁：树之国儿童村学园的办学特色

位于和歌山县桥本市内一座山中的树之国儿童村学园，是受英国夏山学校成功的办学经验启示而建立的一所学校。1992 年 4 月创立之初仅有小学部，1994 年 4 月设立初中部，1998 年设立高等专修学校（相当于我国的职业高中），并于同年在福井县胜山市设立小学分校，2001 年又在福井县胜山市设立中学分校。树之国儿童村学园是一个具有多重意义的无墙壁学校，这正是其突出的办学特色。

（一）教育空间无墙壁

树之国儿童村学园教育空间无墙壁表现在以下方面：一是教室的设计遵循无墙壁原则，即教室之间具有一定的连通性。教室的无墙壁性保证了学园开展共通性活动的可行性；二是学园与大自然之间无墙壁。学园的周围，青山绿水，鸟语花香，优美的自然环境成为学生游戏、活动和学习的天然场所；三是学园与社区之间无墙壁。学生可以根据所选研究课题随时进入社区进行调查，社区的居民也可以作为临时教师来学校讲授当地的历史文化与风

土人情等；四是学校和社会之间无墙壁。学园的学生可以采取相应的形式在日本全国进行修学旅行，也可以到国外（如定期到英国）进行修学旅行。教育空间无墙壁体现了树之国儿童村学园在办学上所持的一种开放性精神。

（二）教育主体无墙壁

教育主体无墙壁，首先表现为教师与学生之间无墙壁。在树之国儿童村学园内没有所谓的"老师"称呼，校长堀真一郎先生被孩子们称为"堀君"，喊其"堀老头"的孩子也有。教师与职员也被学生称为"某某君"或被学生直呼其名。"教师的权威还会存在吗？"面对这样的疑问，校长堀真一郎先生说："事实是学校的教师与学生间的障碍完全被消除，教师与学生可以进行充分的交流，共同体验快乐，这才是教师权威的真正体现。"① 其次是教职员间无墙壁。在学园内，与教职员的职务、年龄等无关，所有重要的事情都由全体教职员会议决定。再次是学生与来校参观者及来学校了解学校生活的家长之间没有墙壁。参观者和家长在学园内可以进入任何一间教室，参观任何一项活动，提出任何一个问题，甚至可以直接参与学生的活动之中。最后是学年间无墙壁。学园采用的是纵向班级制，即学生按活动内容分班，而非按年龄分班，学生可以在最大程度上自由选择教师、学习内容和学习同伴。教育主体间的无墙壁体现了学园"平等、民主、自由"的办学理念。

（三）教育内容无墙壁

树之国儿童村学园的教育内容分为课题研究、语言、数、自由选择和全校集会五种学习形态。这里没有国语、算数、理科等学科名称。而"学习指导要领"规定的各学科、道德、特别活动均按照上面提到的学习形态来实施。这里的课题研究是对美国著名教育家杜威"做中学"理论的具体化，学生在实际生活中，通过完成具体的工作任务来探求抽象的知识，体验获取知识的快乐。课题研究每周14课时，其中周三全天均为课题研究时间。课题研究涉及各个学科的知识，是对五个学习形态的整合。比如在建筑和木工活动中，包含着丰富的数学知识。在池塘的建筑中还涉及历史与文化知识。语言与数属于基础学习，每周5～7课时，这些内容如前所述，也是课题研究

---

① C. S. L. 学習評価研究所. 教育への挑戦：個性ある日本の学校［M］. みくに出版. 1997：86＋91＋93.

128

中的学习内容。与普通学校比较起来，学园的基础学习内容更少些，在学习方式上采用的是个别学习和小组学习。自由选择每周 3 次 6 课时，主要内容为音乐、美术、保健体育、技术家庭、爵士乐、英语会话、玩具制作等。全校集会每周一次。树之国儿童村学园教育内容的无墙壁，体现了课程内容选择、设计与实施的综合性特征。

二、让学校适应学生：树之国儿童村学园的教育理念

英国夏山学校创始人尼尔的名言"让学校来适应学生"，成为树之国儿童村学园的基本教育理念。这里远离"教育病理"，处处体现着"平等、民主、自由"的氛围，成为一处最富人性化的快乐的学校。

（一）远离"教育病理"

经历了现代化历程的日本学校，在中央集权制下形成的划一性与效率化两大特征，导致在官僚主义统治和新自由主义政策把持下的日本教育陷入公共性与民主性逐渐丧失的危机之中。在这种危机中，学生失去思考和行动的自由，成为日本产业社会标准化社会大生产链条下的商品。学生的智慧、自由与快乐被病态的教育所剥夺。换言之，在这种危机中，现代日本教育丧失的是对自由追求的欲望和对学生终极关怀的品质。由此导致日本中小学"教育病理"现象的滋生与蔓延。

而树之国儿童村学园却在这样一个时代背景下，在"也有这样的学校"的质疑和感叹声中，在其先进、大胆而富有个性的"让学校适应学生"的教育理念指导下而远离了日本基础教育中普遍存在的"教育病理"。因此，树之国儿童村学园在日本也被称为"向'教育病理'挑战"或"没有'教育病理'的学校"。

（二）追求教育自由

树之国儿童村学园是一所追求自由的学校，这种对自由追求的教育体现的正是"让学校适应学生"的教育理念。树之国儿童村学园认为，自由是决定学生自身生存能力发展的关键要素，学生的自由包括三个方面：

首先是学生感性的自由。日本学者高桥史朗认为："21 世纪是感性的世纪，感性是知识的统合与价值融合的基础，是个体现实'生存能力'和未来发展潜力的基础。有了对美的事物的理解，对未知的新异事物的惊奇、敬畏和对事物的共感、怜悯、赞美和爱，在这之后，知识的教育才成

为可能。"① 树之国儿童村学园在学校环境建设、课程设置、教育活动的展开等方面都体现出对学生感性育成的重视。

其次是学生理性的自由。树之国儿童村学园反对教师权威，尊重学生的主体性和能动性，鼓励学生独立思考和大胆动手实践。这里的任何学习活动都非常强调游戏的重要性，在游戏中培养学生的创造力、想象力和解决问题的能力。学生的理性自由与感性自由相辅相成，感性自由是理性自由的基础和前提，理性自由是感性自由的发展、提升与目的。因此，树之国儿童村学园在学生身心发展目标上，追求的是感性与理性的协调发展。

最后是学生社会性的自由。学生自身自由的发展并非孤立于社会之外，没有与周围社会和人的交往，学生的社会生存能力就无法得到发展。因此，树之国儿童村学园在追求学生自身身心协调发展的基础上，强调学生要学会并善于与周围的人共同分享快乐与痛苦，即强调学生"共生"品质的培养。学园认为，学生能够与周围的社会和人和谐共处，就是学生社会性自由的表现。因此，学园的教育空间是开放的，是无墙壁的。

（三）以学生为中心

现代日本学校为何没有培养出前文所说的"自由"的学生，最主要的原因就是教师成为学校的主人，而非学生。学生对学习和行动的权利几乎都被剥夺，教师只知道大喊"别心不在焉，注意看教科书"。学校无视学生的好奇心，不分年龄差异、同一进度地向学生灌输相同的教科书知识。这就是现代日本学校教育使学生失去"自由"的最主要的原因。

树之国儿童村学园要培养的是"自由"的学生。因此，这里的教育反对教师中心主义、划一主义和教科书主义。在树之国儿童村学园内，常可见到孩子们在校园的树丛中玩捉迷藏，在一棵棵高大的树底下聊天、讲故事，在操场上踢足球、玩曲棍球，在校舍内打桌球、玩电脑，在绿油油的草地上翻滚或仰望蓝天白云。这里可以称得上是一座"游戏王国"，而学生就是这座"游戏王国"的主人。生命是一个过程，重在追求幸福，寻找乐趣。教育是一种手段，旨在帮助人获得幸福。教育应该让学生热爱自己的生命，也热爱别人的生命。树之国儿童村学园的一切教育活动、一切教育内容都是以学生为中心的。

日本著名的教育学者佐藤学在大量的实践调查的基础上指出："日本

---

① 高桥史朗. 临床教育学と感性教育［M］. 东京：玉川大学出版部，1998：82.

的教育改革不是仅仅依靠新自由主义与新保守主义的政策来推进，更多的是依靠社会民主主义的政策，将学校改革作为一场静悄悄的革命而不断发展。"① 佐藤学进而提出了构建学习共同体的学校改革思想，树之国儿童村学园可以说是这一理念的扎实的践行者。经过 15 年的探索，树之国儿童村学园已经成为日本最具个性的学校之一。

三、促进学生个性发展：树之国儿童村学园的课程实施原则

以促进学生个性发展为教育实践价值取向，树之国儿童村学园提出了"自己决定、尊重个性、体验学习"的课程实施原则。

（一）自己决定

首先，学园的学生可以根据自己的兴趣、能力、伙伴关系等来"自己决定"学习内容。如小学的课题研究分为树之国儿童村工务店、树之国农场、树之国探险俱乐部、美味烹饪会、健康家族五个班级。每一个班级都分为1～6年级，每一个班级每天都有各自的主要活动。新学年开学后，学生直接与担任教师见面，了解活动内容，并与同伴商量后，决定选择哪个班级。其次，在学习活动中体现学生的主体性。学园要求教师避免不恰当地介入学生的活动，不要急于给予学生指导。在学习活动的过程中，强调学生自己的设想、实验与自我评价的重要性，承认学生有失败和自由的权利。最后是学园、教师、家长要为学生的"自己决定"创造必要而充分的环境条件。校长堀真一郎先生认为："如果没有为学生创设良好的环境条件而只是对学生说'去做你喜欢的事情'，那么学生就会有'不自由感'。'自由的学校'是让学生'自己决定'的学校，是拥有无数让学生喜欢从事的活动的学校。"

（二）尊重个性

首先，在对学生的评价方面，树之国儿童村学园遵循的是偏差值至上主义，克服用一把尺子判定学生能力和成长水平的弊端。这种评价注重的是学生的差异性，而非学生的共性。这一评价思想规约了树之国儿童村学园的教育实践活动个性化的价值取向。因此，在学园里，教育的过程就是学生个性展现的过程，教育的结果就是使学生形成丰富的个性。其次，学

---

① 佐藤学，田辉. 全球化时代的日本学校教育改革：危机与改革的构想［J］. 教育研究，2006（1）：49.

园强调学生学习资源的多重性。世界是个人、社会、自然彼此交融的有机整体，学习资源来源于世界，体现为科学、艺术、道德的统一。个性的发展体现为个人、社会、自然的内在整合，体现为科学、艺术、道德的内在和谐。学园内的一山一水，社会的一人一事，自己的一情一感，有机地构成了学生学习的资源库。学园内的学习资源是丰富的，也是多重的，这保证了学园内学生选择学习内容的个性化需求。最后是学习形式的多样化。学园打破学年界限和学科界限，采用个别活动、小组活动、全体活动等多种学习形式，充分尊重学生学习方式上的个性特点。学园通过尊重学生的个性而使学生的个性得以自然展现，并不断获得丰富和发展。

（三）体验学习

首先，学园充分利用了自身地理位置和自然环境的优势，为学生创设了自然性的学习环境和生活性的学习内容。学园提出了"自然、生活、学习——教育共同体型学校"的建构思想，在教育实践中将学生的学习、生活、自然环境有机地融为一体。如学园食堂一日三餐的营养标准、饭菜种类及烹饪制作等也都成为学生的学习内容。其次，在学习活动中强调学生感性经验的积累及发现问题、确定课题和思考问题能力的培养。在培养学生动手实践能力的同时，培养学生良好的学习态度和广博的兴趣。最后，学园反对教育活动对知识的单一价值追求，而更加强调对学生的人性关怀，使学生在获得知识的过程中充分体验学习的乐趣与成功的喜悦，展现自身个性，实现自身价值，发挥个体创造性，完善个体人格。学园倡导的体验学习，其价值追求具有多重性。

树之国儿童村学园的办学特色、教育理念与课程实施原则对我们的启示是多方面的，值得我们加以研究与思考。

［原文刊载于《外国中小学教育》2008 年第 2 期（李广　姜英杰　高山达雄）］

第 三 章

中日跨文化比较研究

　　跨文化研究的本意是指对不同国家、不同地区、不同民族的文化进行比较，研究它们的异同及其形成的原因，从而寻求人类文化的共同特征与普遍规律。本章将中日小学语文课程置于中日民族传统文化的情境之中加以考查与理解，运用跨文化研究的方法，关注个体的生活世界，共享文本的意义，在一个充满个人情趣与意义的空间里解读中日小学语文课程与教学。本章通过对语文学科中阅读与作文两个领域为研究内容进行中日跨文化比较分析，介绍日本感性教育基本理论与实践模式，探讨日本中小学感性教育提出的历史背景、研究现状、评价模型与实践做法，并对新时代中国小学语文教学新要求进行深入剖析与对比，以期为我国课程改革深化、语文教学改革与教师教育发展提供重要的参考价值。

中日小学生语文阅读反应跨文化比较研究

一、调查设计

（一）调查文本来源

本研究的调查文本为《落花生》和《小狐狸买手套》。《落花生》选自中国人民教育出版社《义务教育语文课程标准实验教科书》五年级上册，《小狐狸买手套》选自日本东京书籍株式会社《新国语》三年级下册。本研究调查文本选择标准有四点：1. 调查文本适合小学中高年级学生阅读；2. 调查文本在中日小学语文教科书中具有典型性和代表性；3. 调查文本具有一定的知名度，反映两国文化特征；4. 调查文本具有使用的广泛性与普适性。

（二）调查文本内容分析

《落花生》的作者是许地山先生。《落花生》按照种花生、收花生、吃花生、议花生、想花生的基本线索进行叙事描写，进而从花生讲到做人，由叙事引入论理，层层深入，入情入理。文章一开篇下笔于"半亩空地"和"居然收获"，这一对照使我们不难发现作者的用心所在，意在披露花生"有用"的品格，而其中人的情态描写又从侧面烘托了这一品格。文章顺着一家人在欢度收获节时的谈话展开了对花生品格的进一步描写，具体阐明了花生给人们带来的一系列好处，使花生的"有用"品格具体化。作者的笔触随着父亲的引导走向深处，揭示了花生最值得人爱之所在是那种内在的含而不露的品格，即"它是有用的，不是好看而无用的"。父亲那娓娓动听的叙说，使兄妹几个人对花生有了全新的认识。"你们要像花生"，父亲语重心长的叮嘱升华了文章的意境，"人要做有用的人，不要做只讲体面，而对别人没有好处的人"正是花生高尚品格的写照，也是值得人们记取的一个生活的哲理。[①]

《小狐狸买手套》的作者是日本童话作家新美南吉。第二次世界大战后出现的日本儿童文学新派作家，大都把新美南吉看作最值得推崇的前辈作家之一。《小狐狸买手套》叙述的是森林中的小狐狸去镇上向人类买手套的故事。为了让第一次过冬的小狐狸觉得温暖，狐狸妈妈决定让小狐狸自己去买一副手套。为了小狐狸的安全，狐狸妈妈将小狐狸的左手变成人类的手，这样小狐狸到镇上买手套时就不会被人类认出来了。但是小狐狸到了卖手套的店里时，却不小心把右手伸进店里去。在这个故事里，有小狐狸初次见到雪景时的新鲜与惊奇，有想要买手套给孩子的温暖与柔情，有将小狐狸的手变成人的手的奇异魔法，还有母亲对人类的不信任感。这篇童话故事的风格与特点是日本儿童文学的典型代表，也是日本国语教育中文学教材的典型。

（三）调查问卷的编制

调查问卷的结构包括指导语、自然信息、文本和问题四个部分。

问卷指导语由回答问卷的四条要求组成，即独立完成；不计姓名和成绩，尽最大努力完成；回答时间不限；先阅读课文，然后回答课文后面的问题。"回答时间不限"指的是学生可以在充足的时间内完成文本阅读与问题的回答。本调查采用了周五发放问卷，次周周一收回问卷的做法，并且在这一时间内不留其他任何课外作业，以保证学生全身心地完成本调查。

问卷中的自然信息包括学校、年级和性别三项。

调查的文本分别是《落花生》（中国"人教版"）和《小狐狸买手套》（日本东京"书籍版"），每个文本分别由汉语版和日文版组成。中国小学生用汉语版进行调查，日本小学生用日文版进行调查。

调查问卷的问题放在文本之后，每个问题由一问或多问组成。

（四）调查对象与时间

本研究调查对象分别选自中国长春市、日本秋田县小学四年级和五年级的学生。回答《落花生》调查问卷的中国小学生共 95 名，日本小学生共 86 名。回答《小狐狸买手套》调查问卷的中国小学生共 84 名，日本小

---

① 张华. 辞浅意深 言近旨远——读许地山的《落花生》[J]. 山东教育，2004（2）：100.

学生共 80 名。

在日本的调查时间为 2007 年 8 月，在中国的调查时间为 2007 年 12 月。

二、结果分析

（一）中日小学生阅读反应的相同点

1. 阅读期待：引领学生进入阅读文本

通过对调查结果的分析发现，中日小学生在阅读中充满阅读兴趣，满怀阅读期待进入阅读文本。在被调查的 95 名中国小学生中，94 人回答喜欢《落花生》这篇课文，一人回答不喜欢。在被调查的 86 名日本小学生中，有 85 人回答喜欢《落花生》，也只有一人回答不喜欢。尤其是日本小学生还给出了多种多样的理由。在被调查的 84 名中国小学生中，有 83 人回答喜欢《小狐狸买手套》这篇课文，只有一人回答不喜欢。被调查的 80 名日本小学生全部回答喜欢《小狐狸买手套》这篇课文。中日小学生对喜欢《小狐狸买手套》这篇课文都给出了各种各样的理由。可见，中日小学生绝大多数非常喜欢阅读这两篇课文。另外，中日小学生在阅读中都产生了丰富的情感体验，并积极进行表达，主动与文本进行对话，对故事情节、人物特征等进行思考与评判。这说明中日小学生是带着强烈的阅读期待进入阅读文本的。

2. 对话愿望：促使学生对文本深度阅读

中日小学生在两篇课文的阅读过程中，均表现出了强烈的对话愿望。首先，表现了学生对文本主题、语言方式、表达方法、人物关系等内容上的深度挖掘与理解。如学生对写作意图、主题思想、人物选择与情境设计的追问，对语言特点、表达技巧、结构安排的分析等，进行了深度对话与多维交流。另外，学生表现出与文本作者、文本中人物对话的强烈愿望。如中日学生与《落花生》中的父亲、"我"的对话，与《小狐狸买手套》中的狐狸母子的对话等。此外，还有一些学生对文本本身提出了质疑，或提出了进一步探讨的问题等。这都表现出学生希望与教师、与同学等主体进一步对话的愿望。正是这种对话愿望促使中日小学生对文本进行了深度阅读。这一过程中包含了学生积极的思维活动、情感体验与表现欲望。

3. 情感沟通：激发学生产生阅读反应

中日小学生在文本阅读的过程中，通过深度阅读产生了丰富的情感体验。如《落花生》中，学生对文中美与善的价值观的理解、对人物品尝各种花生食品收获喜悦的感受、对父亲和"我"说的话的回味与体验；《小狐狸买手套》中对狐狸妈妈矛盾心理的感受，对狐狸妈妈挂念、担心小狐狸的心情的感受，对狐狸母子间的亲情的感受等。学生不仅在阅读文本中产生了各种情感体验，而且产生了情感沟通的需要。学生在问卷回答中采用了惊叹、赞美、疑问、好奇、担心等带有情感色彩的词语、句式和标点符号等，表达了阅读中情感沟通的需要。如对花生的果实长在土里的惊叹，对花生默默奉献精神的赞美，对狐狸妈妈半路停下脚步让小狐狸独自前往镇上买手套的不解，对小狐狸命运的担心，对狐狸母子相聚后的感动等。正是学生在文本阅读中产生的情感体验、进行的情感沟通，促使学生表现出丰富的阅读反应。

4. 思考判断：折射学生阅读价值取向

中日小学生在文本阅读中均表现出了积极思考、主动探究的思维活动过程。如对《落花生》中关于"外表美""内在美""人的价值"等严肃问题的思考与回答，对父亲和"我"说的话的理解等；对《小狐狸买手套》中关于"人与动物的关系"的思考，对"事物因果关系"的分析，对人类与狐狸母子的建议等，均表现出了中日小学生在阅读过程中的思考、判断等思维活动的深度。而且，中日小学生在思考与判断中都带有各自的价值取向，尽管表现出无意识的色彩，但这正表现出受各自民族文化影响的深深烙印。

（二）中日小学生阅读反应的不同点

1. 信息获取：理性思考与感性反应

阅读的过程也是学生获取信息的过程，但在阅读中，中日小学生获取信息的心理特征并不相同。通过对《落花生》和《小狐狸买手套》两个文本的调查发现，中国小学生的阅读活动充满理性色彩，而日本小学生的阅读则带有明显的感性倾向。也就是说，中国小学生在阅读过程中更多的是思维活动，而日本小学生更多的是感性反应。如《落花生》中对父亲和"我"说的话的理解，中日小学生间存在很大差异。中国小学生的回答集中在"不要爱慕虚荣""不要炫耀自己""做人要谦虚""外表无关紧要，内心好最重要"这四个答案上。答案抽象，概括性强，富于理性。而日本小学生的回答则富于感性，具体而生动。像"为他人做有意义的事情，希望看到他人的笑脸""挖出来才知道，有一种期待感"等答案。再如，中国小学生喜欢《落花生》的理由集中在"受到了教育"和"了解了花生"两个方面，表现出了较浓的理性色彩。而日本小学生喜欢《落花生》的理由则多种多样，更趋于感性。在阅读《小狐狸买手套》中，中国小学生主要是从狐狸妈妈的角度来思考问题，而日本小学生主要是从外界的自然环境条件或从小狐狸的角度分析原因，也表现出了中日小学生阅读过程中获取信息心理过程的差异性。

2. 情感体验：客体游离与主体进入

中日小学生在文本阅读中的情感体验存在差异。中国小学生往往以客体游离的状态与文本保持一定的距离，以局外人的身份去对文中的人物与故事情节进行评价；而日本小学生则往往将自己化为文本中的一员，感同身受地去体验文本中人物的心情与感受。如中日小学生对《落花生》主人公选择的差异，这种差异集中表现在对故事中的"父亲"和"我"的选择上：中国小学生总体上倾向于选择"父亲"，而日本小学生则倾向于选择"我"。中国小学生认为"父亲"是《落花生》的主人公的主要理由是"父亲讲出了很多的道理"。与此相对，日本小学生认为《落花生》中的主人公是"我"，因为"本文从第一人称出发"，是"我"受到了教育，是以"我"为主线展开了故事情节。再如，尽管中日小学生对阅读《落花生》后留下印象最深的都是父亲，但中国小学生关于原因的回答集中于两个方面：一是向"父亲"表达自己的做人理想，二是对"父亲"进行评价。而日本小学生则以主体进入的方式表达自己在阅读中的情感体验。另外，中日小学生尽管对《落花生》的"喜欢"这一回答具有一致性，但中日小学生"喜欢"的理由则大相径庭，中国小学生"喜欢"的理由更为单一、一致，集中在"学到了做人的道理""知道了花生的好处和用途""尝到了用花生做的食品"三个方面；而日本小学生"喜欢"的理由则更加丰富多样，而且注重情感表达。

3. 交流欲望：多元表达与单向传递

阅读的过程是阅读主体与阅读文本、文本作者、教师、学生等对话的过程。中日小学生在文本阅读中都表现出了积极的对话愿望与交流欲望，但对话指向与交流欲望强度存在差异。中国小学生表现出了更强的交流欲望与动机，而日本小学生则显得有些冷漠。中国小学生的对话与交流是多元指向的，而日本小学生则是单向传递的。中国小学生表现出与文本、与作者、与文本中的人物积极对话的愿望，甚至离开文本与教师和同学进行对话。而日本小学生则表现为单向的阅读信息输入与自我情感体验表达。

如阅读《落花生》后，中国小学生更善于思考和乐于交流，提出了各种各样的问题，而日本小学生则对"提出问题"表现出了冷漠的态度。再如，阅读《小狐狸买手套》时，中国小学生选择主人公后提出了多种理由，而日本小学生选择主人公后几乎没有进行理由分析。中国小学生从多个角度（故事内容、故事写法、人物关系、人物自然情况、人物心理等）对《小狐狸买手套》提出了问题；日本小学生似乎对本问题并不感兴趣，回答该问题的人数较少，仅对狐狸妈妈的观点是否变化、狐狸为什么会变手和小狐狸买手套后发生了什么事情三个方面进行了提问。这在某种程度上折射出中日小学生交流欲望与交流维度上的差异。

4. 价值判断：道德评判与纯美鉴赏

学生的阅读过程也是一个充满价值判断的过程。学生在获取信息、情感体验与对话的过程中，总是依据一定的标准、带有某种倾向进行着复杂的判断、推理等思维活动。在这一过程中，中国小学生更倾向于采用社会伦理道德的标准进行价值判断，而日本小学生则更倾向于因果关系的分析或是一种纯美欣赏的心理，表达对美好事物的向往与追求。如阅读《落花生》，对父亲的评价、对父亲说的话的理解，中国小学生采用的往往是伦理道德的标准进行评价与理解，而日本小学生则倾向于从因果关系和对美的事物欣赏的角度进行分析与理解。再如，阅读《小狐狸买手套》时，中国小学生倾向于站在狐狸妈妈的角度去分析问题，而日本小学生更倾向于站在小狐狸的角度看待问题。所以中国小学生更注重伦理道德标准，而日本小学生更注重自我体验。

三、思考与启示

（一）关于学生阅读意义的思考

1. 阅读对于学生来说是主体文化建构的过程

从中日小学生阅读反应来看，学生在阅读文本的过程中，充满着判断、推理、分析、综合、质疑、询问、探索与好奇，是在一种审视与批判中建构自己的主体精神世界的。学生在文本阅读中不断地对主体已拥有的文化基础进行强化与巩固，并积极对已有文化进行激活、唤醒、重组与扩展。同时，学生在文本阅读中并非一味被动地接受，而是在阅读过程中不断地进行文化反思与文化批判，在反思与批判中丰富个体精神世界。因此，阅读的意义之一在于建构学生的主体文化世界。

2. 阅读对于学生来说也是主体言语意识觉醒的过程

通过中日小学生阅读反应调查可以看出，学生在文本阅读的过程中，首先唤醒的是学生相应的言语知识。学生通过联系上下文、结合生活实际、借助字典词典等使已有的言语知识迅速地被激活，应用于眼下的阅读活动之中。唤醒言语知识为学生深入理解阅读文本奠定了基础，在文本理解的基础上，学生的情感、态度、价值观自然得以涵养与提升。在情感的驱使下，学生言语表达需求与言语表达体式同时被唤醒。学生的言语意识被唤醒，实际上也是学生言语主动应用的过程。学生主动地应用已有的言语知识，使学生的阅读习惯、个性与创造性、认知与思维品质的培养成为可能。因此，阅读的意义也表现为丰富学生的生命体验与生活经验，不断地唤醒与强化学生的言语意识。

（二）对于阅读教学改革的启示

1. 尊重学生阅读的主体地位

从中日小学生阅读反应来看，阅读过程表现为阅读主体（学生）、阅读文本和文本作者之间关系的多重建构。首先，表现为阅读主体（学生）与阅读文本之间关系的建构。在阅读过程中，阅读主体（学生）直面的是阅读文本，直接接触的是阅读文本中的语言符号与图表。其次，表现为阅读主体（学生）与文本作者之间的关系建构。

学生在阅读过程中会不断地探寻作者的写作意图、表达方式与写作技巧等。因此，阅读教学中教师应关注这种关系建构，并为这种关系建构提供意义支撑。读者是文本意义生成的主体，文本意义的生成是读者的亲历行为，他者无法替代。教师之于学生而言至多只能作为文本意义的解读者。因此，教师在阅读教学中应充分尊重学生基于自身实际体验的意义建构。

2. 促进学生阅读的多元反应

通过中日小学生阅读反应调查发现，学生的阅读反应除了语言反应之外，还有生理反应、动作反应、表情反应、情绪与情感反应、审美反应等多种形式。语言反应是学生阅读反应的一种重要形式，但不是唯一。诚如法国著名文学理论家罗兰·巴特所言："读者的诞生，其代价是作者之死。"阅读主体（学生）在阅读过程中对于阅读文本的主观能动反应基于阅读主体（学生）的已有经验、文化背景和当时的心理状态。中日小学生阅读同样的文本却产生不同的阅读反应，正说明了这一点。因此，阅读教

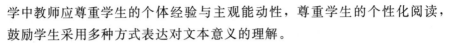

学中教师应尊重学生的个体经验与主观能动性，尊重学生的个性化阅读，鼓励学生采用多种方式表达对文本意义的理解。

3. 丰富学生阅读的文化情境

通过中日小学生阅读反应调查发现，学生阅读反应与民族文化背景、教育方法等密切相关。日本小学生阅读反应倾向于感性表达、纯美欣赏，这和日本文学创作中"自我写作"传统密不可分。而我国小学生阅读反应倾向于理性思考、道德判断，这也和我国传统语文教育中的"文以载道"思想息息相关。学生阅读文本的过程就是建构文本意义、建构自我的精神世界的过程。学生阅读文本应结合自己的生活经验来把握生命的意义，教师应该通过文化情境的创设帮助学生整合和反思已有经验，深化文本对学生自身生命成长的价值，最终实现学生自我精神世界的升华。

[原文刊载于《课程·教材·教法》2013年第1期（李广　姜英杰　马云鹏）]

中日小学生主题作文跨文化比较研究

关于作文的本质，可以从语言学、美学、信息论、哲学、文化学等多元视角进行解读。第一，从语言学视角来看，作文是指学生用书面语言表达自己思想感情的思维过程与结果。第二，从美学视角来看，作文是一种发现美、表现美、创造美、欣赏美的言语过程和言语产品。第三，从信息论视角来看，学生作文的过程是：信息积累——信息同化——信息外化——信息反馈。第四，从哲学视角来看，学生的作文是作为人的一种存在方式，是人的思维本质、语言本质和社会本质的必然体现。第五，从文化学视角来看，作文是学生作为文化主体意识觉醒的过程。①②③④ 对于作文本质的多元理解，有助于我们接近作文的本质属性。综上，对作文的理解可以概括为：作文是学生运用书面语言表达思想情感的思维过程，在这一过程中学生遵循美的原则对信息进行加工整理，使作文成为学生文化积累与精神塑造的过程，从而不断地实现自身作为人的本质属性。

一、作文主题及测试对象的选择

本研究选择两个作文主题对中日小学生进行测试，两个主题分别为："二十年后的家乡""一件令我感动的事情"。

主题"二十年后的家乡"，选自中国人民教育出版社出版的义务教育课程标准实验教科书《语文》小学五年级上册中的"口语交际·习作四"的内容。该作文主题的提示为：你长大以后，或许会离开家乡，想象一

① 李乾明. 作文本质的多元化阐释 [J]. 辽宁师范大学学报（社会科学版），2004，27（2）：108.
② 张杰. 关于写作本质的哲学追问：我们为什么需要写作 [J]. 襄樊学院学报，2006，27（4）：58.
③ 冯亚琳. 关于个体的自我经验：中德学生作文价值取向比较之一 [J]. 四川外语学院学报，1995（3）：94.
④ 陆梅林. 马克思　恩格斯论文学与艺术（上册）[M]. 北京：人民文学出版社，1982：448-449.

下，当某一天你回到了阔别已久的家乡，将会是怎样的情景呢？尽情发挥你的想象，可以写家乡发生了哪些变化，哪些地方引起了你的回忆，可以写与亲人或同学见面的情景，也可以写你想写的其他内容。

主题"一件令我感动的事情"选自日本光村图书出版社 2005 年出版的国语教科书六年级下册的写作内容。该主题的提示是：把看到的、感受到的事情进行丰富的联想，把内心的感受用语言表达出来。仔细思考表达的方法，把人物的样子和动作等生动地描述出来。

测试对象分别选自中国长春市和日本秋田县小学四年级和五年级的学生。参与"二十年后的家乡"主题作文测试的中国小学生 90 名，日本小学生 80 名。参与"一件令我感动的事情"主题作文测试的中国小学生 93 名，日本小学生 61 名。

在日本测试的时间为 2007 年 8 月，在中国测试的时间为 2007 年 12 月。

二、"二十年后的家乡"主题作文测试分析

（一）作文题目："要我写什么"与"我要写什么"

通过测试发现，在主题作文"二十年后的家乡"中，中国小学生的作文题目更趋一致，而且集中表现为选择了主题"二十年后的家乡"作为作文题目。被测试的 90 名学生中有 51 人做了这样的选择，约占 57％。而日本小学生的作文题目则比较离散，尽管选择主题"二十年后的家乡"作为作文题目的学生数最多，为 11 人，但也只占被测试人数 80 人的 13％左右。通过对作文题目及作文内容的分析，可以看出，中国小学生作文题目的集中性反映了中国小学生在审题及写作的过程中，更加关注作文的要求，明显受到作文主题的限制与约束。而日本小学生在审题与写作过程中则更加倾向于自我的表达欲望与个人经验的提炼。即中国小学生面对作文主题关注的是"要我写什么"，而日本小学生关注的则是"我要写什么"。中日小学生在主题作文题目的选择上具有明显的差异性。

（二）自我形象：刻意追求中的理想"超我"与无意识中的现实"自我"

通过测试发现，中日小学生"二十年后的家乡"主题作文中"我"的形象具有明显的差异性。首先，表现在对"我"的有无意识上。中国小学生在作文中（一般在开头）总是着力凸显"我"的形象与身份；而日本小学生在作文中则往往将"我"隐藏起来，只有少部分学生在无意识中流露出了自己

的身份与形象特点。其次，表现为对"我"的形象与身份特征的刻画上。中国小学生"我"的形象与身份往往是一种理想中的"超我"，或是事业上的成功者，或是学业上的优异者，或是生活上的安逸者；而日本小学生"我"的形象与身份则往往是现实中的"自我"，是大众中的普通一员，是家庭中的一分子，是日常生活中的一个普通个体。中国小学生作文中的"我"形象非常鲜明，而且有 59％的学生将"我"作为一个成功者来表述。而这种成功者的标志就是留学、定居、生活或工作在国外。这无疑和我国改革开放的宏观背景以及社会普遍的价值取向、学校教育价值取向、家庭教育价值取向密切相关。在被测试的 80 名日本小学生中，有 73 人对自己"二十年之后"的生活或工作地点及职业性质未做说明或相关表述。

（三）家乡面貌：想象中的"海市蜃楼"与现实中的"市井百态"

家乡面貌是中日小学生"二十年后的家乡"主题作文中重要的组成部分之一。中日小学生在主题作文"二十年后的家乡"中出现的"人工器物"类别具有明显的差异性。这些"人工器物"是构成家乡面貌的重要元素，由此也就决定了中日小学生"二十年后的家乡"所看到的不同的家乡面貌，以及由此产生的不同的观感与体验。中国小学生二十年后的家乡面貌是理想化了的，甚至是虚无缥缈的，犹如遥不可及的美轮美奂的"海市蜃楼"，"只可远观而不可亵玩"，即是由现代元素构成的一个抽象符号，中国小学生既是这个抽象符号世界的主观创造者，也是这个世界的旁观者。而日本小学生二十年后的家乡面貌则是现实化的，是一个近在咫尺触手可及的"市井百态"生活情境。日本小学生就是这个生活情境中的一员，全身心地感受、体验着其中的风土人情。

（四）故事情节：亲情、个人表现与家族情、个人义务

通过作文中出现的人物、发生的事件两个方面，来分析中日小学生作文中故事情节的价值取向。通过统计发现，中日小学生作文中涉及的人物关系有 11 种，其中有十种人物关系类型是相同的，分别是：父母、同学、班主任、父亲、母亲、老师、祖父母、朋友、邻居和兄弟姐妹。可见，中日小学生的生活世界主要是受这十种人物关系影响的。一种不同的人物关系是：中国为老板，日本为自己的孩子。两国小学生作文涉及的相同的十种人物关系出现的频数并不相同，这也决定了中日小学生具体的生活世界又是不相同的，体现了中日小学生作文中故事情节的价值取向的相异性。

中国小学生作文中的人物关系体现出了浓浓的亲情，而日本小学生作文中的人物关系则充分地体现出了家族情。在日本小学生作文中，兄弟姐妹是一种主要的人物关系，而在中国小学生的作文中则很少出现这种关系。另外，日本小学生作文中出现了自己的孩子这一人物角色，而在中国小学生的作文中则没有出现。再者，中国小学生作文中出现了"老板"这一人物角色，而在日本小学生的作文中则没有出现。中国小学生主题作文中缺少兄弟姐妹这种人际关系，是与我国目前家庭多为独生子女这一社会现实密切相关的。在我国儿童的现实生活中，兄弟姐妹关系严重缺失。这不仅是学生自己家庭结构的一种失衡，而且对学生的精神世界同样会产生深刻的影响。作文中表现出的这一特征无疑有力地说明了这一点。

中国小学生作文中发生的事件主要有7类，分别是：看望父母、同学聚会、访问母校、旅游、购物、开演唱会和植树。日本小学生作文中发生的事件有12类，分别是：陪伴父母、访问母校、品尝地方小吃、重回幼儿园、参加家乡文化活动、做家务、去公园、买土特产、同学聚会、洗温泉、看漫画和打棒球。相比之下，日本小学生作文中发生的事件更加丰富，而中国小学生作文中发生的事件则略显单调。

通过对中日小学生作文中故事情节的分析还发现，中国小学生的"回故乡"之旅，带有"衣锦还乡"的个人显示色彩。而日本小学生的"回故乡"之旅，则是一个体验家乡文化、重温乡情的过程。从作文中故事情节的整体上看，中国小学生"二十年后回故乡"是一个体验亲情、友情与个人表现的过程，而日本小学生"二十年后回故乡"是一个体验家族情、乡情与履行个人义务的过程。

三、"一件令我感动的事情"主题作文测试分析

（一）内容主旨："意义解读"与"事实叙述"

中日小学生"一件令我感动的事情"主题作文的内容主旨表现出鲜明的差异性。中国小学生的作文内容主旨倾向于"意义解读"，而日本小学生的作文内容主旨则倾向于"事实叙述"。

首先，从"一件令我感动的事情"主题作文题目的拟定及其出现频数来看，中国小学生更加关注"主题"的意义，并通过对"主题"的"意义解读"来确定具体的作文题目，选择素材，进行表达。93篇中国小学生"一件令我感动的事情"主题作文中有35篇直接选择了"一件令我感动的事情"

这一主题本身作为作文的具体题目，约占被测总人数的38%。这说明中国小学生倾向于揣摩"主题"背后的"意义"与写作要求，而放弃了个人的独特经验与表达内容。相比之下，61篇日本小学生"一件令我感动的事情"主题作文中没有一篇选择所给定的"主题"作为作文的具体题目。而且，日本小学生主题作文题目的拟定表现得更为离散，这说明日本小学生面对作文"主题"时，更加关注自我经验与个人兴趣，较少受主题的限制。

其次，从中日小学生"一件令我感动的事情"主题作文的具体内容来看，也表现出中国小学生关注"意义解读"，而日本小学生重视"事实叙述"的倾向性。中国小学生在作文写作的过程中，事实的描述仅仅是作为一种手段或是作为一个载体，通过这个手段或载体来表达的是"主题"作文的"意义"。因此，中国小学生的作文结尾多半都会有感情的升华，旨在与"主题"作文的要求相呼应。而日本小学生的作文则更加注重对事实本身的描述与交代，其情感表达也多半带有个人色彩。因此，读日本小学生的作文有身临其境之感，而读中国小学生的作文则感受到了鲜明的意义色彩与价值熏陶。

（二）事件类型：伦理道德、学业活动与自我体验、课外活动

中国小学生"一件令我感动的事情"主题作文中的事件类型主要有八大类，分别为：生病治病、助人为乐、学习活动、课外活动、父母之爱、祖辈之爱、动物和其他。中国小学生"令我感动的一件事情"主题作文中的事件性质具有两个明显的特点：第一，事件带有明显的伦理道德色彩，如"生病治病"类事件中所表达的父母之爱，"助人为乐"事件中所表现出的人与人之间的关爱，"父母之爱"事件中所表达的父母舐犊之情，"祖辈之爱"事件中所表达的祖辈挚爱等。第二，事件多与学习活动有关。作文中直接描写的学习活动事件出现频数为17，位居第二位。而其他事件类型也往往隐含着学习活动，或与学习活动有关。

日本小学生"一件令我感动的事情"主题作文中出现的事件类型主要可以分为七大类，分别为：课外活动、与生命有关的事件、与实习老师有关的事件、与动物有关的事件、学习活动、母爱及其他。日本小学生"一件令我感动的事情"主题作文中的事件性质也有两个典型的特点：第一，事件带有明显的个人情感体验色彩，是个人在具体的生活情境中的内心感受，而非伦理道德的。这与中国小学生鲜明的充满伦理道德色彩的情感表达截然不同。第二，日本小学生作文中的事件类型多半发生在课外活动中，这也与中国小学生作文中事件发生在学习活动中有所不同。

（三）人物类型：家人、陌生人、同学与"我"、同学、家人

中国小学生"一件令我感动的事情"主题作文中的人物有九种类型，分别是：母亲、陌生人、兄弟姐妹、老师、父亲、同学、祖父母、动物和"我"。对中国小学生"一件令我感动的事情"主题作文中出现的人物做进一步的分析，可以看出，其人物类型主要由家人、陌生人和同学构成。日本小学生"一件令我感动的事情"主题作文中的人物也有九种类型，分别是："我"、同学、母亲、老师、朋友、兄弟姐妹、（曾）祖父母、父亲、动物。对日本小学生"一件令我感动的事情"主题作文中出现的人物做进一步的深入分析，可以看出，其人物类型主要由"我"、同学和家人构成。

可以看出，中日小学生"一件令我感动的事情"主题作文中人物类型及其出现的频数是具有明显差异的。首先，表现在人物类型上。中日小学生"一件令我感动的事情"主题作文中人物类型尽管都是九种，但中国小学生作文中的"陌生人"一类人物，在日本小学生的作文中则没有出现。而在日本小学生作文中出现的"朋友"一类人物，在中国小学生的作文中则没有出现。其次，表现在人物的出现频数上。在中日小学生作文中出现的八类相同人物，在出现频数上明显不同。中国小学生作文中家人、陌生人、同学出现的频数最多，而日本小学生作文中出现的频数最高的人物则为"我"、同学、家人。

（四）场所类型：家庭、社会、学校与"部、道、馆"、家庭、社会

中国小学生"一件令我感动的事情"主题作文中出现的场所类型主要有：家庭、学校、游乐场所、公共汽车（站）、医院、书店及其他公共场所七大类。日本小学生"一件令我感动的事情"主题作文中出现的场所类型主要有"部、道、馆"（日本学校内学生课外活动的场所）、家庭、公园、医院、寺、救灾现场、其他公共场所等。通过比较发现，中日小学生"一件令我感动的事情"主题作文中的场所类型均由家庭、社会、学校构成。中国小学生作文中的场所类型——学校，更多的是指班级这一场景；而日本小学生作文中的场所类型——学校，则更多的是指学校中的各种俱乐部。而在家庭这一场所上，中日小学生没有太大的差别，基本上都是指自己的家庭及祖父母的家庭。

（五）情感体验：母爱、社会道德感与友情、自我体验

中国小学生"一件令我感动的事情"主题作文中的情感体验类型主要包

括六类：母爱、社会道德感、自我体验、师爱、父爱及其他。日本小学生"一件令我感动的事情"主题作文中的情感体验类型也同样为六类：友情、自我体验、母爱、师爱、父爱及其他。通过比较发现，中国小学生作文中的情感体验类型集中在母爱、社会道德感和自我体验三个方面；而日本小学生作文中的情感体验类型则集中在友情、自我体验两个方面。日本小学生的作文中无一涉及社会道德感，而中国小学生的作文中仅有一篇涉及友情。

四、中日小学生主题作文价值取向异同分析

（一）中日小学生主题作文相同点分析

1. 生活经验决定作文内容

从主题作文测试结果来看，可以得出的结论是学生的现实生活经验决定了学生的作文内容。无论是学生作文主题的选择、作文主旨的立意，还是作文中的人物及其关系，也无论是学生作文中的故事情节、作文中的人工器物，还是学生作文中的地域空间、自然景物等，都与学生的现实生活密切相关。学生作文中的一字一词都是学生先前生活经验的反映与折射。即使是中国小学生中普遍的二十年后从"国外"返回故乡，其实也同样说明这一作文内容是来自学生的现实生活经验的。中国二十余年来，大的时代语境可以用四个字来概括，那就是"改革开放"。人们的价值观在改革开放中发生了根本性的变化，人们对于未来充满着期待与幻想。海归、留学海外、定居海外等充满时代特征，与荣归故里、光宗耀祖、衣锦还乡等充满传统价值观念色彩的词汇相互融合，成为中国 21 世纪儿童生活的文化底色，这一底色自然而然会在学生的作文中得以体现。而日本小学生作文中则表现出了日本孩子对家乡的地方文化活动、乡土小吃、土特产，甚至是庭院里的野草的青睐，如果对日本的现实生活有一点儿体验的话，那么就会很好地理解本研究所得出的这一结论。

2. 教养方式影响作文取向

中日小学生的作文如同中日小学语文教科书中的课文一样，是带有一定价值取向的，也许这种价值取向是无意识的，但它的存在是客观的。即使是小学生，在作文写作过程中也同样涉及题目的拟定、主旨的确立、内容的选择、结构的安排、词语的使用等，表现出了鲜明的个性特征。如果从两个民族的角度来看，中日小学生的主题作文还表现出了鲜明的民族特征。这种不同的民族特征恰恰说明了影响作文取向的共同因素——教养方

式。中日小学生生于不同的民族文化背景下，长于不同的社会生活情境中，接受不同的教育内容，阅读不同的教科书文本，从社会环境、学校教育，到家庭影响与熏陶，这种不同的教养方式影响了学生的作文取向。文化因素对学生的影响是潜移默化的，但产生的作用是持久的、有力的。与文化因素影响的潜在性相比，学校教育则是有明确的目的、有系统的内容、由专门的人员来进行的有组织的、有秩序的培养活动，学校的教育也是具有鲜明的价值取向的。学校的教育对学生的影响是直接的、明确的，而且是带有权威性的。除了社会、学校对学生的影响外，家庭同样对孩子具有重要的影响作用，家长的态度、价值观，家庭经济地位、文化氛围等对孩子的影响同样不容忽视。中日小学生作文中的不同的价值取向，可视为是这种不同的教养方式影响作用的客观结果。

（二）中日小学生主题作文不同点分析

1. 内容上的差异性：虚拟性与现实性

生活经验决定作文内容，作文内容来源于生活经验。中日小学生同一主题作文的内容表现出了很大的差异性。中国小学生的作文内容带有明显的虚拟性，表现出了与现实生活的"断裂"，这种"断裂"折射了中国小学生生活体验的匮乏。而日本小学生作文中的事件的"小"、自我形象的"淡化"、家乡的"市井百态"、故事情节的"微观"，从某种角度来看，是有生活体验的表现。

2. 主题上的差异性：伦理道德与自我体验

中日小学生作文主题具有更明显的差异性。中国小学生作文的主题多半与道德相关，而日本小学生的作文则更多地描写自我内心的情感体验。中国从古至今重伦理道德，重理性分析，这种影响使中国小学生的作文同样表现出了重伦理道德评判、轻自我内心感受，重理性分析、轻感性体验的特征。而日本文学的一个主要特点就是"私人写作"价值取向，加上日本的语言特征与浓郁的禅学色彩，同样使日本小学生的作文表现出了重自我内心体验与细节刻画的特征。中国小学生的作文更关注社会生活，并以一定的伦理道德标准对之进行评价。而日本小学生更重视个体生活经验，而很少涉及道德范畴，似乎缺少一种社会责任感与正义之声。

［原文刊载于《全球教育展望》2013 年第 2 期（李广　姜英杰　马云鹏）］

日本基础教育改革新理念
——感性教育

20 世纪末，日本教育界开始出现感性教育思潮，其理论研究与实践探索有着深刻的社会历史根源。

首先，日本经济的高速发展带来了偏重学历的社会风气。人们为了进入一流企业、一流学校而展开了激烈的竞争。家长、教师和学生都不得不卷入这样一种只重分数的教育中，忽视了对学生个性发展的指导。① 感性教育正是针对日本教育的现实弊端而提出的一种符合社会发展需要的全新的教育理念。

其次，文部省在 1991 年学习指导要领修订通告中提出了"新学力观"。其基本思想是"在进行学校教育活动中，应试图培养学生自己学习的愿望和能够亲自适应社会变化的能力，贯彻基础的、基本内容的教学，并努力充分发挥学生个性的教育"。② 1998 年的学习指导要领又提出了"一校一特色，一生一个性"的办学指导理念。感性教育的目标就是培养符合"新学力观"要求的新型人才。另外，从 1995 年 4 月 1 日实施的周 5 日授课制，其宗旨是"探索学校、家庭、社会理想的教育模式，使新一代学生形成优秀的品格，能够迅速适应社会变化"。③ 周 5 日授课制的实施促进了学校教育中感性教育的研究与探索。

综上所述，感性教育的提出与蓬勃开展绝非偶然，它的出现正是日本新教育理念的体现，也是实现日本"面向 21 世纪教育目标"的需要。

一、日本感性教育的研究现状

经过近 10 年的探索，日本感性教育的理论研究与实践操作正在逐步

---

① 王义高. 日本的"考试地狱"与"人格完善"：兼谈中国变"应试教育"为"素质教育"的几点考虑 [J]. 比较教育研究，1997（1）：37.

② 刘继和. 试论日本理科的"新学力观"[J]. 外国教育研究，1996（4）：35-38.

③ 姜英敏. 实施教育改革目标的一项重大举措：日本的《周 5 日制》[J]. 比较教育研究，1996（1）：48-50.

走向组织化、系统化和科学化，并向纵深发展。

（一）专门学术研究机构的建立

"日本感性教育学会"于 1997 年 6 月 2 日正式成立，会长由东京艺术大学名誉教授平山郁夫担任，会址设在早稻田大学人间科学部。

该学会每年举行两次研究会、发表会或演讲会，发表相关研究信息，实施感性教育的调查及实践研究，开展国际感性教育的协作研究等。学会旨在通过加强合作与交流，促进感性教育的理论与实践研究的发展。它还创刊了有关感性教育研究的专门杂志——《感性·心的教育》。

（二）感性教育推进校的设立

以东京和福冈为中心，日本全国设有众多的感性教育推进校，其中以筑波大学附属小学为代表的 15 所推进校目前已取得了丰硕的成果。他们已形成各具特色的感性教育模型，正在进行内容丰富的感性教育实践，初步建立了科学的评价体系，取得了良好的教育效果，并编辑整理出各自的"感性教育实践经验集"。

（三）感性教育的深入开展

1. 学科教学（含道德和特别活动）体现感性教育思想

在小学国语、算术、图画、书写、理科、社会、体育等学科教学活动中，感性教育的思想已渗透其中。教师在授课时，注重学生亲自去体验、去感受、去交流，并鼓励学生将自己的感受表现出来。

2. "综合学习时间"的设定

1998 年 7 月，日本教育课程审议会发表了《关于新世纪日本教育课程改革的基本构想》的咨询报告，提出在基础教育课程中从小学第三学年起设立"综合学习时间"。"综合学习时间"几乎占总授课时数的 1/9，这就为除学科教学（含道德和特别活动）外，在学校内开展感性开发与培养提供了时间上的保障。另外，"综合学习时间"的创设也为感性教育的开展提供了丰富的内容资源。

3. 感性教育深入家庭和社区

学科教学和综合学习中的感性开发活动已涉及家庭和社区，尤其是周 5 日授课制的实施，家庭和社区在休息日里已成为感性教育的主要场所。活动内容主要有亲近大自然、了解本地区文化、去养老院服务等。

4. 实施感性教育，创建特色学校

感性教育的思想已被日本广大中小学教师普遍接受，成为很多学校经营计划与研究纪要中的重点内容。1998 年的学习指导要领中提出要扩大教育自治权，增强课程弹性的主张，这更为各学校深入开展感性教育提供了政策上的保障。

二、日本感性教育的评价模式

岩国短期大学黑田耕诚校长提出了如图 3-1 所示的感性教育评价标准，颇具代表性。

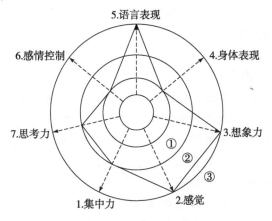

图 3-1 感性教育评价图

图中表示出了七个评价项目。其中集中力、感觉的敏锐性、丰富的想象力是构成丰富感性的基础；语言表现和身体表现是儿童个性发挥、表现力形成的重要途径，也是个性及表现力的外部展现；丰富的感性及感情的自控能力和思考能力是儿童人际交往能力、意志及社会适应能力的基本构成要素。因而，黑田耕诚的评价标准具有感性教育评价的鲜明特征。

图中七条从圆心发出的虚线表示指向箭头的七个指标由低到高的发展方向，图中的同心圆表示的是七个评价指标同步发展时理想的感性发展状态，分别用①②③标示出由低到高的三级水平。但在儿童的实际发展过程中，七个指标的发展不可能完全同步，它们的发展速度及程度在某一个时间点上是不同的。因而，黑田耕诚在图中用七个指标间连线构成的不同规则封闭图形的面积来表示儿童实际的感性养成状态。不同的儿童，或同一儿童在不同的发展时期，这种不规则图形的面积是不同的，即感性发展的状态是不同的；有时即使图形的面积相同，但感性各构成要素的发展水平也不一定相同，即

感性的构成结构不同，这正体现了儿童的个性发展规律和特点。

感性教育评价标准方面的研究，加强了感性教育实践的科学化和规范化。

三、日本感性教育运营计划的典型案例

感性教育的实践是各学校根据自己的特点及实际情况开展的。下面以山形县村山市西乡小学"感性丰富儿童之培育"的计划为例加以说明。

（一）学校教育目标

山形县村山市西乡小学将感性教育的目标确定为"美丽的心灵、明亮的眼睛、灿烂的笑颜"。

（二）学生形象目标

为实现学校的总目标，西乡小学又具体描绘出感性丰富学生的形象。

1. 能自主、自愿地提出研究课题；

2. 热衷于探索活动并具有主体性，乐于表现；

3. 自由地表达自己的思想；

4. 充分地利用生活去体验和学习；

5. 善于发现自己，并能看到自己的优点。

从中可以看出该校的感性活动重视学生的自主性、表现力、亲身体验及个性的培养。

（三）研究设想

为达到培养感性丰富儿童的目的，该学校提出了下列研究设想：

1. 通过重视每一个人的思想和愿望，从多个视角来思考单元内容的构成，重视课堂教学中学生的体验和表现，促进学生主体性的养成。

2. 重视人与人之间的关系，努力创设活动场所，增强学生自主活动的意愿，使他们善于发现自己及同伴的优点，从而形成对人、对事的积极心态。

3. 通过创设学生同自然、社会、地区、文化接触的机会，增强学生对美好和有价值的事物的感受力。

（四）具体措施
1. 生动活泼的单元构成

在学科单元教学中，以环境教育、国际理解、地区理解、交流等为内

容进行单元的构成，调动儿童五官的使用，形成丰富的表象，产生新的体验。

2. 注重交流场所的创设

首先，充实纵割班活动。在清扫、旅游、体操、集会等活动中进行纵割式分组，为不同年龄间儿童的交流创设条件。

其次，接触地方的文化人士及老人院的老人，通过访问、志愿者活动来实现这种交流。

最后，创设感动场所。这类活动主要有迎新生会、七夕集会、欢送六年级毕业生集会等。

（五）实践操作模式

西乡小学的感性教育实践模式可用图3-2来表示。

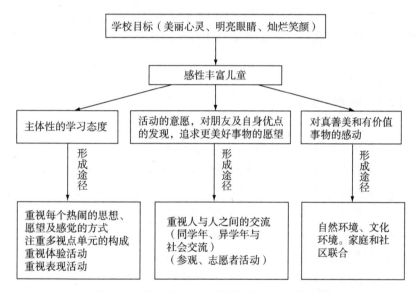

图3-2 村山市西乡小学感性教育实践模式图

四、日本感性教育实践活动的典型案例分析

（一）"信赖构筑"活动

"信赖构筑"活动是将抽象的概念"信赖"融于学生可以亲身体验到的活动之中，即让学生"体验"到信赖，并通过自己的行动"表现"出对他人的依赖。这一活动使学生在感性的基础上认识到人与人之间形成信赖关系的重要性，并体验到由于这种关系的存在，给心灵带来了美好感受，从而形成追求人际信赖的愿望和热情。

如：信赖支撑活动。该活动要求在不滑的场地上进行，3人一组。

其具体做法为：A、B两人面对面站立；C站在两人中间，并要求A、B做好接应准备；C双手交叉抱于胸前，闭上双眼，并说明将要倾倒的方向（A或B）；C身体挺直倾倒向前，由A支撑住，A再将C推向B，由B支撑C。在这一活动中，倾倒者必须建立起对支撑者的信赖，不然活动无法进行。

（二）"绿色"活动

"绿色"活动是山形县饭丰町添川小学校感性教育中的特色活动。

该校实行学生每人一树制。学生入学时每人自选一棵树，并为其命名。每天早晨上学时，学生首先走向自己的树，观察其变化并致以问候："青松君，早上好！"学生不仅要记录树木的生长情况和四季变化，而且要记下自己在观察中的感想，然后整理成作文向同学发表（表现）。

"绿色"活动强调学生对事物的感受，以及在此基础上形成的心灵震撼和感动；并注意培养向他人传递自己的感受与思考的能力，发展"表现"能力；注重学生在与人交流中共感的形成，积累共感经验，理解同伴，促进交往能力的提高。

（三）侧耳倾听活动

侧耳倾听活动是村山市西乡小学柏仓厚子的国语课上开展的一项感性教育活动。

1. 目标

（1）关心身边的声音，并形成生动的声音表象，在活动中使儿童体验到乐趣，激发参加的愿望。

（2）能用自己的声音表现所听到的声音，并能用文字记录下所听到的声音。

（3）读含声音描述的诗，感受声音的趣味。

2. 指导事项

（1）重视表现活动

首先，使学生能用自己的声音模仿出所听到的声音。然后，用文字描述声音。即使是听同一个声音，每个人的感受方法和类型也是不同的，要鼓励学生用自己的方式来表现声音，这样有助于个性的形成。

其次，为使学生对听到的声音产生丰富的表象，可以通过各种各样的声音想象家人的形象，如"妈妈有些瘦了""爷爷好像摔倒了"等。

最后，模仿学过的诗，使用自己听到的声音，开展"作诗"活动。

（2）将学生分成出题者和回答者，使用听到的声音，开展快乐的游戏活动

出题者要认真思考语言表达的方式和出题的方法，尽量使回答者容易听懂；回答者要有倾听的态度，听清声音并准备回答问题。全体学生都要成为主动参与者，回答者和提问者可以轮换。

（3）创设相互交流和欣赏的场所

不同的人对相同声音的感受是不同的，要引导儿童理解、尊重这种不同，创造和谐、快乐的交流气氛。

侧耳倾听活动注重通过亲身感受、实际表现培养儿童对声音探索的愿望，充分尊重儿童具有个性的表现及感受，并在活动中对儿童具有个性化的创造力、观察力、想象力进行鼓励与开发。同时，注重引导儿童尊重别人的个性化感受与表现，获得人际交往的基本感受。

［原文刊载于《外国教育研究》2002 年第 4 期（李广　姜英杰）］

日本感性教育的理论与实践模式研究

一、感性教育产生的历史背景

20 世纪 90 年代初，日本教育界开始出现的感性教育思潮及其理论研究与实践探索有其深刻的社会历史根源，它是日本社会政治、经济、文化发展到一定阶段的必然产物。

（一）社会的发展

经历了经济恢复与飞速发展的日本，具有信息化、科技化、国际化和成熟化等现代化社会的基本特征，已跻身于发达国家之列。为了适应和满足社会进一步发展的需要，日本社会需要一大批不仅具有"追随"能力，而且具有创新能力的"追究型人才"产生。而日本临时教育审议会在其1996 年的审议报告中披露："日本经济的高速发展带来了偏重学历的社会风气。人们为了进入一流企业、一流学校而展开了激烈的竞争。家长、教师和学生都不得不卷入这样一种只重分数的教育中，忽视了对学生个性发展的指导。"① 这种教育难以培养出创造意识与创造能力高度发展的"追究型人才"，不适应一个以"终生学习"为显著特征的"创造型社会"的需要。于是，以培养学生丰富感性、推进"教育个性化"、鼓励创新为显著特征的感性教育应运而生。

（二）教育病理现象的出现

因"学历社会"导致的"考试地狱"等教育病理现象使"学校存在过于激烈的考试竞争，学生之间甚至师生之间失去了正常的谈心和交流的机

---

① 王义高. 日本的"考试地狱"与"人格完善"：兼谈中国变"应试教育"为"素质教育"的几点考虑［J］. 比较教育研究，1997（1）：37.

会，有时会失去友情和相互间的信赖"。[①]另外，因社会产业结构的变化与城市化现象的加剧，单亲家庭、双职工家庭增多，家庭在教育中的作用下降；同时，由于人口流动性增强，社区在教育中的作用也明显减弱。感性教育正是针对日本教育的现实弊端而提出的一种符合教育改革发展需要的、全新的教育理念，也是实现日本"面向 21 世纪教育目标"的需要。

（三）"新学力观"的提出

1991 年，在文部省小学和初中学习指导要领改订的通告中出现了"新学习指导要领指向的学力观"，即"新学力观"。其基本思想是"在进行学校教育活动中，应试图培养学生自己学习的愿望和能够亲自适应社会变化的能力，贯彻基础的、基本内容的教学，并努力充分发挥学生个性的教育"。[②]与把知识、技能视为学力中心要素的"旧学力观"不同，"新学力观"所强调的是尊重每个学生的优点，重视学生的学习愿望，注重学生自我思考、判断和表现等能力的培养。"新学力观"现已成为推进日本教育改革的中心理念，并逐渐向教学一线传播和渗透，感性教育的提出就是"新学力观"指导下的一种教育改革探索，其目标就是培养符合"新学力观"要求的新型人才。

（四）"周 5 日制"的实行

从 1995 年 4 月 1 日开始实施的"周 5 日制"是为了实现日本教改总目标，培养学生形成丰富的内心世界，使其具有适应社会变化的能力的措施之一。它使学生有较多独立支配的时间去体验丰富多彩的生活，发展其独立人格。《文部省第 368 号令》指出，"周 5 日制"的宗旨是"探索学校、家庭、社会理想的教育模式，使新一代学生形成优秀的品格，能够迅速适应社会变化"。[③]"周 5 日制"促进了学校教育中感性教育的研究与探索，也为在家庭及社区中开展感性教育活动提供了广阔的空间和必要的时间。

---

① 王义高. 日本的"考试地狱"与"人格完善"：兼谈中国变"应试教育"为"素质教育"的几点考虑 [J]. 比较教育研究，1997 (1)：40.

② 刘继和. 试论日本理科的"新学力观"[J]. 外国教育研究，1996 (4)：35-38.

③ 姜英敏. 实施教育改革目标的一项重大举措：日本的《周 5 日制》[J]. 比较教育研究，1996 (1)：48.

二、"感性"的基本视点及内在价值

（一）探讨感性的基本视点

研究者普遍认为："感性教育中的感性同一般意义上的感性不同。"[①]第一，探讨感性必须把知性考虑在内。既要研究基本的感性活动，又要注意在感性的基础上所产生的知性对于个体"完善人格"形成的重要作用。这一视点强调了在个体认识能力结构中感性与知性的密切联系。第二，感性教育中所说的感性包括在感受基础上产生的情感体验及相应的行为表现。第三，感性与意欲、欲求密切相关。也就是说个体的意欲和欲求直接影响感受的水平和效果。因而，为发展学生的感性，必须寻找能激发其兴趣的活动内容作为载体。

（二）感性教育中"感性"的含义

基于上述研究视点，对于感性教育中所指的"感性"，主要有如下几种定义：第一，"对有价值的事物能充分地感觉"——片冈德雄；第二，"敏锐的直观感受力和价值判断力"——山本久成；第三，"感受外界刺激时的心理活动状态"——三泽义一；第四"从无限广阔的表象中能清晰、快捷地提取出最有价值的部分并加以运用，解决目前情境中的问题的能力"——正本孝昌；第五，"感觉、知觉器官对外界刺激进行反应的感受能力，以及感知觉发生后人的内心体验及感情、冲动和欲望等"——《广辞苑》。[②]从上述定义中可以看出，感性教育中的"感性"已不仅仅是作为人类认知过程基础的感觉过程，它的含义更为广泛，是指在个体亲身经历的感知活动过程中，对事物的感受力和价值判断力，以及情感体验能力和好奇、意欲等激发人们去行动的动力。

（三）感性的价值

日本自明治维新以来，教育将重心放在了能够看得到的"外在价值"的知识传授上，而忽视了具有"内在价值"的丰富感性的育成。只注重传授知识的冷冰冰的教育会使人的感性钝化，感性在儿童发展过程中的重要

---

① 高橋史朗. 臨床教育学と感性教育 [M]. 东京：玉川大学出版部，1998：79.
② 高橋史朗. 臨床教育学と感性教育 [M]. 东京：玉川大学出版部，1998：100.

性被忽视。美国一位获得诺贝尔奖的生物学者在谈到"知"与"感"的关系时说："感性对儿童的发展极为重要，它好比是儿童心灵的土壤，而知性则是播种在感性之中的种子。少年时代正是用心耕耘土壤的时期，儿童有了对美的事物的理解，对未知的新异事物的惊奇、敬畏和对事物的共感、怜悯、赞美和爱……在这之后，知识的教育才成为可能。"

1. 感性是知性的统合与价值的融合的基础

感性并非与知性相对立，"知"以"感"为前提，"感"的体验需要"知"的活动来深化，"知"与"感"相互促进。诺贝尔奖获得者福井谦一说："我的创造性起点来自小时候对自然体验的感动。"可见，感动的直接体验成为创造性的基础。对真、善、美价值的追求，由感性生来，对其内容的理解则来自知性。广阔的"知"的学习中、对新的事物的创造中，同样有感性在活动，而"感"的冲动又由"知"来导向。因此，可以说感性是知性的统合与价值的融合的基础。

2. 感性是"生存能力" 的基础

生存能力主要体现为"作为人的生存方式而永恒不变的基本素质"和"灵活应付时代变化与突发问题的应变能力"。个体是通过实践进行体验，进而去思考及解决问题的。在这一活动过程中，感性如同催化剂一样始终伴随并促进这一过程的展开。以"生存能力"养成为目的的"全人化"教育观点就来自于对感性及感性育成的重视。因此，从这一意义上说，感性又是"生存能力"的育成或获得的基础。

三、感性教育的基本内涵、特征及实践操作模式

(一) 感性教育的基本内涵

日本教育界蓬勃开展的感性教育实践活动已为日本广大中小学师生所接受，但对感性教育的内涵，不同的研究者和不同的实践校往往持有不同的观点，这也体现了日本尊重地方特色的个性化办学指导思想。其中，兵库教育大学学校教育学部附属中学在进行感性教育活动中提出的感性教育研究构想颇具代表性。[①] 该校的感性教育是在五官充分感觉的基础上，通过直接体验、同伴间相互交流及对具体事物的观察等使学生对外界刺激形成表象、产生震撼和感动，从而促进学生进行积极的思考、大胆的想象、

---

① 高橋史朗. 臨床教育学と感性教育 [M]. 东京：玉川大学出版部，1998：156.

踊跃的表现，以培养学生参与活动的主体性、对事物的好奇心、坚持行为的意志力、丰富的个性和健全的人格等。总结日本学者及各中小学的研究实践，可以看出目前对于感性教育的论述都包含了这样一种共同观点：让儿童去体验，去表现，通过亲身体验使其对事物的"真实"产生感动与实感，对事物的价值获得深刻认识，使儿童的个性得以培养，本性得以开发。

从另一角度来看，感性教育就是通过让儿童亲自去体验、去感受，培养出感性丰富的儿童。日本的一些研究者认为感性丰富的儿童主要有如下特点：第一，学习和日常生活中，善于发现问题，并有解决问题的意欲的儿童；第二，想象力和创造力丰富的儿童；第三，关注弱小生命并拥有共感心的儿童；第四，探求真理，对自己正确的思考敢于坚持的儿童；第五，对美的事物、崇高的事物产生感动的儿童；第六，能把自己具有的表象与眼前现实有效结合的儿童；第七，一个问题完全解决后，能假定其他问题情境，能自己发现新问题的儿童；第八，能尊重他人感受的儿童。①随着日本感性教育研究会及各感性教育推进校的深入研究与实践，人们对感性教育的内涵界定会越来越科学、规范。

（二）感性教育的基本特征
1. 以学生为主体的教育过程

倡导让学生亲身去感受、去体验的感性教育，使人们一接触到它就能直接地捕捉到在这种教育过程中学生的主体性。在感性教育理念指导下的感性教育实践，使学生的人格得到应有的尊重，使学生的个性得以充分体现，学习过程充分发挥学生主体意欲的动力作用，使每个学生在原有基础上主动地得到发展。从问题发掘到解决方案的设计、修订和调整，从具体问题解决的操作过程到问题解决后的体验和结论的发表与交流，学生始终处于"主体"地位。教师及其他相关人员尽管有时也会参与到活动之中，但仅起适当点拨与恰当指导的作用。

在感性教育活动中，学生既体验到了事物的"本性"，也表现了自身的"本性"，其活动过程及活动结果都具有鲜明的主体性特征。既有对成功的欲求和成功后的快感，也有遇到困难时的挫折体验。学生既是活动的主体参与者和实践者，也是活动成败责任的承担者。学生不但亲自融入活

---

① 高橋史朗. 臨床教育学と感性教育［M］. 东京：玉川大学出版部，1998：100.

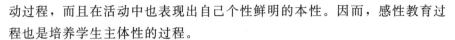

动过程，而且在活动中也表现出自己个性鲜明的本性。因而，感性教育过程也是培养学生主体性的过程。

2. 注重个性养成的评价标准

感性的不同是个性差异的具体和直接体现。在问题解决过程中，每个孩子都以自己独特的观察问题的方式进入解决问题的具体状态。感性教育的最终目的就是使儿童的独特个性得以充分发挥，使其具有个性化的思考、个性化的创造、个性化的人格系统。因此，在感性教育活动中，始终强调让孩子亲自去"感受"，并把形成的对事物、自然和人的"真、善、美、圣"的"实感"用自己的声音"表现"出来，并能倾听别人的声音，能大胆并自然地表现自己与别人的不同，并能接受、理解别人的不同，强调"求同存异"。

感性教育所强调的"表现"是儿童个性养成的"自然"途径，感性教育正是建立在"每个孩子的感性是不同的"这一理论假说基础上的。感性教育过程充分强调了儿童富有个性的感性对于创造力形成及完善人格育成的重要作用。因而，对于感性教育效果的评价，必然要强调其对发展儿童个性的作用。换言之，是否有助于发展儿童的个性，是感性教育成功与否的关键。总之，知识的学习体现的是结果的一致性与要求的统一性，而感性教育强调的是学习过程与学习方法的差异性与新异性，以及儿童实践过程中"实感"的不一致性，充分尊重儿童的个性与独特表现。

3. 体现"新学力观"的教育目标

感性教育的目标不只注重知识的习得，更强调实现"新学力观"所倡导的教育目标。即教育应该使儿童获得适应"终身学习"和"创造型社会"的"学力"，而不仅使其拥有"学历"。

"学力"注重学生对学习内容以及外界事物的"关心、意欲和态度"，并将其放置于教育目标的首位。同时，强调学习过程中学生独具个性的"表现"及最后达到的对事物的"理解"。"关心、意欲"是进入学习状态的前提，是使学习活动顺利进行的动力系统；"表现"则体现了感性教育所倡导的让学生"实感""体验""感受"的主体性教育观；在这两者基础上的"理解"是一种对知识的理性掌握过程。可以看出，感性教育的各项教育目标的提出，符合人的认识的基本规律，即从感性到知性再到理性的过程。而且，感性教育各项目标的实现过程充分强调了对学生各种"学力"的培养和塑造，突出了"学力"对于人一生发展的重要性，适应了"学习化社会"对人才标准的要求。

4. 鼓励开放性的教学活动

面对新世纪科技的迅猛发展及社会变革速度的加快，教育越来越注重培养人的"适应能力"和"生存能力"，以使个体能够在不断发展的社会中拥有以不变应万变的生存智慧。可是，"生存能力"的培养，不可能在封闭的课堂和教师的讲义中完成，传统的教学活动有时甚至扼杀了学生的"生存"与"适应"能力。

感性教育鼓励开放性的教学活动，鼓励教师和学生从课堂、讲义走向社会和大自然，还学生以人的自然属性和社会属性，让整个社会及大自然中所有的事物都成为学习的对象。在家庭、社区及其他一切可能的环境中，使学生尽可能多地接受广泛的刺激，增强学习意欲，摆脱狭小空间的束缚，在亲身经历中不断积累生活经验和社会阅历。这样，校园的一草一木、社会的一人一事、自然的一山一水都是学生的教材。教学活动的开放性，使学生得以与社会、自然、同伴充分地交流，个性得以尽情展现，情感体验极大丰富，并形成与人交往的相应技能，为其"生存能力"和"适应能力"的发展打下坚实的感性基础。

5. 颇具多样性的实施载体

感性教育的实施需以一定的课程为载体。目前，感性教育推进校的各学科教学都渗透着感性教育的理念，如图画、国语、算术等；另外，特别活动和三年级以上的"综合学习时间"也是感性活动的有效载体；而且，周5日制实行后的休息时间，为感性教育延伸到家庭、社区又提供了时间上的保障。

（三）感性教育的基本实践操作模式

日本中小学开展的感性教育实践活动，依据地域、学校和学生的实际情况与特点不同，具体操作方式呈现出"百花齐放、异彩纷呈"的壮观景致，但感性教育的具体活动形态无论多么富于变化以及具有地方与"本校"特点，其基本目标与组织原则却是一致的：即强调学生的亲身体验，学生独特的感受和学生富有个性的表现。据此，笔者在充分研究日本中小学感性教育实践典型案例的基础上，并结合自己多次在日本宫城县和山形县部分小学的观摩调研的实感，对目前日本感性教育的基本实践操作模式进行了概括与分析。其基本操作模式流程如下：

1. 依据地域特色，确定学校教育目标。

2. 尊重学生身心特点，制订学生形象目标。

3. 提出研究设想，选择实施载体。

4. 激发学生兴趣，确定自己的活动主题。

5. 针对个体经验不同，制订不同的活动计划。

6. 让学生在现场活动过程中充分感受、深刻体验、大胆想象、踊跃表现、积极交流。

7. 进行活动总结，促进学生思考。

8. 对活动成果进行相互评议和欣赏。

9. 对活动成果进行发表，展现个性。

10. 教师进行总结并将学生成果装入档案袋。

这一基本操作模式流程具体体现了前文论述的感性教育的基本特征。

四、日本感性教育对我国基础教育课程改革的启示

20 世纪 90 年代初，日本教育所出现和面临的"教育病理现象"等问题与我国目前基础教育课程改革所要解决的"应试教育"背景下产生的教育问题，从其性质和产生原因来看，如出一辙。感性教育为日本的教育改革与发展注入生机与活力，其理论研究成果与实践探索经验对我国目前正在进行的基础教育课程改革有重要启示。

（一）着眼于未来社会发展，着力培养学生的基础素质

面对 21 世纪科技的迅猛发展、经济的全球化以及中国融入世界步伐的加快和层次的加深，基础教育应着眼于未来社会发展，着力培养学生的基础素质，以适应未来"信息时代""学习化社会"发展的需要。传统的重理性知识轻感性经验、重理智控制轻情感体验、重结果掌握轻主体探索、重智能训练轻个性培养的教育模式，因违背儿童身心发展规律、轻视基础教育阶段儿童基础素质的培养，其弊端已赤裸裸地突现在人们的面前。传统的课程内容过分地强调了科学的价值，而且，这种思维方式还跨越问题界域向语文、音乐等人文学科渗透。儿童的感悟与灵性等被科学所异化，蜕变成服从于功利需要的知识与技能，致使儿童在未来人生的发展中缺少一种文化底蕴和精神依托。日本中小学感性教育所倡导的注重感性素质的开发、强调个性的展现以及基础教育阶段重在以"生存能力"为重点的基础素质培养的教育理念，对我国基础教育课程改革颇具启示意义。

（二）尊重学生心理发展特点，关注学习过程

关注学生的学习过程就是关心和促进学生的成长与发展过程。心理学研究表明，7周岁是儿童感受性发展最快的年龄。入学年龄阶段儿童所表现出的活泼好动、情绪外化、乐于表现、多思好奇等是这一年龄阶段的显著特征。教学过程要强调学生的感受、体验与合作，注重思考、探究与表现，密切联系现实生活，使学生的学习过程成为不断积累素材、积淀情感的过程。教学应充分运用各学科的丰富内容为学生提供思考与探究的有效载体，而不是有意与无意间压抑或剥夺学生的探索性思维意欲。儿童的表现是内在思想的自然流露，这种外在行为表现受到强化后会进一步促进和激活儿童内在的心理活动。教学应重视儿童在感受、理解和体验之后的行为表现，并使这种行为通过教师的强化后成为进一步激发儿童思考的有效刺激物，使儿童的心理活动与外在行为表现构成一个良性循环系统，不断进行提炼与升华，使学习过程与儿童少年的社会化过程有机地协调起来。感性教育充分尊重儿童特有的身心特点，使学生的学习过程成为学生认识事物、体验情感、探究问题、表现自我的过程，这一点无疑值得我们加以借鉴。

（三）倡导个性化教学，改变学习方式

"应积极倡导自主、合作、探究的学习方式"[①]，改变原有的单一、被动、僵化的学习方式，建立和形成旨在充分调动和发挥学生主体性的多样化的学习方式，促进学生在教师的指导下主动地、富有个性地进行学习。学生探究问题的过程，正是锻炼思维、展现个性和磨炼意志的过程。在这一过程中，学生所花费的精力和时间，是一个人生存和发展所必须经历和付出的，这也是对未来可持续发展的必要"投资"。转变学习方式从根本上说就是要从传统学习方式转向现代学习方式。现代学习方式是一个开放的系统，它具有主动性、独立性、独特性、体验性和问题性等特征。转变学习方式意味着教育观念的深刻变革。基础教育课程改革就是要以课程改革为突破口，带动基础教育的全面改革。学习方式的改变是教育观念改变的重要标志。感性教育所提倡的"一校一特色，一生一个性"及学习指导要领所提出的"各学校要依据地域、学校和儿童身心发展特点编制适切的

---

① 中华人民共和国教育部. 全日制义务教育语文课程标准（实验稿）[M]. 北京：北京师范大学出版社，2001：2.

教育课程"① 的教育理念，对于改革我国基础教育中传统的学习方式具有重要的参考价值。

（四）提倡多元评价，发挥评价的教育功能

课程评价应关注人的发展过程，其目的主要是检验和改进学生的学习和教师的教学，改善课程设计，完善教学过程，从而有效地促进学生的发展。感性教育淡化终结性评价和评价的筛选评判功能，突出评价的教育功能。通过评价不仅要了解学生的学业成绩，而且要发现和发展学生的多方面潜能，并了解学生发展中的需求，帮助学生认识自我，建立自信，以促进学生的全面发展。

感性教育在实施评价过程中注意把教师的评价、学生的自我评价、学生间的相互评价和家长的评价结合起来，并尊重学生的个性，使评价成为学生认识自我、发现自我、树立自信、体验成功的过程。我国在基础教育课程改革过程中应充分吸收感性教育中的评价思想，根据各学段目标要求，抓住关键，突出重点，进行全面、综合评价，体现对每一个学生的关心，促进每一个学生的进步。使评价过程动态化，评价主体互动化，评价内容全面化，评价标准多元化，评价手段多样化，评价目标人性化，构建科学的基础教育课程评价体系。

［原文刊载于《东北师大学报（哲学社会科学版）》2002 年第 2 期（李广　姜英杰）]

---

① 日本文部省告示：小学校学习指导要领［M］. 日本大藏省印刷局发行，1998：1.

日本感性教育对我国小学语文教学改革的启示

一、小学语文教学中进行感性教育的可能性

2001 年，中华人民共和国教育部颁布实施了《全日制义务教育语文课程标准》（实验稿），以下简称"课标"。该文件对小学语文教育的教学任务、教学内容、教学方式、评估方式等的论述中充分体现了对学生的个性、主体性及创造力的重视，并对兴趣、情感给予高度关注，这同感性教育的核心内涵不谋而合。在新"课标"指导下的小学语文教育同感性教育有着很强的相容性，也可以说，新"课标"的出台是在小学语文教学中引入感性教育的重要依据和政策前提，为在小学语文教学中引入感性教育提供了可能。

（一）教育任务的进一步明确

"课标"中对语文教育的任务做了进一步的明确，指出语文教育应"着力培养学生热爱祖国语文的思想感情"，提高学生的"文化品位"，"培养健康情感和健全人格"，"尊重发展学生的个性"，"努力培养学生的悟性、灵性，激发学生的创造力"等。可以看出，"课标"将培养学生的丰富情感、完善人格和创造力等视作语文教学的主要任务。相对于旧课程标准只注重知识、技能的培养而言，新"课标"所明确的语文教学任务正是新"课标"之"新"的体现。

教学任务的实现需凭借相应的教学过程，传统的小学教学所存在的种种弊端使其难以肩负如此重任。传统的课程理论把知识放在首位，其次是能力，最后是情感态度。这种理论指导下的语文教学目标及语文教学过程必然与此相符合，而难以完成培养学生丰富情感及健全人格的任务。现代课程理论认为，目标体系应该首先是情感态度，其次是能力，最后是知识，也就是把知识和情感态度换了位置。因而，现代课程理论强调的是对于学科学习的兴趣、态度、方法、习惯和思维方式的培养，以及学科对于

人的全面发展所发挥的作用，这些方面的培养比学习和掌握知识更为重要，是学科学习最为重要的目标。新"课标"就是依据现代课程理论把语文教育课程目标体系分为情感态度养成、能力发展和知识积累三个领域。其中，能力发展是核心，知识积累是基础，情感态度养成是灵魂，是保证能力发展和知识积累的必要条件。为完成新"课标"所提出的语文教育目标体系，传统的小学语文教学必须改革，在教学中引入同新"课标"目标体系相符的教育理念及实践模式，是实现新的语文教育目标的必由之路。感性教育的基本理念及其在日本国语课中的实践效果，使我们有充分的理由相信有计划地将感性教育引入我国的小学语文教育中，对完成新"课标"的语文教育目标是有益的。

（二）教学内容的更新

"课标"中指出，语文教学内容要增强时代气息，贴近社会生活，适应时代精神和思想观念的发展变化。要充分考虑语文人文学科的特点，增强文化内蕴，改变过分强调知识教学与训练的倾向，注重人文精神的培养，要加强与儿童生活的联系，满足现代儿童的心理需要，激发学生学习语文的兴趣。

新"课标"对有关教学内容要求做了调整，如在作文教学中，要求加强写作和生活的联系，重观察，重思考，激发学生对生活的热爱，调动学生的写作热情。写作重真情实感，要求说真话，说实话，说心里话。不说假话、空话，鼓励有创意的表达。小学一般从中年级起开始学习写作，应淡化文体意识，少写命题作文，提倡多写观察日记、生活笔记、书信和随感等自由作文；将听话、说话变成口语交际，重视实用的口语交际能力的培养，注意交际的态度和语言的修养。提出要创设多种多样、生动活泼的交际情境让学生参与，重视学生平时举止谈吐的修养；语法和修辞的教学不应向学生系统传授语法、修辞知识，不应列入考试内容。同义词、反义词不应靠背诵来机械记忆，应在长期的语言实践中体会和掌握。

以上教学内容要求的变化中，普遍反映出这样一个规律，即从重知识的死记硬背和训练转移到注重在兴趣的基础上，通过学生亲身的体验和实践来领会知识的真谛，并培养其相应的在社会生活中的实际应用能力，增强其对社会生活的适应性。这一变化体现了先进的教育思想：关注长远，注重发展，通过小学阶段的语文教学，为学生的日后学习乃至终生学习、一生发展打好基础。教学内容要求的这一变化同感性教育的要求很相似。

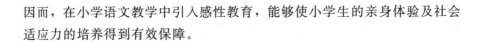

因而，在小学语文教学中引入感性教育，能够使小学生的亲身体验及社会适应力的培养得到有效保障。

（三）课程弹性的增强

新"课标"在保证国家课程纲要基本要求的基础上，扩大了地方和学校的教学自主权。指出语文教材应努力构建灵活开放的体系，为地方和学校、教师和学生留下选择、更新、拓展的空间，各地应根据自己的特点，充分开发和利用语文教育资源，开展丰富多彩的语文实践活动。鼓励教师创造性地工作，在保证达到课程标准要求的前提下，允许教师在使用教材的过程中，适当调整、补充、重组有关教学内容。

课程弹性的增强在一定程度上使得教师能够依据学生的个别差异设置教学内容，更有利于促进学生充分发展并使其个性得以形成。千篇一律的教育很容易扼杀学生的个性，使其创造力难以发展，感性教育的成功实施同课程内容的弹性较大有直接关系，综合时间的创设使得感性教育找到了学科教学外的一个有效载体，得以充分开展。小学语文实践活动的开展及课程弹性的增强同综合时间的创设有异曲同工之处，为在小学语文教学中感性教育的开展提供了除课堂教学之外的又一有效载体。

（四）教学方式的转换

"课标"指出，应改变语文教学中存在的烦琐化、复杂化的倾向，注重知识之间、能力之间以及知识、能力、情意之间的联系，重视积累、感悟、熏陶和语感，重视培养学生正确的学习态度，养成良好的语文学习习惯，掌握基本的语文学习方法，让学生学会学习。

以上述思想为指导，小学语文教学方式应发生深刻变革，如在文学作品的教学中应注重学生情感的体验，改变原来以分析为主进行文学作品教学的方式，让学生去体会和感受文学作品的思想和情感。过去在阅读教学中长期存在烦琐的内容分析和千篇一律的教学程式，使语文教学的情趣淡漠了，形象破碎了，美感削弱了，特有的魅力不见了。新"课标"不再强调每课必分段、必归纳段意、必归纳主要内容、必概括中心思想，也不再强调千篇一律地去厘清句与句、段与段之间的联系。当然，"中高年级的阅读教学还是要引导学生把握课文的主要内容，体会作者的思想感情，揣摩文章的思路和表达方法"，但教学方法要灵活，要视课文的特点和学生的实际来确定本课应着重练习的能力，不要面面俱到，篇篇如此。要让学生充分地读，在读中整体感知，在读中有所感悟，在读中培养情感，在读中受到情感的熏陶。

新"课标"充分关注了情感在语文教学中的作用，认识到在语文教学中，知识、能力、情感常常是相生相伴、相互制约的。语言不仅有交流思想的功能，还有交流情感的功能。在语文教学中，能否激发起学生的情感，是教学成功与否的重要因素。许多课文蕴含着深厚的情感，心理学家林格伦认为教师在教学中"必须以一种双焦点的方式进行活动，在课堂景象的认识方面和它的情感方面转来转去"。

新"课标"注重语文学习中的感悟、积累和运用。感悟是一种心理能力，是学生通过读书，凭借对语言及其语境的直感，获得某种印象或意义的能力。由于学生的知识、经验背景的差异以及语意的丰富性、语言的隐喻性，使得感悟的水平、结果都不可能相同。常常有所意会，不可言传。感悟是学生个体的心理活动，它拒绝教师的耳提面命，而是需要创设相应的意境或情境使学生有所感，方能有所悟。目有所视，耳有所闻，获得了感知印象，并和已有的知识经验碰撞，于是心有所悟，豁然开朗。在汉语言文字中，许多词汇是可体验而无法表达的，有的是言有尽而意无穷的，还有的是"尽在不言中"的，这些词汇增强了语言的美感和表现力。对于这些词汇，通过非逻辑感悟所获得的比通过逻辑分析得到的理解更准确、更深刻，也更美妙，使符号化的文字被重新灌注生命的血肉，使抽象化的概念被重新赋予生活的感性力量。因而，感悟对于学习汉语言是重要的。但知识可以教，而感悟不可教。将感性教育引入语文教学，对增强学习的兴趣、培养学生的体验和感悟能力是一条可行的良策。

（五）评估方式的改变

"课标"中指出，语文教学评估要符合语文学科的特点，遵循语文教学自身的规律，建立起态度、情感、能力、知识并重的、多维立体的评价体系。语文考试要以主观性试题为主，鼓励学生有创见。

上述思想指导下的语文教学评估方式对实现新"课标"所明确规定的小学语文教育目标是一项最强有力的保障。这种评估方式同新"课标"提出的教学要求有着很强的一致性。新"课标"对低年级作文的要求是"对于写作有兴趣，乐于把自己想说的话写下来"；中年级要求"能不拘形式、自由地把自己的见闻和想象写出来"。这种要求指导下的教学一定会注意让学生亲自去体验和感受生活。新的评估方式不再只注重对知识的考核，更侧重于对学生的学习兴趣、态度及实际应用能力的评价。这同感性教育评价标准的特征一致。因而，小学语文教学评估方式的改变，使小学语文教学中引入感性教育有了最终的保障。

二、小学语文教学中进行感性教育的可行性

小学生的认知发展特点及语文学科本身的特点，使得在小学语文教学中引入感性教育具有不可辩驳的可行性。换言之，小学语文教学是感性教育的适切载体。

（一）小学生的认知发展特点

乌申斯基说过，孩子们是凭形状、色彩、声音和一般感觉来思考事物的；假如有人想强迫他们用其他方法来思考事物，那么，他便是无理地、有害地胁迫着孩子们的天性。小学生的认知特点是以具体形象的思维为主向抽象的概念思维过渡，具体形象的思维不能离开对具体事物和情境的感受和体验。因而小学生对于语文的学习，形象重于抽象，感性重于理性。小学语文教学应符合和适应小学生的认知发展特点，以丰富的感性活动促进小学生对语言文字的深刻内涵的领悟和理解。对于难以通过形象感知的，可以通过想象使语言文字鲜活起来，变成可感的形象。

当前的小学语文教学，重理性而轻感性的现象相当普遍。在阅读教学中，分段、归纳段意、分析段与段及句与句之间的关系、概括中心思想是基本程式。忽视了学生对于文章内容的理解和领悟，只注重理性的分析。这种教学方式不仅不符合小学生认知发展的特点，而且长期一贯化的教学方式使孩子们丰富的个性和鲜活的创造力受到了压抑。

另外，在阅读教学的理性分析中，常常从分析事实材料、情节入手去"挖掘"思想，仿佛不如此，就难以达到"理性的认识"。例如，教学《董存瑞》一课时，老师问："当董存瑞托着炸药包，炸药包快要爆炸时，他是怎么想的？"为了应付老师的提问，学生只好堆积一些诸如课文里均可通用的大话、空话和套话。这时，真正能感染人的英雄形象淡化了，在学生头脑里留下的只是一些抽象的概念。

综上，小学生的认知发展特点决定了传统的小学语文教学方式难以完成促进学生思维的发展，过早地用理性思维来代替感性的具体形象的思维只能拔苗助长。大千世界，现象多于本质；文学艺术，形象大于思想；小学语文，形象重于抽象。只有注重以感性为基础的小学语文教育才是符合

小学生认知发展特点的教育，小学生的认知发展特点适合于接受以感性教育为基础的小学语文教学。

（二）语文学科的性质

1. 语文学科的工具性

新颁布的课程标准开宗明义地指出"语文是最重要的交际工具"，这既是对语文教学的定性，也是对语文教学的定位。将原课程标准"教学内容与要求"中的"听话、说话"改为"口语交际"，就是新"课标"对语文学科工具性认识的一个体现。

自语文单独设科以来，"听、说"在我国历次颁布的小语课程标准（1963 年和 1978 年的课程标准除外）中均占有一定的地位，但实际教学效果却难以令人满意，其根本原因在于没有明确指出"听、说"的交际性。"听、说"作为口语这种工具的基本要素，其功能在于交际，在于实际运用。注重工具的功能，这才是对语文学科工具性的正确认识。长期以来，听、说的功能在教学中被忽视。主要体现在，对"听"和"说"的训练人为割裂，分而治之；偏重独白言语练习，且很少关心听者的感受；话题脱离生活实际，为练习而练习。而且，原课程标准中有些要求不利于口语交际活动的开展。如对一年级要求"听话要集中注意力，不随便插话"，"不随便插话"这句话负面作用较大。"插话"在言语交际中是必然现象。什么叫"随便"？对小学生来说很难把握其分寸。因而，学生往往干脆放弃插话，以致交际活动难以正常进行，语言的工具性没有得到很好的诠释。

口语是工具，交际是目的，丧失了实际应用价值的工具不能称其为工具。"儿童的语言是在个体与环境的相互作用中，尤其是在与人们的言语交际中，在认知发展的基础上发展起来的。""口语交际"是指人们通过口语来交流思想、传递信息的过程，离不开学生亲自参加的交流活动。因而，将注重学生主体参与，注重在真实的生活情境中使学生的能力得到主动发展的感性教育引入"口语交际"等小学语文教学中，对于使学生更好地掌握语文这一工具是可行的。

2. 语文学科的人文性

语文不仅是工具，而且是一种文化，是民族文化的根。学习一种民族语言，必然要受到积淀于其中的民族文化的熏陶。过去在语文教学中出现一些重视"文字"、轻视"文化"，强调"训练"、忽视"感染"的情况。

用冷漠的知识灌输，取代真切的语言感受，使语言文字失去了灵魂。这种教学忽视了语言的人文性特征。

语文课应该实现知、情、意的统一，语文教学要社会化、人格化与个性化，课堂不仅是学生获得知识的场所，也是体验人生的地方。语文学科的人文性质，使其应该承担起培养学生完善人格和社会适应力的任务；承担起培养学生的丰富情感和活跃的创造力的使命。而这些使命的完成要靠具体的教学过程来实现。比如，对于小学生较难理解的抽象的词语，教学中就可以引入感性教育的一些做法，使其在亲身体验的基础上理解词语的含义。

3. 语文学科的模糊性

语文是具有较强的模糊性的一门课程。语言材料包容的精神内容越多，表达越简练，模糊性越强。小学低年级有些简单的内容，还可以落实到"精确"的水平；年级越高，"精确"越难。

在语文学习中有些东西"只可意会，不可言传"，有时"尽在不言中"，有时"此时无声胜有声"，有时"心有灵犀一点通"，让人体会到一种模糊性的意蕴。再比如，讽刺和幽默，一张嘴分析，就没有了讽刺，也没有了幽默。那种叫作"意境""情怀"的东西，深邃、微妙、缥缈，只能品味、体验，不能精确地表达出来。语文的这种模糊性赋予语文极大的魅力，为教师和学生提供了广阔的活动空间和选择余地。可以在课堂上神游于上古和未来。表演、配乐朗诵、编课本剧、写读后感、开讨论会……任何人都可以发挥自己的积极性、主动性和创造性。这正是感性教育可以大有作为的课堂！

尊重并正视语文的模糊性，设置情境让学生去体会、去领悟才是学习语文的最佳途径。因而，语文学科所具有的模糊性，是在小学语文教学中引入感性教育的又一可行因素。

三、小学语文教学中进行感性教育应树立的理念

教育理念是指主体对未来教育发展或教育面貌的一种理想期望，这种期望常受认识主体"应然判断"的限制与制衡。教育理念有宏观和微观之分，宏观教育理念泛指关于教育发展问题的理念，如教育先行观、教育产业观等；微观的教育理念则指关于教育过程问题的理念。教师持有何种教育理念，直接影响着教师的教育行为，并间接影响着教育的效果。将感性教育引入小学语文教学，教师必须树立起相应的教育理念。本部分从微观

的角度，对在小学语文教学中引入感性教育，教师应树立的相应的教育理念做以探讨。

个性全面发展的学生观是实施感性教育应树立的最重要的教育理念之一，它主要包含以下层次：

（一）个性的全面发展

个性的全面发展指一个人自身知、情、意、行的全面发展可能性或潜能的全方位发展。传统教育中对"知"的偏重过大，而对"情"等因素严重忽视，个体个性的丰富性被扼杀，造成片面发展。感性教育注重情感、态度对于个体行为的动力作用，强调个性的全面发展。

（二）个性的和谐发展

所谓和谐发展指个体的个性发展要致力于优化组合与平衡协调，避免冲突和分裂。和谐发展是在全面发展的基础上实现的，它意味着多样性的统一与有机整合。和谐发展既体现了对人之潜能多样化的尊重，又是对个体内在完整性的关注。如果没有和谐发展就不可能培养出"完善人格"的个体。感性教育的最终目的就是要培养具有"完善人格"的社会成员。

（三）个性的自由发展

所谓自由发展是个体根据自己的兴趣与特长，充分发挥主体性，在现实所能提供的发展条件范围内自我设定自己的发展。个性的自由发展才能培养出独具个性的个体。前文中黑田耕诚的感性教育评价标准形象地体现了感性教育对个体个性自由发展的尊重。例如，图3-1中多边形的不同形状，表示的就是个性的不同的发展状态，这种状态正是个性自由发展的产物。

（四）个性的充分发展

所谓充分发展是指个体在社会给定的空间与条件下，充分利用外部条件来达到自身潜能的最大发展。感性教育对个体个性的充分发展满怀希望，充满信心。黑田耕诚的感性教育评价标准中最大的圆形，表示的就是个体个性充分且全面发展时的一种理想状态。虽然现实条件所限，个性的充分发展对于单个个体来说可能不可实现，但教育本身从某种程度上来说就是一种理想，有了一个指向完善状态的理想，会激励教育者与受教育者永远向前。

（五）个性的持续发展

所谓持续发展，是指现在的发展不要以牺牲个人未来更大的发展为代价。持续发展的实质是对未来保持高度的适应性。传统小学语文教学中有时忽略了对学生兴趣的培养与激发，扼杀了学生的创造力，只要求记住一些死板的知识，这些做法均不利于学生个性的持续发展。感性教育注重兴趣、态度的养成，创造力的培养，完善人格的形成，对于学生的终生发展是有利的。因而，小学语文教改中引入感性教育一定要先树立起持续发展的理念，具体操作上可以多种多样，但目的必须明确。

［原文刊载于《现代中小学教育》2002 年第 12 期（李广）］

第四章

"U—G—S" 教师教育模式探索

　　中国的教师教育发展应在吸纳国外教师教育有益经验的基础上回归本土，基于本国国情与本土实际探索教师教育发展的新路径。师范大学、地方政府、中小学校在优秀教师与未来教育家培养方面肩负共同的责任与使命。东北师范大学在总结以往"校—府"合作经验的基础上，以"教师教育创新东北实验区"建设为载体，提出并实施了"校—府—校"合作（"U—G—S"）教师教育新模式，并在实践中不断完善"U—G—S"教师教育协同培养新机制。三方遵循"目标一致、责任分担、利益共享、合作发展"的原则，在师范生培养、中小学教师培训和基础教育研究等方面协同创新，逐步形成教师教育发展合作共同体，破解了长期困扰我国教师教育改革中的师范生教育实习、农村中小学教师培训和教师教育者专业发展难题，为我国新时期的教师教育改革探索出一条特色之路。

"U—G—S"教师教育模式建构研究
——基于教师教育创新东北实验区建设的实践与思考

　　2007年2月，温家宝总理到东北师范大学视察时做出了"要培养成千上万的教育家来办学，要实施师范生免费教育，吸引最优秀的学生做教师"的指示。东北师范大学紧紧抓住这一契机，精心制订师范生培养方案，以"融合的教师教育"理念为指导，以"教师教育创新东北实验区"（以下简称"实验区"）建设为载体，以培养造就优秀的教师和未来的教育家为目标，提出并实施了"师范大学—地方政府—中小学校"合作（以下简称"U—G—S"）教师教育新模式。五年来，"U—G—S"教师教育模式的运行，为破解长期困扰我国教师教育改革中的师范生教育实习、农村中小学教师培训和教师教育者专业发展难题、深化我国教师教育改革探索出一条特色之路。

一、"U—G—S"教师教育模式提出的现实意义

（一）破解我国教师教育改革难题

　　首先，为打破封闭僵化的教师教育体系，建立开放灵活的教师教育体系探索出一条特色之路。"U—G—S"教师教育模式的提出就是要探索大学、地方政府与中小学之间在教师教育中应该而且可以开展什么形式的合作，各方建立什么样的体制机制才能够确保合作的有效性和可持续性，及构建什么样的模式才可以促进理论与实践、学科专业与教师教育专业有机结合与相互促进等一系列我国教师教育发展难题。其次，为走出孤立、单一的教师教育模式，构建融合协同的教师教育模式提供理论指导与价值引领。虽然各国学者关于教师教育模式研究的兴奋点有所不同，但在总体价值取向上却具有一致性。尤其是欧美等国的教师教育模式研究，在融合的主题下主要关注以下几方面问题：第一，教师教育理论与教师教育实践的融合；第二，通识知识、学科知识和教育知识的融合；第三，信息技术与教师教育的融合；第四，职前培养与职后培训的融合；第五，教师教育者与中小学教师的融合。

"U—G—S"教师教育模式基于融合协同的理念指导与价值追求，改变以往教师教育孤立、单一地由师范大学独自完成的局面，综合社会、大学、政府和中小学校等多元主体的共同力量，将教师职前培养、入职教育和职后研修等多个阶段相贯通，将学校教育、职业体验和教学实践等多种培养方式相结合，形成多主体、多因素合力协作的格局。

（二）破解师范大学办学特色难题

师范大学办学特色主要面临三大难题：一是为适应基础教育课程改革深化并进而引领基础教育发展所面临的难题；二是近年来的师范专业毕业生数量供过于求而质量又参差不齐，尤其是实践能力上的不足，这为师范大学的发展提出了另一难题；三是教师教育者专业发展难题。一段时期以来，随着全社会对中小学教师期望与要求的提高，我国教师教育者队伍建设却显现出了弱化倾向。这主要表现为对其评价关注理论成果，忽视其中小学教育教学实践经验；教师教育者自身研究脱离中小学教育教学实际，课程内容设计与实施与中小学课程相背离。破解师范大学自身发展的难题，需要师范大学主动地与地方政府、中小学校密切合作，共同承担责任，才能完成这一历史重任。

（三）破解农村中小学教师培训难题

我国基础教育正由孩子"能上学"向"上好学"全面过渡。如果说让孩子"能上学"的问题本质上更多的是政府的责任的话，那么让孩子"上好学"的问题本质上则更多的是中小学校尤其是农村中小学校的责任。提高农村教师队伍整体素质，一方面要引进师范院校新毕业的大学生，充实现有农村教师队伍；另一方面就是要加强对我国义务教育阶段530多万现有农村教师——特别是中青年教师的培训。在经历了以学历补偿教育为特征的第一轮教师继续教育之后，90％以上的农村教师学历已经基本达标，但真正的理论知识水平和实践能力的提高有限。目前，开展对农村教师队伍的有效培训仍是关涉农村教师队伍建设的重要课题。培训经费短缺、培训时间紧张以及培训内容缺乏针对性，是当前农村教师培训工作面临的三个主要问题。

二、"U—G—S"教师教育模式的理论建构

（一）基本理念："融合的教师教育"

纵观世界各国的教师教育课程体系不难发现，教师教育课程体系通常

包含通识教育课程、学科专业课程、教师职业课程等几方面要素。要实现融合的教师教育，需要有动态的思维方式，即在功能上使各构成要素相互联系、相互作用、相互促进。据此，我校以"融合的教师教育"为理念指导，构建了"U—G—S"教师教育模式。主要体现在：通识教育与专业教育的融合；学科教育与教师职业教育的融合；教育理论与教育实践的融合；教师职前培养与教师职后培训的融合；师范大学与地方政府、中小学校的融合。这种融合的教师教育理念既包括教师教育课程要素的统合，也包括教师教育阶段的契合，还包括教师教育主体的合作，同时关注了教师教育空间的弥合。

（二）价值追求："教师教育合作发展共同体"的形成

第一，教师教育课程体系各要素之间能否有机融合，教师培养的目标能否实现，在很大程度上取决于参与教师教育的这些主体，不仅取决于他们各自的个体素质，而且取决于他们教育理念的共识，以及基于这些共识的相互配合。第二是师范生之间的合作。教师教育应该重视师范生合作意识的培养，并为师范生尽可能提供和创造合作学习的机会。"U—G—S"教师教育模式采用"县域集中、混合编队"的方式，为师范生提供了合作学习的实践载体。第三是教师教育者与师范生之间的合作。第四是大学与中小学校之间的合作。大学只有与中小学校紧密合作，才能够及时把握基础教育改革与发展的脉动，教师教育也才能真正成为一种"为了实践的教育"。第五是师范大学与地方政府的合作。基于我校 20 世纪 80 年代探索的"长白山之路"为农村基础教育服务积累的"校—府"合作教师教育经验，我校主动牵手地方政府，将地方政府作为教师教育的重要主体之一，赋予其责任与义务，为"U—G—S"教师教育模式提供行政资源保障。"U—G—S"教师教育模式的实施，最终就是要形成师范大学、地方政府、中小学校三方及其内部主体之间的教师教育合作发展共同体。

（三）实践载体："实验区"建设

教师教育模式需要在教育实践中发挥其价值，才能不断获得调整、充实与完善。2007 年 12 月，我校与辽宁省教育厅、吉林省教育厅、黑龙江省教育厅分别签署协议，共建"教师教育创新东北实验区"。"实验区"建设是培养优秀教师和未来教育家的基础性建设工程，是"U—G—S"教师教育模式的实践承载。在"目标一致、责任分担、利益共享、合作发展"

的工作原则下，开展了师范生教育实践、在职教师专业发展、教育课题合作研究、教育信息资源平台建设等工作。目前，我校"实验区"规模稳定在东北三省及内蒙古的 22 个县市教育局范围内的 110 所中学，可以同时容纳 1500 名师范生进行教育实习工作。实验区建设经历了被动参与、互助共赢、共同责任和协同创新四个阶段。

三、"U—G—S"教师教育模式的实践探索

（一）引导"G""S"转变角色，成为师范生培养主体

长期以来，地方政府与中小学校在师范生培养上成为"责任无涉"的旁观者，而在地方教育、中小学校发展需求上则又成为师范大学人才培养"百般挑剔"的消费者。师范大学的教师教育模式呼唤着开放性、协同性与共生性。教师教育中的大学与中小学（"U—S"）合作需要基于双方的共同利益才能实现共生。师范大学教师教育范式的转变，要求师范大学谋求中小学校的支持；同时，中小学校组织更新、教师改变以及学生学习成就提升也需要大学支持。这种相互需求为大学与中小学合作提供必要性。大学与中小学校的合作是"U—G—S"教师教育模式得以发生的内因，而谋求地方政府的介入则为这种模式的有效、长远运行提供了政策保证，即提供了"U—G—S"教师教育模式发生的外因。这一模式引导地方政府和中小学校客观上扮演了师范生培养的主体角色，赋予其责任感与使命感，使其由"责任无涉"的旁观者、"百般挑剔"的消费者转变为"责任共担"的培养者、"协同发展"的促进者。

（二）拓展"U"的办学空间，大学校园延伸至"实验区"

"U—G—S"教师教育模式突破了师范大学教育空间的限制，将师范大学"人才培养、科学研究、社会服务"的功能延伸至"实验区"中小学校，"实验区"有多大，师范大学的校园就有多大。依托"实验区"建设，"U—G—S"教师教育模式中的三方主体共同构建并实施了"教育见习—模拟教学—教育实习—实践反思"的教师教育实践课程体系，探索总结出"县域集中—混合编队—巡回指导—多元评价"的教育实习模式。师范大学的校园延伸至"实验区"，使师范生的实践课程学习充分体现了"实践性"，充分实现了与中小学校的对接，使师范生在真实的教育教学情境中获得了真实的体验与锻炼。反之亦然，即"实验区"中小学校校园也延伸

到了大学校园。这种延伸使"实验区"中小学教师也有更多的机会享受师范大学的优质教师教育资源。在"U—G—S"教师教育模式实施的过程中，我校针对"实验区"中小学校教师专业发展现状与需求，构建并实施了以"常青藤工程"为主，由"集中培训""顶岗实习，置换培训""校本研修""送课下乡""订单培训""双向挂职""同课异构"等形式构成的立体在职教师培训网络。

（三）规约教师教育者专业发展，成为"U—G—S"教师教育模式建设核心

教师教育者是"U—G—S"教师教育模式中最活跃、最关键的主体要素，他们的参与度决定着这一模式实施的有效性，甚至决定着这一模式的成败。因此，教师教育者的专业发展得到尊重与保障，是实施"U—G—S"教师教育模式的基本前提。我们必须思考如何将教师教育者的专业发展与"U—G—S"教师教育模式的实施进行融合。基于这样的思考，我校提出了"优先发展教师教育、优质服务基础教育"的学校教师教育发展战略思想。通过教师教育文化建设，规约大学教师教育研究者专业发展价值取向，倡导大学教师教育研究者到"实验区"中，指导师范生教育实习、基础教育课题研究、中小学教师校本培训历练与成长。

四、问题反思与策略思考

（一）成效分析

基础教育是师范大学存在和发展的依据，更好地为基础教育服务是师范大学必须面对的时代命题。师范大学应该在培养优秀师资、提供优质师资培训、开展教育科学研究、推进教育教学改革、传播先进教育思想和推动教育政策创新等方面做出努力。东北师范大学依托"实验区"建设，提出并实施的"U—G—S"教师教育模式，探索出了我国新时期教师教育改革的特色之路。正如刘益春校长指出：作为国家设立的师范大学，就是要在破解教师教育和基础教育领域中的重大、热点和难点问题上有新的突破，在探索适合我国国情、具有中国特色师范大学办学模式上有新的作为，在为国家培养出更多的优秀教师和未来教育家的探索中有新的举措，这也是成为世界一流师范大学应有的特色品质。

我校"U—G—S"教师教育模式的实践探索与"实验区"建设，取得了良好的实践效果和积极的社会反响。首先，进一步凸显了师范大学本色，突出了教师教育特色；其次，强化了地方政府、中小学校培养师范生的主体身份，保证了师范生教育实践质量；再次，形成了立体式农村教师培训网络，提高了农村教师专业素养，促进了区域基础教育均衡发展；最后，建构了新型教师教育文化，转变了教师教育者专业发展范式。

（二）问题反思

在"U—G—S"教师教育模式实施与"实验区"建设的过程中，遇到的问题同样是"异彩纷呈""错综复杂"。我们必须正视、思考这些问题，探索解决的策略。首先是师范生自身素质与发展问题。师范院校应根据教师职业的特殊性，探索师范生招生面试加试策略，将最适合并乐于从事教师职业的优质生源录取到师范大学。其次是在"U—G—S"教师教育模式实施的过程中，需要地方政府提供稳定的"政策保障"，并形成"长效机制"，确保"U—G—S"教师教育模式可持续发展。再次是师范大学的教师教育者队伍建设急需加强。数量不足、质量不优、结构不合理等问题依然严重，急需解决。最后是教师教育国际化与信息化水平有待进一步提高。以上四点既是我们目前遇到的问题，也是未来发展的提升空间。

（三）策略思考

"U—G—S"教师教育模式是开放的、动态的、发展的、创新的，还需要有新的元素不断融入。第一，扩大教师教育协同创新加入机制。借助国家颁布实施的"2011计划"，2012年6月，由我校牵头成立的"东北高师院校教师教育联盟"，吸收东北三省4所省属师范院校加入"U—G—S"教师教育模式合作发展共同体，增加教师教育协同创新的整体能量和辐射效应。第二，深化教师教育研究的国际合作。2012年9月，我校成立了"教师教育东北协同创新中心"，参与单位包含了日本东京学艺大学等国外教师教育机构。第三，加强师范大学内部各部门之间的协同创新。学校整合全校教育科学研究和教师教育资源，成立了教育学部，在校内实现了教师教育相关学科和科研机构的集成与资源共享，为学校进一步探索"U—G—S"教师教育模式提供了有力支撑。

[原文刊载于《北京教育（普教版）》2013年第10期（李广）]

教师教育协同创新机制研究
——东北师范大学 "U—G—S" 教师教育模式新发展

近年来，我国教师教育体系不断完善，教师教育改革持续推进，教师培养质量和水平得到提高，但也存在教师培养的适应性和针对性不强、课程教学内容和教学方法相对陈旧、教育实践质量不高、教师教育师资队伍薄弱等问题。大力提高教师培养质量成为我国教师教育改革发展最紧迫的核心任务。[①] 2007 年，东北师范大学（以下简称"我校"）创造性地提出并实施了"U—G—S"（师范大学、地方政府、中小学校合作）教师教育新模式，有效地解决了教师教育中的师范生实习难、中小学教师培训水平低、教师教育者教研无效等制约教师专业发展的瓶颈问题，促进了区域基础教育均衡发展。2014 年，"U—G—S" 教师教育模式的理论研究与实践探索荣获高等教育国家级教学成果奖一等奖。我校不断完善"U—G—S"教师教育模式协同培养新机制，在教师教育创新实验区建设、师范生教育实习模式建构、在职中小学教师培训、教师教学学术课题研究、教师教育数字资源建设等方面继续深化改革，探索出一条具有师范大学特色的卓越的教师培养之路。

一、教师教育创新实验区建设深化

（一）由"东北区域运行"走向"全国布局规划"

立足我国当前教师教育改革发展需要和"U—G—S"教师教育模式自身发展价值追求，我校教师教育创新实验区建设工作已由"东北区域运行"走向"全国布局规划"，以最大限度发挥"U—G—S"教师教育模式的辐射与引领作用。首先，拓展师范生生源地教育实习基地学校建设工作。依据师范生生源地教育特色和教育发展需求，在全国范围内拓展教师

---

① 关于实施卓越教师培养计划的意见 [EB/OL]. http：//www. moe. edu. cn/publicfiles/business/htmlfiles/moe/s7011/201408/174307. html.

教育创新实验区建设工作，进一步为师范生教育实习提供便利条件，为师范生生源地基础教育发展提供智力支持。其次，延伸师范生生源地教育实习基地功能至就业创业领域。"U—G—S"教师教育模式的功能得以进一步扩展，为师范生与区域教育行政部门、中小学校之间的双向选择提供更多可能与现实空间。教育实习过程成为师范生就业创业、地方政府与中小学校人才选聘的双重平台，这既满足了师范生创业就业需要，也为师范生生源地基础教育发展提供了人才支持。2014年以来，我校先后在深圳、合肥、苏州、重庆等地建立了教师教育创新实验区，"U—G—S"教师教育模式立足东北，走向全国。

（二）由"量的增长"转向"质的提升"

"U—G—S"教师教育模式先期运行的过程中，为满足师范生教育实习需要，工作重点是"量的增长"。随着"U—G—S"教师教育模式运行机制的不断成熟与完善，工作重点逐步转向"质的提升"。首先，在保证现有实习基地数量和教育实习课时量的基础上，调整教师教育创新实验区分布结构。缩小东北三省和内蒙古地区教师教育创新实验区规模，在全国范围内增建优质教师教育创新实验区。其次，加强教育实习基地学校教育实习工作专业化建设。一方面通过师范大学、地方政府、中小学校三方合作实现实习基地学校自身改进；另一方面，各方加大资金投入，优化教育实习基地学校硬件设施条件，为师范生教育实习构建良好的物理场域。最后，加强教育实习指导教师队伍建设。一是不断加强大学和中小学对各自实习指导教师的专业培训工作；二是加强大学教师与中小学教师、科任教师与班主任教师、师范生与中小学生之间的有效沟通与合作，形成"教育实习共同体"。师范生教育实习实现了职业情感培养、学科教学、班级管理、教育科研、师生合作等多维内容上的有效整合，确保了教育实习质量的不断提升。

（三）由"U—G—S"迈向与"U—G—E"共生

"U—G—S"教师教育模式主要解决的是师范专业学生的实践教学难题，经多年运行，正逐步推广到非师范专业实践教学探索中，即"U—G—E"（University—Government—Enterprise）模式探索。"U—G—E"模式是在借鉴师范专业"U—G—S"教师教育模式的基础上，在非师范专业人才培养模式上的再次创新探索。"U—G—E"模式是以产学研结合为途径，探索形成高校、政府及行业（企业）三位一体的协同培养机制，建立健全行业（企业）在大学课程教学、实践训练和学位论文指导等方面全程参与的联合培养机制。各方遵循优势互补、资源共享、互惠多赢、协同创新、共同发展的原则，力求在高校人才培养实践教学平台建设、地方社会经济发展政策研制、企业经营管理模式建构等方面有新的突破。当前，我校正充分利用 "U—G—S" 教师教育模式取得的经验，积极推进 "U—G—E" 模式在非师范专业的创新实践。2014 年以来，我校已与吉林省长春市、黑龙江省大庆市、辽宁省朝阳市等地方政府先后合作开展 "U—G—E" 人才培养模式实践探索。"U—G—S" 教师教育模式可持续发展与 "U—G—E" 非师范专业人才培养模式创新探索已成为我校标志性的人才培养特色。

二、师范生教育实习模式优化

（一）基础实习与应用实习结合

"U—G—S" 教师教育模式运行先期，师范生教育实习依托 "教育见习—模拟教学—实地实习—实践反思" 的教师教育实践课程体系，采用 "县域集中—混合编队—巡回指导—多元评价" 的教育实习模式，保障教育实习工作的顺利进行。[①] 为进一步提高师范生教育实践能力，培养师范生的教学实践智慧，2014 年秋季学期，我校开始采用基础实习与应用实习相结合的方式推进 "U—G—S" 教师教育模式的深化运行。首先，依托长春市内的教育见习基地学校，建设基础实习基地。在师范生入学后第一学年和第二学年的教师教育理论与专业知识学习的过程中，深入基础实习基地学校进行基础实习，使师范生充分了解基础教育的现状，为后继学习增加感性经验，奠定实践基础。其次，在第三学年，组织师范生进入长春市以外的教师教育创新实验区学校进行应用实习，提升了师范生的教学、科研、管理等多方面教育实践能力，通过实践反思审视自身存在的问题和不足，为后续理论提升创造空间。最后，在第四学年第一学期，组织师范生深入分布于全国范围内的具有创业就业功能的教育实习基地学校岗前实习，重点提高教师职业适应性，形成准教师所必备的高层次教育教学实践

---

① 刘益春，李广，高夯."U—G—S" 教师教育模式实践探索：以 "教师教育创新东北实验区" 建设为例 [J]. 教育研究，2014（8）：107-112.

能力。基础实习与应用实习相结合的实习方式，旨在打破师范生理论学习与教育实践能力培养间的壁垒，使教育实践贯穿于教育理论学习的全过程，加强师范生的职业情感、专业知识、实践能力的有效融通，促进师范生教育理论与教育实践深度融合，加速师范生教师素养全面提升。

（二）本科实习与硕士实习联合

"U—G—S"教师教育模式在先期运行阶段是单一的本科师范生教育实习。近年来，专业教育硕士研究生招生规模不断扩大，对师范大学的实践教学提出了新的挑战与更高的要求。将专业教育硕士研究生的实践教学纳入"U—G—S"教师教育模式成为一种必然。我校应时顺势，依据教师教育创新实验区实习基地学校的师资状况与实际条件，结合教育实习学科间和专业间的相互助益性，对本科生与硕士生进行混合编队，形成本硕交叉教育实习队伍结构，逐步由单一本科生教育实习延伸为本硕一体化教育实习。实践表明，本硕混合编队有利于形成实习生队伍纵向梯度，有助于提高实习基地学校利用效能，降低教育实习成本；加强了实习生的小组合作，硕士生对本科生的指导和带动提高了实习生合作课题研究质量，促进教育科研与教育实践的有效融合；实现了"多元导师合作"指导模式，形成多元教师指导合力，促进了高校教师内部及高校教师与中小学校教师间的有效合作，提高了教育实习指导专业化水平。

三、在职教师培训形式多样化

（一）"同课异构"扎根课堂

2012 年，我校率先进行了扎根课堂的在职教师培训实践探索，在教师教育创新实验区的多个县市开展"同课异构"有效教学现场会，扎根课堂进行在职教师培训取得显著成效。"同课异构"通过名师授课、专家点评、交流互动、专题报告等环节，使在职中小学教师在课堂教学观摩中完成专业学习，在实践反思中获得专业成长，在对话交流中实现专业理解，在引导规约中提升专业理想，成为集教学、研修、培训于一体的提高课堂教学实效、促进教师专业发展的有效途径。[①] 近年来，我校不断完善"同

---

① 陈飞、李广."同课异构"的范式建构与实践探索：基于教师教育创新东北实验区"有效教学"现场会的思考 [J]. 教学研究，2014（2）：13-17.

课异构"活动运行机制，使其扎根基础教育实践、服务基础教育课堂。首先，在教师教育培养环节，重视学科教学中"同课异构"教学案例分析与模拟课堂教学实践，强化教师教育者和师范生专业实践能力的培养。其次，在教师教育创新实验区定期开展不同学段、不同学科的"同课异构"活动，注重理念引领与实践指导，帮助实验区教育行政部门提升独立开展"同课异构"教师培训的顶层设计能力。最后，协助、支持、鼓励实验区学校自主开展"同课异构"校本研修活动，拓宽实验区教师专业发展空间与路径，提高实验区教师专业发展自主"造血"功能。目前，"同课异构"活动已成为我校教师教育创新实验区教师培训的常态活动，丰富了"U—G—S"教师教育模式的内涵与中小学教师培训方式。

（二）"双向挂职"优势互补

"双向挂职"是促进师范大学教师与中小学校教师有效合作与双向提升的重要手段。通过"双向挂职"，中小学校教师受聘到大学，融入大学师资队伍，参与教师教育课程教学工作，不仅有利于中小学校教师领悟师范大学先进的教学理念与教学文化，而且课程教学工作本身也成为中小学校教师专业发展的实践载体。在参与师范大学的教师教育课程实施的过程中，中小学校教师自觉充实专业理论知识，掌握教育科学研究方法，了解教育改革与发展动态，总结与提升基础教育实践经验，形成有利于自身专业发展的反思策略。有利于促进中小学教师把在师范大学中的所学、所获、所感、所悟带入基础教育实践，引领基础教育学校改革与发展。同样，师范大学教师教育者受聘基础教育学校，走进基础教育课堂，为基础教育学校改革与发展、学校教学质量评价与提升、在职教师专业成长等工作提供理论指导与实践帮助。这有助于师范大学教师教育者深入认识基础教育教学实践样态，发现基础教育实践中的真问题，提高教育科学研究的针对性，实现理论研究与实践应用的有效衔接。教师教育者则能够向师范大学反馈基础教育学校的现实之需，丰富师范大学学科教学内容与方法，形成师范大学与中小学校良性互动与优势互补，促进师范大学与中小学校共同发展。

（三）"名师工作坊"引领发展

2012年，我校成立教师教学发展中心；2014年，教师教学发展中心被遴选确定为国家级示范中心。教师教学发展中心组织专家、学者设计了"名师工作坊"教师专业发展服务规划。"名师工作坊"是集师范大学教学名师、资深专家、学科教法教师、中小学校优秀教师、师范生及教师教育研究方向硕士和博士研究生于一体的教师教育专业发展服务平台。"名师工作坊"设立了"东师公开课""教师教学学术论坛""教师教学发展基金项目"等多维教师教学发展支持举措。"东师公开课"通过现代信息技术手段将我校名师及附属中小学、国内中小学名师的名优课堂教学进行远程直播，供教师教育创新实验区的广大师生学习。"教师教学学术论坛"聘请国内外知名教育专家学者来校交流与研讨教学问题，分享教学经验、展示教学风采，为我校教师教育创新实验区基础教育发展提供前沿思想与理念引领；"教师教学发展基金项目"通过大学教师教育者与中小学教师合作开展课题研究，解决基础教育教学实际问题，服务基础教育课堂教学改革发展。"名师工作坊"旨在改变单一的教师培养与教师培训方式，使教师专业发展路径更为灵活、多样、高效。

四、教师教学学术课题研究常态化

（一）研究问题源于基础教育实践

问题的本质是事物的矛盾，教育问题的本质是教育实践活动中的矛盾，对教育领域所特有的矛盾的研究，构成了教育的研究对象。[①] "U—G—S"教师教育模式下的课题合作研究，以基础教育实践中的矛盾为对象和出发点，在基础教育实践中发现问题、提出问题、解决问题，基础教育实践成为教师教育课题研究的逻辑起点。人的全部社会生活在本质上是实践的。[②] 基于此建立合作课题研究的常态化机制，促使课题研究者关注基础教育实践、了解基础教育实践、研究基础教育实践、服务基础教育实践，促进教师教育创新实验区基础教育发展。服务基础教育是师范大学的办学使命，也是"U—G—S"教师教育模式设计与实施的终极目的。近年来，我校通过立项资助、评价引领等方式鼓励教师深入基础教育实践，在实践中发现现实问题、寻找潜在问题、探究瓶颈问题，提高了教师教育课题合作研究的实践性品质，提升了教师教育课题学术研究的理论性品位。

（二）研究过程结合基础教育实践

基础教育实践中的问题需要在基础教育实践中解决，实现过程与目的

---

① 张海波，杨兆山. "教育问题"探析 [J]. 教育研究，2011 (11)：108-111.
② 马克思，恩格斯. 马克思恩格斯选集（第一卷）[M]. 北京：人民出版社，1995：56.

统一。为破解基础教育实践中的问题，我校"U—G—S"教师教育模式下的课题合作研究注重基于实践的调查研究和基于实证的现场研究。广大教师教育研究者深入基础教育实践，立足基础教育发展现状，结合基础教育学校文化特色和办学理念，围绕基础教育学校师资专业水平与学生学情，开展形式多样、内容丰富的教学学术课题研究。做到在实践中探寻问题本源，在实践中发现问题影响因素，在实践中分析问题内在矛盾，在实践中提出问题解决策略，教师教育课题研究过程与基础教育实践过程成为同一过程的两个方面，保证了研究的信度与效度，提高了课题研究者的社会责任感与解决实际问题的能力。

（三）研究成果服务基础教育实践

我校"U—G—S"教师教育模式下的课题合作研究，围绕基础教育实践的真问题开展"实践中"的教师教育问题研究，提高了研究成果与教育实践的契合度，增强了研究成果的实践指向性。其有利于促进基础教育学校的改进，促进基础教育一线教师优化自身的教育实践；有助于参与课题研究的师范生树立正确的科研意识与问题意识，促进师范生形成良好的科研思维和研究范式；更有利于教师教育者转变自身的专业成长路径，形成教育科研的实践价值取向与人文情怀精神。

五、教师教育数字资源建设特色化

（一）建设"互联网＋'U—G—S'"教师教育者专业发展平台

我校基于信息时代教师教育者专业发展需求，将"U—G—S"教师教育模式深化与信息技术整合，建设特色化"互联网＋'U—G—S'"教师教育数字资源平台。重在培养数字化教师，建设智慧型教学环境，构建大数据学生专业发展监控系统，借助信息技术手段促进教师教育者专业发展。平台以教师教育优质课例资源、教师教育研究资源、教师教育信息交流与互动等内容为主。其中，教师教育优质课例资源，最大限度地满足教师教育者观摩与学习需要；教师教育研究资源，为教师教育者从事教育科研提供资源保障；教师教育信息交流与互动，旨在为教师教育者提供网络互动平台，实现在线学习，加强教师教育者间的合作与沟通，为教师教育者专业发展提供自主空间。教师教育者专业发展平台建设重在为大学教师教育者的教育教学、学术研究、科研信息交流等提供数字化服务。

（二）建设"大中小学课堂对接"基础教育资源服务平台

基础教育资源服务平台通过"大中小学课堂对接"的形式，打通了教师教育"职前培养与职后培训一体化"的通道。通过该平台，充分实现教师教育创新实验区的中小学教师与师范大学师范生同步共享教师教育职前培养和在职培训优质课程资源，实现教师教育创新实验区的中小学教师同步分享国内知名中小学校的课堂教学实况。教师教育创新实验区的中小学校的课堂教学也可以呈现在师范大学教师教育课程教学的教室里，为师范大学教师教育职前培养提供教学与研究资源。基础教育资源服务平台的建设为在职教师专业发展提供了资源保障，使大学校园延伸至中小学校园，使大学课堂延伸至中小学课堂，促进了中小学教师专业发展。

（三）建设"创意青葱课"师范生专业成长交流展示平台

"创意青葱课"，即在大学学科教师和中小学一线优秀教师联合指导下，师范生自主地、有创意地进行深读文本、教学设计、模拟课堂教学和"同课异构"，旨在培养师范生的职业情感、教学实践能力和教育研究能力，使之成为未来卓越的教师，成就未来教育家。这是一个集深读教学文本、设计教学方案、模拟中小学课堂教学、师范生与一线教师"同课异构"于一体的师范生专业成长交流展示的网络空间，是我校教师教育中培养师范生实践能力的一种教学范式创新。平台以师范生为主体，以师范生的"创意青葱课"资源为内容，以师范生专业风采的展示与交流为形式，激励并促进师范生专业发展。此外，平台还具有专业成长支持与救助功能。利用该平台，师范生能够分享学习收获和教学感悟，彼此借鉴参考，也能表达自身的学习困境与专业成长困惑以及专业发展中遇到的问题，获得在线专业支持与即时帮助。师范生成长交流展示平台拓展了师范生的专业发展空间，对于培养卓越的教师和未来的教育家具有重要意义。

"U—G—S"教师教育模式运行的基础是三方合作，合作的结果是协同发展，目的是三方共同培养出具有高尚的职业精神、高超的教育教学能力和高度可持续发展潜能的卓越的教师。近年来，我校"U—G—S"教师教育模式的再探索，进一步促进了三方合作与协同发展，促进了卓越的教师与未来的教育家的培养。

[原文刊载于《教育研究》2017 年第 4 期（李广）]

我国高师院校教师教育课程设置
及实施问题调查研究

一、我国高师院校的层次划分与本研究的样本选取

（一）我国高等师范院校的层次划分

独立设置的高等师范院校在我国基础教育师资力量培养中具有举足轻重的地位。根据张斌贤的调查研究，近年来经过更名、调整或者与其他高等教育机构合并，高等师范院校的数量在急剧减少。从 1996 年至 1999 年的 4 年间，有 15 所师范学院和师范专科学校先后更名，年均 4 所；而从 2000 年至 2003 年的 4 年间，共有 56 所师范学院和师范专科学校更名，年均 14 所。由于大批独立设置的高等师范院校更名，改变了学校的职能或办学目标，到 2003 年 10 月，286 所高等师范院校减少到 169 所，累计减少了 117 所（其中并入师范大学的 16 所，并入或改为综合性大学或学院的 100 所，改为培训中心的 1 所）①。经过更名、调整或合并，我国高等师范院校进入一个相对稳定的发展与提升阶段。

尽管近十年我国高等师范院校数量减少了很多，但依然可以用"数量众多"来形容我国高等师范院校的办学规模。独立设置的高等师范院校在我国基础教育师资培训中依然具有举足轻重的地位。由于我国地区经济等发展不均衡，数量众多的高等师范院校办学水平也表现出了参差不齐的典型特征。在对我国高等师范院校课程设置及实施状况进行研究时，必须考虑研究对象的代表性与典型性。因此，有必要对我国数量众多的高等师范院校的层次进行划分。

首先，按照是否属于"211 工程"，我国高等院校可以分为"211"院校与非"211"院校。"211"工程指的是面向 21 世纪，重点建设 100 所左

---

① 张斌贤. 论高等师范院校的转型 [EB/OL]. http：//epc. swu. edu. cn/cyber/2007.
6yizhuan/zbx. htm.

右的高等学校和一批重点学科。因此，我国的高等师范院校也可以依此标准相应地分为"211"师范院校与非"211"师范院校。比如华中师范大学、东北师范大学等就属于"211"师范院校，它们可以代表我国师范院校的发展方向和趋势。而鞍山师范学院等则属于非"211"师范院校，它们作为地方性院校具备我国一般地方师范院校的基本特征，但相比较而言，办学水平等还有待进一步提高。

其次，按照隶属关系可以将我国高等师范院校划分为"部属"师范院校和"省属"师范院校。如北京师范大学、东北师范大学等属于部属师范院校，而吉林师范大学、哈尔滨师范大学等则属于省属师范院校。

最后，从师范院校发展的现状来看，主要分为三类：第一类是少数办学历史悠久、学科综合、实力雄厚的师范大学，如北京师范大学等，这类大学可以通过转型，成为以教师教育为主要特色的综合性大学，它们是国家教师教育改革的排头兵，起着示范和引领的作用。第二类是办学水平较高、学科布局较为合理的师范大学，比如陕西师范大学、首都师范大学等，这类大学可转型为综合性师范大学，在保持其原有教师教育特色的基础上，拓宽办学思路，为地方的经济和社会发展服务。第三类是相对独立的师范院校，比如云南师范大学等①。

通过以上分析可以看出，我国高等师范院校按照不同的标准可以进行不同类别与水平的划分，但也说明我国高等师范院校的办学水平是参差不齐的，发展是不均衡的，也是各有特色的。

（二）本研究的样本选取

本研究的样本选取遵循代表性与典型性的原则，在全国选取 12 所师范院校作为本研究的样本，具体如下：其中部属师范院校 4 所，省属重点师范院校 5 所，其他省属师范院校 3 所；所选 12 所师范院校区域分布如下：东北三省 7 所，北京 2 所，湖北、陕西、云南各 1 所。从上面四种不同的师范院校层次划分角度来看，这 12 所师范院校在某种程度上可以代表我国师范院校的整体情况，可以通过对这 12 所师范院校的研究来折射出我国师范院校课程设置与实施的整体情况。因此，本研究以以上 12 所师范院校为研究样本，对其课程计划进行文本分析，对其主管教学领导及

---

① 雷军莉. 教师专业化背景下高等师范院校教师教育课程设置探究［D］. 陕西师范大学，2007：14.

部分师生进行深度访谈与书面调查，进而全面而深入地了解与把握我国高等师范院校课程设置与实施的整体状况。

1. 文本搜集

搜集各师范院校教师教育课程计划（包括学校课程总计划及各院系课程计划）。

2. 专家访谈

访谈对象为各师范院校教务处以及各院系教育行政人员及专家；访谈内容为各师范院校教师教育课程设置及实施情况（具体包括课程设置的特色与积累的经验、课程实施取得的成就、存在的不足与问题、原因分析与发展计划等）。

3. 问卷调查

调查对象包括各师范院校院系主管教学领导及任课教师；调查内容为各师范院校教师教育课程设置及实施情况（具体包括课程设置的特色与积累的经验、课程实施取得的成就、存在的不足与问题、原因分析与发展计划等）。

4. 调研人员的组成及调研时间

对各样本师范院校各派 1 或 2 名调研人员进行调查，调研人员以硕士研究生为主。调查时间为 2008 年 6 月 30 日至 2008 年 7 月 10 日。

5. 本研究最终获得的研究资料

12 所样本师范院校为本研究提供了以"本科教学计划"为代表的文本资料共 19 册，接受访谈的主管教学领导 8 人，接受访谈的学生 20 余人，收回有效调查问卷 51 份。

二、我国高师院校教师教育课程设置问题分析

从 12 所师范院校教师教育课程设置结构及内容的文本分析来看，主要存在以下八个方面的问题：

（一）课程目标定位不准，课程体系混乱

培养目标是课程编制与实施的灵魂和主线，培养目标制约并影响课程的编制与实施。简言之，培养目标是课程的逻辑起点与最终归宿。因此，有必要对培养目标进行深入分析。从 12 所师范院校课程培养目标来看，其共同的特点是：第一，以培养师资为主要目标。第二，兼以培养社会所需的各类专门人才。其不同点是：第一，在培养目标的层次要求上不同，

如有的学校提出"培养中小学师资"，有的学校提出"培养优秀师资"，有的学校则提出"培养重点中学师资"，还有的学校提出"培养教育家"，也有的学校提出"培养社会需要的各类人才"，也有的学校未能提出具体的培养目标。第二，各学校在课程目标的具体要求与表述上具有差异性。从整体上看，我国高等师范院校的培养目标定位不准：一是层次上的定位不准，表现为小学、中学学校层面上的模糊不清，合格师资、优秀师资、教育家培养目标上的模糊不清。二是师范性的模糊不清，表现为对师范性认识上的不清，以及师范性与非示范性之间的模糊不清。由于培养目标定位不准，也导致我国师范院校课程体系的混乱。

（二）课程内容比较陈旧，课程分布失衡

从部分师范院校的课程名称及类别结构来看，课程内容显得过于陈旧，缺乏时代感。主要表现为课程结构与内容和基础教育课程改革相脱离。另外，课程分布有些失衡，表现为内容选择上的失衡、时间分布上的失衡、课程类别上的失衡及价值取向上的失衡。我国高等师范院校的课程在内容上重科学知识，轻人文关怀；在时间分布上，低年级负担重，高年级负担轻；在类别上，必修课过多，选修课过少；在价值取向上，重理论课，轻实践课。

（三）课程以教师为中心，学生主体地位缺失

从课程结构及类型来看，我国高等师范院校课程设置表现出了明显的教师中心主义倾向，学生的主体地位没有得到相应的尊重。在调查中发现，很多课程，尤其是体现学生主体性的选修课，往往是"因教师而设课"，即教师"能"上什么课就开什么选修课，而非学生需要什么课就开什么课。即便是必修课，往往也是以教师讲授为主，学生课堂参与性较低。

（四）课程学术性过强，缺乏主动适应基础教育的意识

通过调查发现，我国高师院校课程在某种程度上没有表现出主动适应基础教育课程改革的意识，学术性过强，无法满足基础教育课程改革的需要。基础教育课程改革提出的先进理念未能在高师院校课程中得以体现与践行，更没有起到引领基础教育课程改革发展的作用。

（五）课程结构模式僵化，课程资源匮乏

课程结构的调整与重建是高师课程改革的重大课题，它标志着课程在结构上对原有课程的超越，奠定了课程改革的整体走向[①]。通过各师范院校课程计划文本的分析发现，我国高师院校课程结构模式僵化，基本上由理论课程、技能课程和实践课程三大模块构成。这既是我国高师院校课程结构的特征，也是我国高师院校课程结构僵化的表现。课程资源均源于文本、教室与学校，是典型的"书本、教室、教师"三中心。

（六）教育技能课程封闭，教育实践课程单一

在调查中发现，我国高师院校课程中的教育技能课没有突出"训练"的本质，没有遵循技能形成的身心规律，将技能作为知识进行传授式的课程进行封闭式的设计，学生获得的是程序性知识而非策略性知识。教育实践课程类型单一，除了教育见习与教育实习外没有别的类型，甚至有的学校只有教育实习一种类型。教师是一种"双专业"的职业，它不仅需要教师具有相关专业的素质，了解"教什么"，也需要教师具有教育教学的相关理念和知识、技能，知晓"如何教"，这就是对教育专业课程提出的要求。通过对12所师范院校课程设置的统计结果可以看出，教师教育课程学分占总学分最多的是东北师范大学，达到 $17.2\%\sim18.7\%$，最少的是鞍山师范学院，占到 8.39%，平均水平为 14% 左右。与其他国家相比，这一比例较低。

（七）课程忽视能力培养，课程文化肤浅

我国基础教育课程改革提出了"改变课程实施过于强调接受学习、死记硬背、机械训练的现状，倡导学生主动参与、乐于探究、勤于动手，培养学生搜集和处理信息的能力、获取新知识的能力、分析和解决问题的能力以及交流与合作的能力"的目标，但从我国高等师范院校的课程结构及其设置来看，师范院校学生的创新能力与实践能力培养没有得到应有的重视，这与时代精神要求背道而驰。在调查中发现，我国高等师范院校课程文化建设未能受到相应的重视，这主要表现在以下两个方面：一是课程的

---

① 秦德生. 学科融合与建立合理的学科教师教育课程体系［J］. 东北师范大学报（哲学社会科学版），2005（3）：143.

师范特色不鲜明。二是师范院校的隐性课程资源没有得到充分的开发，师范生的职业精神未能得以养成，缺少职业定向、发展方向、毕业去向的相关教育，未能形成理想的师德修养。

（八）课程结构趋同，课程特色不鲜明

各师范院校的课程一般由通识教育课程、专业教育课程和教师教育课程组成。通识教育课程一般由必修课（也称"通修课"）和选修课（也称"通选课"）组成。通修课由思想政治理论课、健康体育与国防教育课、交流与表达课、数学与信息技术课四大类课程组成。通选课从社会科学、人文科学、自然科学与艺术诸领域中精选课程内容，供学生选修的相关课程。专业教育课程一般由专业基础课、专业主干课、专业系列课、专业实习（社会实践）与毕业论文（毕业设计）四个模块组成。教师职业教育课程一般由"教育理论类课程""教育技能类课程""教育实践类课程"三种类型和"一般教育课程""学科教育课程"两个层次所构成。从整体上看，我国师范院校的课程结构在走向趋同化，缺乏个性。

三、我国高师院校教师教育课程实施状况分析

根据运用本研究编制的《我国高等师范院校教师教育课程设置及实施状况调查问卷》及《我国高等师范院校教师教育课程设置及实施状况调查访谈提纲》的调查，可以将我国高等师范院校教师教育课程实施中存在的问题概括为如下几个方面：

（一）课程主体方面的问题

首先，表现为师资水平方面的问题。地方院校表现为师资水平低、数量不足，而部属师范院校则表现为大师级人才的培养、聘用与引进等方面存在问题。整体上，我国高等师范院校教师表现为缺乏基础教育实践经验。其次，表现为师德修养方面的问题。一方面，我国高等师范院校教师自身修养有待进一步提高。另一方面，我国高等师范院校学生师德培养有待进一步加强。最后，表现为学生能力素养方面的问题。我国高等师范院校学生整体上表现为人文素养偏低，科研能力较差，教师职业技能训练不充分，学生个人发展潜能不足，学生学习的主动性及潜能没有得到有效的激发。

（二）课堂教学方面的问题

调查中发现，高师院校课堂教学中的曾经以"立礼坐"为基本形式的礼仪规范已经被教师冷冰冰的一句"现在开始上课"所替代。同样，曾经被老师长期使用的传统的教学手段——一块黑板、一支粉笔、一张嘴几乎已经完全被现代化的多媒体课件所替代。师生之间因此而缺少了心灵的沟通，也缺失了对教师职业的精神皈依。师生之间放置的某种媒介非但没能促进师生间的信息交流与情感沟通，反倒成了师生课堂交往与对话的障碍。课堂教学在某种程度上成为扼杀人性、泯灭德行、剥夺感性的戕害生命的过程。

（三）课程资源方面的问题

一是课程设置还不能满足学生的实际需要，实践技能课过少，信息技术课程没有得到应有的重视。一些地方师范院校的图书资源贫乏，参考书少，版本陈旧，自习室满足不了学生学习需要等问题还很严重。二是高师院校课程对基础教育课程改革回应不足，与基础教育联系不够紧密，时代性不强。

（四）课程管理方面的问题

调查发现，我国高等师范院校在课程管理方面还存在很多问题，如选课时缺乏对教师及课程进行必要的介绍，学生选课带有明显的盲目性。再如，一些学校对教师教学质量的检查监督不够，教师忽视课堂教学及课程建设。其他方面的问题，如本科生导师制有名无实，教务秘书、辅导员缺乏专业性，没有给学生必要的指导。忽视教育见习，教育实习效果不理想等。

（五）课程文化建设方面的问题

课程文化是一所大学人文精神的重要载体。但调查中发现，我国高等师范院校在某种程度上还没有充分体现出师范特色，尤其是相关的隐性课程资源没有得到充分的开发与利用。师范院校要想构建起"对话、合作、探究"的课程文化尚需长期努力。调查中还发现，师范院校的校园文化活动并不单调，甚至表现出活动过多、过乱的倾向，但因其缺乏师范特色，而未能为师范院校的课程文化建设做出应有的贡献。

四、教师专业发展与我国高师院校教师教育课程改革

近年来，世界各国对于教师教育都十分重视，提高教师专业化水平已成为世界众多国家教师质量提高的主导运动。教师职业的专门化既是一种认识，更是一个奋斗过程；既是一种职业资格的认定，更是一个终身学习、不断更新的自觉追求①。参照职业专业化标准，我国教师专业化水平还不是很高：一是认识上不科学；二是广大教师还缺乏相应的专业自主性，权利与义务不对称；三是缺乏专业团体意识与参与专业团体活动的条件；四是教师职业地位偏低，缺乏吸引力与公信力。因此，我国高等师范院校课程设置与实施的改革应以提高我国教师专业化水平为目标。改革现有的教师教育课程结构，构建出一种合理的、比较完善的、适应教师专业发展的教师教育课程设置结构。高师院校课程改革的课程目标与理念应回归师范性，课程设置与实施应突出实践性知识的积累与建构，课程伦理建设应关注专业态度培养，注重专业身份建构②。

（一）课程目标：突显师范性，彰显个性

我国高等师范院校中的师范性与学术性之争由来已久，其根本原因是对高等师范院校的性质没有科学的认识。师范性与学术性是高等师范院校发展的双翼，二者缺一不可，师范性与学术性的协调统一有助于促进高等师范院校的发展。离开了学术性，高等师范院校就失去了发展的动力，而如果离开了师范性，高等师范院校就失去了前进的方向。确保高等师范院校的师范性是高等师范院校存在的基本前提。当前我国高等师范院校的师范性尚需加强，应进一步通过提高教师教育课程地位、改革教师教育课程结构、更新教师教育课程内容、加强与基础教育实践的联系等突显其师范性。另外，由于我国经济等发展不平衡，高等师范院校数量众多等客观实际情况，可以通过政策保证、理念引导、物质条件提供等措施，鼓励师范院校彰显个性，形成各具特色、优势互补的高等师范院校体系。这也是当下社会的一种需要。快节奏的现代社会是一个崇尚和张扬个性的时代，人们的生活方式千差万别，人们的学习方式也各式各样，我们正在步入个性

---

① 刘薇. 我国教师专业化的现状 [N]. 中国教育报，2002-01-04.
② 曲铁华，冯苗，陈瑞武. 教师专业发展与高等师范院校课程改革 [J]. 教育研究，2007 (9)：71.

化学习时代①。高师院校在设置课程目标时要能够突显师范性，彰显个性。

（二）课程结构：体现整体性，保持均衡性

课程应综合考虑自然、社会、人生三个领域的内容，构建包含艺术、道德、科学三个维度的课程结构，使教师教育课程体系具有整体性。同时，要保证内容选择、时间分配、价值取向上的均衡性，促进学生全面协调发展。

（三）课程实施：关注教育理论知识修养，重视教育实践知识积累

应构建体现师范院校特色的课程实施模式：理论讲授—案例分析—情景模拟—实践训练—指导反馈。既关注学生教育理论知识的修养，又要重视学生教育实践知识的积累，将公共知识不断地转化为学生个体的实践知识。

（四）课程文化：培养专业态度，塑造专业精神，形成专业身份

高等师范院校的课程改革本质是一种新的课程文化的建构，这种课程文化应有助于培养学生的专业态度，塑造学生的专业精神，形成专业身份意识。

关注教师的专业成长已成为当前教育研究与改革的热点。高等师范院校的课程改革应从教师专业发展的角度着眼，从课程目标的调适、课程结构的调整、课程实施的改进以及课程文化的建构等方面系统着手，探寻教师教育规律，为促进我国教师教育专业发展提供理论支撑与实践指导。

[原文刊载于《东北师大学报（哲学社会科学版）》
2008 年第 6 期（李广 杨宏丽 许伟光 高夯）]

---

① 李广，姜英杰. 个性化学习的理论建构与特征分析 [J]. 东北师大学报（哲学社会科学版），2005（3）：152.

师范教育免费应让农村教育受益

意在"鼓励更多的优秀青年终身做教育工作者"的师范教育免费政策一出台，便获得了一致好评。但在积极评价之后，人们普遍对师范教育免费的"后续制度"的建立表现得更为关心。

我国当前的师范教育面临着"三忧"：一是师范生"转行之忧"。一方面表现为师范生就业越来越趋向于多元化；另一方面表现为教师流失现象严重，尤其是广大农村地区和贫困落后地区。二是师范生"观念之忧"。这表现为师范生就业时普遍存在的"城市情结"心理现象。师范生就业去向多集中在已经过于"饱和"的大中城市，而疏远冷落了农村和偏远落后的地区。三是师范生的"质量之忧"。

据东北师范大学党委书记盛连喜透露，近几年来，东北师范大学每年从农村考来的学生大约占到43%。毕业到城市的小学、中学、高中等基础教育战线工作的占到87%，真正到县级以下的农村工作的不到10%。从这一数据来看，师范教育已经成为农村大学生离开农村的"跳板"。

师范毕业生不愿意到农村地区从事教育工作，涉及工作环境、物质待遇、发展空间、职业心理等多方面的因素。因此，制定师范教育免费制度体系就要从多角度加以思考，既要确保新的制度体系的科学性、严密性，又要体现灵活性与人性化的原则。通过制度的保证与引导使更多的优秀生源进入师范院校，并保证他们毕业后能够并愿意到农村，尤其是到偏远落后的地区从事教育工作。因此，笔者认为，新的师范教育免费制度体系的确立应以促进农村教育和谐发展为价值取向。

师范教育免费的举措，无疑会引起报考师范院校生源结构的显著变化，也必然会引起报考师范院校学生人数的增长。这为师范院校提高入学门槛提供了可能性。通过严把师范院校的"入口"，确保每一个享受免费师范教育的学生都具备从事教师职业的能力。在学生入学后，还应保证学生拥有重新选择专业的权利。另外，学生入学后也可以根据实际情况自愿选择是否免费培养，如果选择免费培养，就需要学校与学生之间进行签约，明确双方各自的权利与义务。此外，也要制订针对签约的学生在毕业时可能毁约的相关制度规定。

师范教育免费也必然会提高全社会对师范教育的质量要求与期望。因此，师范院校应该自觉地以更高的标准和要求重新审视现有的教育教学设施条件、教育教学质量标准、课程设置结构、培养模式和学生质量标准等，制订出与免费的师范教育相适应的新的质量与要求评价体系。

享受师范教育"免费大餐"的学生，毕业时应信守承诺，按入学时的"定向"要求选择就业"去向"，积极为农村教育做出相应的贡献。这可以通过制订在农村或偏远落后的地区最低工作时间限度、自主选择在农村的地区工作，以及可以免试在职攻读硕士研究生等制度，鼓励并保证更多的人愿意到农村或偏远落后地区从事教育工作。通过制度的引导和政策的倾斜，最终使农村或偏远落后的地区成为对师范毕业生最有吸引力的地方，成为最适宜师范毕业生成长与发展的地方。

师范生免费教育制度体系的确立是一项复杂的系统工程，涉及入学考试、面试与加试、专业选择与调换、签约与毁约、培养过程、职业心理、毕业分配、就业取向与未来发展等诸多问题。这一系列制度的制订，应以保证享受了免费师范教育的毕业生真正到农村地区从事教育工作为基本目标，确保师范生免费教育取得最大的社会效益。

[原文刊载于《中国教育报》2007 年 6 月 7 日第 11 版（李广）]

回归教学：大学教学评价的基本价值追求

2016 年 8 月，教育部颁布《关于深化高校教师考核评价制度改革的指导意见》，进一步强化高校教学评价的重要性，旨在通过"完善教学质量评价制度，多维度考评教学规范、教学运行、课堂教学效果、教学改革与研究、教学获奖等教学工作实绩"，让高校教师回归教学本位。

近年来，东北师范大学（以下简称"我校"）通过深入推进教师考核评价制度改革，逐步建立健全与世界一流师范大学办学定位相适应的教学评价体系，激励与引领教师"乐教""善教""研教"，彰显教学中心地位，促进教师专业发展，全面提升人才培养质量，探索出一条具有师范大学办学特色的教师教学评价改革之路。

一、明确教学评价理念，促进教师专业发展

教学考核评价，其本质属性是手段和工具，最终目的是服务并促进教师专业发展，促进学校发展，提高教学质量。进行教学评价，是大学履行使命、实现教育目标的一种重要方式。在教师教学考核评价办法的制订和具体方案的设计中，我校始终坚持以打造高素质专业化的教师队伍、促进全体教师可持续发展为逻辑起点和最高的价值追求，提出了"尊重教师、服务教学、促进发展、提高质量"教师教学评价基本理念。

（一）尊重教师，服务教学

尊重教师。在教学评价过程中，尊重教师教学的权利与义务，体现教师在教学工作中的主体地位，发挥教师在课堂教学中的主导作用；尊重教师教学的专业特点，依据教学规律安排教师的教学工作；尊重教师教学的专业尊严，为教师教学工作创造良好的条件与环境；尊重教师教学的专业需求，为教师教学的发展提供必要的资源与制度保障。通过营造良好的尊师重教的文化氛围，不断提高教师教学专业声誉。

服务教学。在教学评价过程中，服务教师的日常教学工作，为教师潜

心教学、钻研教学、优化教学提供专业基准；服务教师的教学改革实践，为教师创新教学模式、更新教学方法和手段以及开展教学学术研究提供专业引领；服务学校的教学管理，为强化教学质量意识及完善教学管理运行机制提供科学有效的信息反馈。通过为教师教学提供优质服务，不断提升教师教学专业品质。

（二）促进发展，提高质量

促进发展。在教学评价过程中，激励教师树立终身学习理念，优化知识结构，把教育知识、学科知识、学科教学知识与教学实践有机结合，不断提高教师教学实践能力；引导教师深入理解教学、自觉反思教学、持续改进教学，不断增强教师教学专业发展的内在动力；鼓励教师修身立德、勤勉敬业、严谨治学，为学生全面发展起示范作用；引导教师研究学生学习规律与特点，激发学生的学习兴趣和发展动机，培养学生的学习能力、实践能力和创新能力。通过创建和谐的教学生态环境，促进师生共同发展。

提高质量。在教学评价过程中，引领教师把握正确的教学质量观，主动适应高校教师教学专业发展新常态，通过更新教学理念、提高教学素养、优化教学过程，不断提高课堂教学质量；引导教师关注社会需求、研究人才成长规律、更新教学内容、改进教学方式，不断提高人才培养质量；促进教学管理的科学化与人性化，不断提高教学管理质量。通过进一步凝练我校教学特色，积淀我校教学文化，提高教书育人的水平。

二、完善教学评价制度，突显教学中心地位

大学教学评价作为制度导引是大学教学诸多现实问题的根本和核心。大学教学评价制度根植于传统的大学教学观，观念的转变是关键。教学学术作为一种新的大学教学观，为此提供了契机。[①] 我校以教学学术观为统领，构建了分类、分阶段、多元主体、多种形式的教师教学评价体系，以制度的方式保障了教学的中心地位。

（一）改革《教师岗位聘用办法》，破除教师教学发展体制障碍

2015年6月，我校颁布新的《教师岗位聘用办法》。《教师岗位聘用

---

① 宋燕. 我国大学教学评价制度的反思与重构［J］. 现代教育管理，2010（8）：49-51.

办法》在遵循分类设置、分类管理原则的基础上，按级别将教师岗位分为教授、副教授、讲师和助教。按学科（专业）划分为五类：人文与社会科学类、理工农医类、艺术类、体育类和计算机类。按岗位任务和职责将教授岗位分为三种类型：教研型、教学型和科研型。副教授及以下岗位均为教研型。新的《教师岗位聘用办法》对各种类型教师岗位的聘用均提出了教学工作量（讲授本科生课程性质、门数、课时量，本科生导师工作量，本科生专业实习指导工作量，本科生毕业论文指导工作量）、教学质量（学生满意度评价、同行专家评价、教学管理部门评价、教学督导评价）和教学学术研究（教学改革与研究项目、教材/教学研究著作/教学学术研究论文、教学学术研究成果奖/专项教师奖、指导学生学科竞赛奖励）三个方面的要求，进一步突显教学业绩在教师专业发展中的重要地位。同时，根据师范大学办学特点增设了教学型教授岗位，为长期承担并高质量地完成本科公共课、大类平台课、专业必修课教学和教学学术研究工作的教师提供专业发展的空间。

（二）颁布《教师教学评价办法》，激励教师教学学术研究积极性

2016年4月，为深化教育教学改革，激发教师教学的积极性与创造性，促进教师专业发展，提高人才培养质量，我校颁布《教师教学评价办法》。一是强化教学质量意识，突出本科教学的中心地位，服务学生成长成才；二是进一步突出评价的过程性，发挥教学评价的反馈功能和激励作用；三是突出师范大学的学科专业特色，体现先进的教育教学理念、正确的价值观导向、规范的教学伦理、良好的教育教学态度、系统的专业知识和卓越的专业能力，为高校教师教学评价改革探索积累有益的经验。通过教学评价办法的实施，一是加强了我校教风学风建设，在全校范围内营造了"领导重视教学、政策倾斜教学、教师潜心教学、学生勤奋向学"的良好的教学文化氛围，更好地履行部属师范大学的历史使命与时代责任。二是我校逐步建立健全与世界一流师范大学办学定位相适应的教学评价体系，激励与引领教师"乐教、善教、研教"。三是进一步彰显教学中心地位，促进教师专业发展，全面提升人才培养质量。四是为我校教师岗位聘用提供了充分的教学质量依据。

三、厘清教学评价内容，促进教学方式变革

高等学校的教学评价是一项由多部分组成的系统性工作，包括评价制度的建立、方法与形式的选择、内容的设计及结果的使用，其中，评价内容的确定最为重要，也最具争议。由于教学评价内容能够直接反映一所大学的教育理念与教学要求，引导教学改革的方向和进程，所以，探讨教学评价内容必然成为我国高等学校面临的重要任务。[①] 我校教师教学发展中心等部门和专项课题研究组收集了大量国内外知名大学的教学评价相关资料，实地调研了北京师范大学、南京大学、四川大学、厦门大学等十余所国内高校，在充分吸收借鉴国内外高校教师教学评价理论研究成果与实践经验的基础上，确定了我校教师教学评价的基本内容维度。

（一）研制《教学质量评价指导标准》，引领教师教学发展

经过充分的调研论证、顶层设计、研讨修改、征求意见、补充完善，我校研制了《教学质量评价指导标准》，提出教师教学质量评价的基本内容维度：5 个一级指标、16 个二级指标和 35 个主要观测点。5 个一级指标和 16 个二级指标的具体内容为：教学理解（含教师理解、学生理解、学科理解、课堂理解四个二级指标）、教学态度（含学生关怀、教风教纪、言行举止三个二级指标）、教学过程（含教学设计、教学实施、教学调控三个二级指标）、教学效果（含知识积累、能力提升、思维发展、情感体验四个二级指标）及教学特色（含教学风格、学科特点两个二级指标）。《教学质量评价指导标准》的研制过程严谨细致，内容维度科学合理。五个一级指标间既具横向相互独立性，又具内在逻辑统一性，是一个有机的整体。在五个一级指标中，"教学理解"处于首位，在指标体系中具有引领作用，要求教师对学生、学科、课堂及教师自身有深度理解。"教学态度"中的"学生关怀"指标，突显出我校对教学中师生间的情感交流、学生的专业发展、学生批判和创新精神培养的重视。关于"教学效果"，作为师范大学，我校更加关注学生"学科思维"的发展和课堂教学中的积极的"情感体验"。《教师教学评价指导标准》是对教师课堂教学质量的基本要求，是实施课堂教学的基本规范，是引领教师教学专业发展的基本准则，也是教师教学准入、培训、考核、评奖评优、岗位聘用等工作的基本依据。

（二）开发《教学质量评价参考工具》，促进教师教学改革

可操作、可测量是教学评价的基本特征，也是教学评价的难点。我校

[①] 蔡敏. 美国著名大学教学评价的内容特征 [J]. 外国教育研究，2006，33 (6)：25-28.

针对本科学生、同行专家、教学督导及教学管理部门等不同的评价主体，研制了不同的《教学质量评价参考工具》，如《本科课堂教学满意度测评表》（学生用）、《本科课堂教学质量评价表》（同行专家用）、《本科教学常规检查评价表》（教学管理部门用）、《本科教学运行状态监测评价表》（教学督导用）等。高等教育教学评价，主要是从学生那里获得反馈信息。针对学生的课程和教学评价问卷是评价教师教学的普遍方式。① 在设计教师教学评价工具时，我校注重以课堂教学中能够观察到的教学事实、学生对课堂教学的各种切身感受为主，如教师设计的课程是否有趣，是否具有挑战性和启发性，教师是否运用了典型的案例，学生间是否经常分组合作，课程的进度能否让学生接受等非模糊抽象的概念性问题。这些问题以评价者能够观察到的教师的教学实际行为为基础，能够真实地描述教师在教学中的具体行为表现，具有可操作性和可测量性。评价者完全可以根据自己的切身观察，做出客观、准确的评价。我校还设计了补充性开放式问题，如对教师教学提出肯定性意见和提出改进建议等。评价者可充分表达评价过程中的切实感受，反馈丰富的评价信息。《教学质量评价参考工具》为评价主体提供了课堂教学质量评价的基本依据与参照标准，也为教师教学改革提供了方向指引与专业指导。

四、规范教学评价过程，创造先进教学文化

（一）注重评价对话，促进教学的开放性

教学评价中的对话是以教学为载体，实现多元主体对教学评价标准、方案、流程及结果的协商、沟通、交流与认同过程。长期以来，高校教学评价权主要掌握在"行政人"手中，行政力量掌控高校教学评价的全过程。"行政人"控制着高校教学评价标准、评价方式以及对评价结果的认定与使用，致使高校教学评价存在着"学术人"与"行政人"的冲突。为消弭冲突、化解矛盾，组建教学评价专业共同体，建立沟通协商机制，实施多样化的教学评价，加强"学术人"与"行政人"的合作，回归高校教

---

① SPOOREN P. Evaluating Teaching and Learning. A Practical Handbook for Colleges, Universities and the Scholarship of Teaching [J]. Higher Education. 2013, 66 (3): 375-377.

学评价的本真内涵。[①] 教学评价的标准与准则应由以往管理者控制下的预设与确定调整为由多元价值主体共同协商制订，在评价的过程中动态和开放地调整。评价的标准与准则是生成性的，在遵循教学目的的前提下，通过具有间接性、无序性、情境性等特征的评价方式，使评价者与被评价者在协商的过程中达成开放性的评价标准与准则，依此开展评价。[②] 在教学评价过程中，我校极力淡化行政管理色彩，着力突出学术人之间的对话过程。课堂教学成为学术人对话的载体，由以往的私人隐秘生活空间逐步转变为学术人之间对话的平台。近年来，我校持续开展的"东师公开课"活动，成为我校教学由封闭走向开放的重要标志，体现了我校教师教学文化的开放性。

（二）规范评价流程，增强教学的研究性

教学评价是一项复杂而专业性极强的教育活动，一般采取四个步骤：第一步为建立评价指标体系，第二步为组织人员按指标体系进行评价，第三步为依据权重进行教学处理得出评价结果，第四步为分析、反馈。[③] 在教学评价过程中，我校极为重视"流程"的规范性，并以此推进教师教学学术研究，将教学评价过程与教学学术研究融为一体。我校教学评价的第一阶段为顶层设计，提出教学评价的指导理念及宏观架构。第二阶段为调研阶段，包括国内外高校教学评价的理论研究成果分析与实践经验借鉴及我校教学评价的历史经验总结与现实需求分析。第三阶段为教学评价指标体系及评价工具的研制与开发，这是整个评价工作的重点。为此，我校成立了由国家级教学名师、教学骨干及学科教学研究者等组成的专门的科研攻关课题组负责研制与开发。第四阶段为意见征询与学术研讨阶段，包括教务委员会、教授委员会、教师代表及学生代表等各类主体的意见征询及校内外专家学者的学术研讨，课题组针对意见征询及学术研讨反馈的信息进行修改与完善。第五阶段为审议阶段，包括校长办公会的意见征询、辩论、审议与通过等环节。第六阶段为实施阶段，包括学生课堂教学满意度

---

① 赵俊芳. 高校教学评价："学术人"与"行政人"的博弈 [J]. 复旦教育论坛，2012，10 (5)：28-32.

② 刘佳. 第四代评价理论视阈下高校教学评价制度的反思与重建 [J]. 教育发展研究，2015 (17)：56-61.

③ 徐赐宁，郭宝星. 建立合理的高校教学评价指标体系 [J]. 高校理论战线，2002 (11)：43-46.

测评、教学部门教学常规检查及同行专家课堂教学质量评价等。第七阶段为评价反馈阶段，包括评价结果的筛选整理、统计分析、反馈指导、教学改进、研究发布及奖励激励等。规范、严谨的教学评价过程，促进了我校教师课堂教学的研究性，丰富了我校教学文化内涵。

五、发挥教学评价功能，提高人才培养质量

教学评价是为了帮助教师提高教学能力，帮助学院、教务委员会等评定教师的教学表现。[①] 科学合理地利用教学评价信息，有利于提高教师和教务管理部门研究教学和管理的积极性，完善教学管理的工作方法，提高工作效率；有利于宣传优秀教师的教学经验和方法，带动教师队伍整体素质的提高；有利于优化高校教学的整体环境，达到提高教学质量的目的。[②] 我校将教学考核评价结果作为教师职称（职务）评定、绩效分配、评优评先及继续培养的重要依据，充分发挥考核评价的鉴定、指导、激励与教育等综合功能，充分尊重和切实保障教师在办学中的主体地位。

（一）回归教学，教师活跃角色得以确认

大学教师有三种活跃角色。[③] 第一种角色以"教育人类学"为合法性基础，以学生的成长和发展为本位。大学教师要教书育人，要上课，要带学生；是园丁，是人类灵魂的工程师，是蜡烛。第二种角色以"认识论"为合法性基础，以学科专业为中心的学术和科研本位。大学教师要进行科研，要拿项目，要有经费，要加入科研团队，要写论文，要有科研成果；是学者，是真理的化身，是研究者，是知识的权威。第三种角色是以"政治论"为合法性基础，突出强调大学教师的社会责任和为国家为社会服务的职能。大学教师是社会代言人或社会的代表者，是道德的榜样和社会的良心。在这三种角色中，第一种是基础，是根本；第二种即科研，是为教学服务的手段；第三种是第一种角色职能的拓展。因此，教师的本分、本位、本职就是教学。几年来，我校以教学评价为规约，促使教师回归教学

---

① THOMAS P, SAINE. The Evaluation of Teaching and the State of the University [J]. Modern Language Association. 2016 (9)：39-45.

② 张帆，王晶，傅万堂，等. 浅谈高校教学评价结果的应用 [J]. 中国大学教学，2009 (9)：72-73.

③ 杨杏芳. 大学教师角色扮演的哲学与社会学分析 [J]. 贵州师范大学学报（社会科学版），2006 (2)：113-117.

本位，教师以承担本科教学任务为荣，教授承担本科生专业基础课程成为教学生活常态。

（二）研究教学，教学学术成果得到尊重

教学学术能力对重构大学教师的评价制度具有重要意义。教学学术能力的引入将导致大学教师评价范式发生转变。在传统的范式下，大学教师的发展等同于专业（学术）发展，专业（学术）发展的水平主要用科研成果的多少来衡量。在新范式下，大学教师的专业水平将主要以大学教师的课程开发和教学设计能力来反映。[①] 我校将教师教学学术研究成果作为教师评价的重要内容。一方面，使教师的教学学术研究得到尊重；另一方面，极大地激发了教师开展教学学术研究的积极性，形成一个教学学术研究的良性循环系统。例如，为进一步鼓励教师关注教学、重视教学、研究教学，推进教学改革与创新，传播与创生具有鲜明特色的大学教学与教师教育文化，我校设立了"教师教学发展基金项目"，得到全校教师的积极响应。其中，"'东师青椒'微计划""'东师教师教育者'勉谕计划"及"'东师教师教学发展共同体'建设"等项目成为我校教师教学学术研究的品牌。这些项目既支持了教师开展教学学术研究，其研究成果又成为教师教学评价的重要指标。教学本身成为我校教师的学术研究对象，体现了师范大学的教师教学专业发展的特点。

（三）激励教学，人才培养质量得以提高

激发和鼓励教师参与教学、投入教学、研究教学、改革教学的积极性，是加强高校师资队伍建设、提高本科教学质量、培养创新人才的关键。除将教学评价结果应用于职称评聘和岗位津贴等人事政策，我校还建立了多项旨在尊重教师教学、维护教师教学专业尊严的教学工作奖励机制。例如，为了激励广大教师积极投入教学，保障教学工作的中心地位，我校大力开展教学改革与建设，并制订了《本科教学工作奖励办法（试行）2015》，对教职工及各相关单位在教学中取得的突出成绩进行表彰和鼓励。奖励主要包括教学成果类、教学改革与建设项目类、教学研究类、优秀教师和管理人员类四大类别。在此基础上，进一步制订《优秀教师奖

---

① 周光礼，马海泉.教学学术能力：大学教师发展与评价的新框架［J］.教育研究，2013，34（8）：37-47.

评选实施细则》，年度评选教学卓越成就奖 1 名、教学优秀奖 10 名及教学新星奖 5 名。教师教学评价结果是我校教学工作奖励的重要依据，教学评价激励了教师在教书育人、严谨笃学、教学改革等方面有了更多的具有创造性与可推广价值的成果，强化了本科教学的中心地位，加强了本科教学建设，提高了人才培养质量。

［原文刊载于《教育研究》2016 年第 10 期（李广　冯江）］

第 五 章

农村学校教师专业发展

　　农村基础教育课程改革是我国基础教育课程改革的重点与难点，解决农村基础教育课程改革问题是当前我国教育工作的重中之重。农村教师队伍建设对于提升农村教育质量具有重要的推动作用。改革开放以来，我国农村教师队伍建设虽然取得了显著成就，但仍然存在着农村师资短缺、专业知识匮乏、专业发展受限等问题。基于我国教师教育的实然状态与农村学校教育存在的实际问题，笔者对农村基础教育开展深入调查，剖析我国农村基础教育中影响新课程实施的诸多问题及成因，并针对农村教师专业知识来源、教师专业知识水平、教师专业知识困惑等方面进行研究，以期反映我国农村小学语文教师专业知识的发展瓶颈与困惑，提出解决策略，以推动农村学校教师专业发展，丰富教师教育发展路径，促进农村教育质量提升。

中国农村教师专业知识：问题分析与解决策略
——以中国东北地区 Y 县小学语文教师为调查对象

教师专业知识是教师教学活动顺利进行的根基。以往关于教师专业知识的认识，部分人局限于学科知识、学科技能等方面。从某种程度上，这样的认识限制了教师专业的发展。自美国研究者舒尔曼[①]关于教师专业的研究，打破了以往教师专业知识研究的局限，使教师专业知识的研究逐步成为教师教育领域研究的焦点与热点。基于我国教师教育的实际现状，特别是农村师资短缺、专业知识匮乏等诸多方面的"实然"状态，针对农村教师专业知识来源、教师专业知识水平、教师专业知识困惑等方面进行的实然研究，成为当前农村教师专业发展的"应然"诉求。

一、调查设计

（一）调查内容

为了获取教师专业知识的来源与发展水平的"实然"状况，本研究借鉴美国研究者舒尔曼及国内影响较大的林崇德、申继亮[②]等对教师专业知识结构的研究，并参照由东北师范大学马云鹏教授主持的教育部师范教育司专项课题（教师司［2008］23 号）研究成果，确定了小学语文教师专业知识基本结构，即包含本体性知识（即学科内容知识）、条件性知识（包含教育理论知识、课程知识）、教学性知识（即学科教学知识）（如图5－1所示）。基于该结构，本研究的调查内容包括：农村教师专业知识来源调查；农村教师专业知识水平测查（教育理论知识、课程知识、学科内容知识和学科教学知识）；农村教师专业知识发展困惑及解决策略的意见调查。

---

① SHULMAN L S. Those who understand：knowledge growth in teaching ［J］. Educational Researcher，1986，15（2）.

② 辛涛，申继亮，林崇德. 从教师的知识结构看师范教育的改革 ［J］. 高等师范教育研究，1999（6）；12-17.

$$教师专业知识基本结构 \begin{cases} 本体性知识（基础性）：学科内容知识 \\ 条件性知识（辅助性）\begin{cases} 教育理论知识 \\ 课程知识 \end{cases} \\ 教学性知识（实践性）：学科教学知识 \end{cases}$$

图 5 - 1　教师专业知识的基本结构

（二）调查对象

本研究以东北地区 Y 县的农村小学语文教师为研究对象，涵盖 Y 县的 11 个乡镇。采取集中测查的方式，共发放问卷 150 份，回收 135 份，有效问卷 122 份。同时，访谈 7 名经验丰富的农村小学语文教师（以 10 年以上教龄为参照标准）。

（三）调查工具

本研究借鉴并修订教育部师范教育司专项课题（教师司［2008］23 号）研究成果——《小学语文教师专业知识调查问卷》，问卷设计除了指导语和个人基本信息，共包含三部分。访谈提纲主要围绕一线教师对专业知识的整体认识、课堂教学中知识的运用及教师培训等方面进行设计。本研究使用软件 SPSS11.5 for Windows 和 Excel 进行数据录入、管理与分析。

二、调查结果分析

（一）农村语文教师专业知识来源状况

本研究参照范良火《教师教学知识发展研究》[①] 的相关成果，对 Y 县农村小学语文教师专业知识获取途径进行了调查。结果显示：职前教师知识获取途径主要来自师范大学的语文专业课、教法课、教育实习、微格教学等方面。职后教师主要通过学历补偿教育、在职专业培训、教学经验与反思、教学观摩活动、和同事的日常交流、阅读专业书刊获取。

---

① 范良火. 教师教学知识发展研究 ［M］. 上海：华东师范大学出版社，2003：40-50.

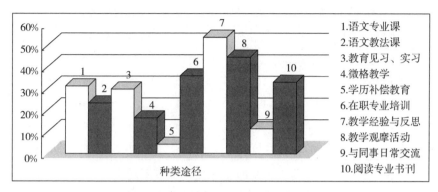

图 5 - 2　语文教师专业知识获取途径

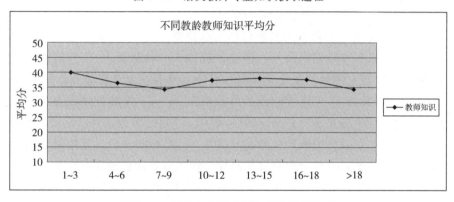

图 5 - 3　教龄与教师专业知识之间的关系

从调查问卷样本的占有率来看，数据图 5 - 2 显示：语文专业课约占 27.4％，语文教法课约占 16.4％，见习和实习约占 24.3％，微格教学约占 10.1％。从调查可以分析出，农村语文教师专业知识多来源于学生时代师范培养课程，而后续的教学实践也成为教师专业知识来源的重要渠道，且知识的来源呈现多元性、实践性与理论性的统一。职前与职后的教师专业知识来源有明显的差异，同时反映了农村语文教师专业知识来源的不足与匮乏。

（二）农村语文教师专业知识水平状况及问题分析

1. 农村小学语文教师专业知识的整体状况

农村小学语文教师专业知识整体水平很低，总平均分低于及格分；教育理论知识和学科内容知识状况要好于课程知识与学科教学知识，前两者知识水平基本合格，后两者未达教学基本要求；农村教师专业知识水平高低的差距非常显著。（如表 5 - 1 所示）

表 5－1　东北地区 Y 县农村小学语文教师专业知识整体状况

知识类别	满分	平均分	及格分	标准差	最大值	最小值	正确率（%）
教育理论知识	11	6.7213	6.60	1.67757	11.00	2.00	61.10
课程知识	18	9.6311	10.80	2.37480	15.00	1.00	53.51
学科内容知识	24	16.6148	14.40	2.70123	21.0	9.00	69.23
学科教学知识	15	4.0492	9.00	1.85798	9.00	0.00	26.99
总分	68	37.0164	40.8	8.61158	56.00	12.00	210.83

从整体分布来看，具有明显的差异性，分布不均衡；对知识的获取也具有明显的差异性。同时反映了我国长期以来对于学科知识的重视，对教师的专业知识其他方面重视程度不够。

2. 教龄、学历与教师专业知识的关系分析

教龄与教师专业知识关系：调查分析得知，教龄在 1～3 年的教师与教龄在 18 年以上的教师在专业知识总得分上差异性十分显著（$P=0.000<0.01$），教龄在 18 年以上的教师与教龄在 13～15 年的教师在专业知识总分上差异性十分显著（$P=0.006<0.01$），同时与教龄在 10～12 年的教师在专业知识总分上表现显著差异（$P=0.014<0.05$）。其他教龄段组的教师在专业知识总分上没有显著差异。教师专业知识的发展在教龄的不同期有不同程度的起伏与变化，有明显的不稳定性。（如图 5－3 所示）。

第一学历与教师专业知识的关系：第一学历越高，教师专业知识水平越高；中专教师与大专教师的专业知识差异不显著（$P=0.068>0.05$），大专与本科教师的专业知识差异性也不显著（$P=0.515>0.05$），而中专教师与本科教师的专业知识存在显著的差异性（$P=0.028<0.05$）。（如表 5－2 所示）。

表 5－2　不同学历教师的专业知识水平

学历（I）	学历（J）	Mean Difference(I－J)	Std.Error	Sig.	95% Confidence Interval	
					Lower Bound	Upper Bound
中专	大专	−2.0840	1.13187	0.068	−4.3253	0.1572
	本科	−3.1481(＊)	1.41151	0.028	−5.9431	−0.3532
大专	中专	2.0840	1.13187	0.068	−0.1572	4.3253
	本科	−1.0641	1.62815	0.515	−4.2880	2.1598
本科	中专	3.1481(＊)	1.41151	0.028	0.3532	5.9431
	大专	1.0641	1.62815	0.515	−2.1598	4.2880

＊ The mean difference is significant at the 0.05 level.（$P>0.05$ 差异不显著；$P<0.05$ 差异显著）

从对调查的分析得知，学历的高低程度影响教师专业知识的水平，且呈现学历越高，教师的专业水平越高的趋势。该县农村语文教师的学历多集中于中专与本科之间，且高学历教师较少，曲线走势呈下降趋势。可见，该县语文教师整体的专业知识水平不容乐观。

分析表明，该县农村小学语文教师的专业知识的发展遇到了发展的困境与瓶颈。首先，教师对专业知识构成认识偏颇。个人知识、缄默知识等词汇作为"个性化教育"的产物，逐渐成为当前教师专业知识的重要组成部分，然而被调查的教师仍然将专业知识等同于学科知识。其次，教师专业知识获取时空有限。调查发现，农村小学教师工作繁重，学习时间不充沛；教师培训机会有限；同时，在获取专业知识方式、财力、学校支持等方面都会受到阻碍。教师专业知识的发展在时间与空间上，都无法发展。再次，教师专业知识供给与需求相矛盾。若将师范大学和培训机构视为教师专业知识的供给者，一线教师则为知识的需求者，供给者向教师所提供的知识更多偏向理论知识，而需求者在有限的时间里，希望从供给者那里获得立竿见影的教学实践知识，结果往往事与愿违。最后，教师专业知识发展停滞不前。15 年以上教龄的教师专业知识发展虽然趋向稳定，但开始呈现下降趋势，18 年以上教龄的教师专业知识发展甚至出现倒退现象。

3. 农村小学语文教师专业知识的具体状况

教师知识来源与知识水平的现状不容乐观，教师知识来源不足，知识发展水平有下降趋势。本研究将基于教育理论知识、学科内容知识、课程知识和学科教学知识四种知识，对该县农村语文教师的问题进行深度解析。

教育理论知识薄弱，科研知识匮乏。教育理论知识整体水平基本合格，总平均分高于及格分；随着教龄的增加，教龄在 1～6 年和 10～15 年的教师教育理论知识水平不断提高，6～10 年和 15 年以上教龄的教师教育理论知识水平逐渐下降；整体上，教育理论知识发展呈下降趋势。从数据分析得知，该县农村小学语文教师存在：（1）语文教育理论知识薄弱。农村教师对新课程的基本理念能够掌握，但是深入语文学科，他们的语文教育理论知识掌握得不好；（2）科研知识匮乏。农村教师除了教研组活动外，教师的个人研究很少，并缺乏研究指导。

学科知识不扎实，知识视野狭窄。从调查数据分析得知，该县农村语文教师课程知识整体水平较低，总平均分低于及格分；教师课程知识水平高低分的差距显著；各个教龄段教师的课程知识都不及格，教龄在 10～

15 年教师的课程知识水平最高，在 6～9 年教师的课程知识水平最低；教龄在 4～6 年教师课程知识水平明显下降，直到教龄达到 10 年以上，课程知识有所提高，但是 18 年以上的教师课程知识水平仍然低于其他各教龄段教师（4～6 年教龄段除外）。从而得知其问题表现在：第一，基础知识不扎实。比如问卷中对词语理解、成语的考查，答对人数不到一半，教师的书写也很不规范。第二，知识视野不广阔。问卷调查显示，在对中外、古今文学常识测查中，有近 30％的教师存在问题。

课程知识理解概而不全，课程理解停而不前。从数据分析得知，该县语文教师学科内容知识整体水平合格，是四种知识得分情况最好的；各个教龄段教师学科内容知识都合格，均在平均知识水平以上。但教龄在 9 年以下教师学科内容知识水平明显下降，直到教龄达到 10 年，学科内容知识缓慢提高，教龄在 18 年以上的教师学科内容知识水平再次下降，并且下降幅度较大。从数据分析可得知，农村语文教师学科内容知识存在课程理解概而不详的现象。课程知识总平均分较低，访谈中了解到教师对其掌握得不深，对课标中新增知识不熟悉。如"口语交际"是语文课标新增内容，但调查发现教师对新课标的内容掌握并不准确等方面的问题。

学科教学知识墨守成规，不思改变。学科教学知识在四种知识中得分最差，整体水平很低；教龄在 1～6 年的教师学科教学知识水平明显下降，但随着教龄的增长，学科教学知识水平逐渐提高并趋向稳定；根据卷面反馈，1～3 年教师学科教学知识得分最高，教学中能够渗透新思想，运用新方法；绝大部分教师仍然墨守成规。结合部分教师的访谈可得知，该县农村小学语文教师学科教学知识在某一时期并无明显变化，部分教师专业知识在获得一定的增长后，存在满足现状、不求变化的现象。学科教学知识一般表现为教师"怎么教""怎么做"。从问卷反馈看，绝大部分教师对问题的回答是"答非所问"。访谈中也发现，一些教师对自己在课堂上学生发生异议问题的处理上，往往不知如何去有效指导而简单化处理。

三、中国农村语文教师专业发展的解决策略

（一）建构与完善符合农村教师教育与教师专业发展的新模式

为教师专业知识的发展提供发展的策略，应建构较为有效的发展模式。东北师范大学基于多年的探索与实践，创造性地提出了"师范大学—地方政府—中小学校合作"，即"U—G—S"合作教师教育新模式，本模

式建立了教师教育创新东北实验区。以"东北师大—实验区—东北师大"的循环互助方式，多渠道为实验区基础教育发展服务，为首届免费师范生创造优良的实习条件。规模上，与东北三省的 23 个县（市）和 105 所中小学达成协议，形成了多功能综合性实验区；成效上，提高了师范生的教育教学实践能力和学科教师的教学实践指导能力、科研能力；推动了实验区的教师专业发展，提高了实验区教师培训机构的教育能力。从当前的探索与实践来看，东北师范大学的教师教育改革模式，为教师专业知识的发展提供了可践行、可操作的实践模式。同时，为我国教师教育改革的模式提供了可借鉴的经验。

（二）创建与完善农村教师专业知识标准，实施多元化的教师评价形式

为有效地促进农村语文教师专业知识的发展与完善，国家应给予良好的国家环境，即创建与完善有利于农村语文教师专业知识发展的环境。首先，在教师专业知识标准化方面，我国的教师职业资格认证制度虽然为教师专业发展提供了可参照标准，但缺乏实施的可操作性。因此，国家应保障教师专业知识标准化尽快出台。其次，在教师评价机制方面，为了贯彻教师评价机制的有效实施，对教师专业知识评价应尽量做到评价主体多元、评价内容全面、评价方式多样等。但近些年随着教育的不断扩招，师范生的培养和教师培训效果不尽如人意，东北师大创新"U—G—S"教师培养模式，有效地解决了这两大问题。

（三）建构适合农村教师专业发展的"校与校""师与师"合作交流有效平台

为了促进农村语文教师的专业知识发展，学校应该建构适合农村教师专业发展的"校与校""师与师"合作交流有效平台。首先，在条件保障方面，学校应减轻教师工作负担，从体力、时间上保障教师轻松愉悦地学习；并给予充分学习与发展的时间与空间，提供积极的环境支撑，使教师有良好的教学探索与研究的空间。其次，校本培训方面，学校应根据实际情况，创新多样化校本培训，如专家引领式、主题汇报式、集体讨论式、课例分析式等形式。最后，合作发展方面，学校有责任和义务帮助教师谋发展，如"U—G—S"教师培养模式，与大学全面合作，共同谋发展；除此之外，还可与同等地位的其他学校合作，构建校与校、师与师合作交流的平台，取长补短，共同发展。

（四）建构农村教师专业知识的学习共同体，不断提升教师自我反思能力

为教师自我反思能力的提升，提供成长的载体，即专业知识的学习共同体。从教师专业发展的主体性层面来讲，要保障教师的主体地位，创建知识学习共同体，提升反思能力。首先，要保障教师在知识发展中的主体地位。教师不仅是知识的学习者，也是知识的建构者，要增强教师在知识选择、知识运用方面的选择权与决定权；同时尊重教师的个体差异，为培养不同风格的教师创造有利的条件。其次，鼓励教师多种形式的自我反思，提升教师自我反思能力。如撰写生活史、教学日志、课后总结与札记，也可以运用网络资源撰写博客、分享日志等形式践行。再次，采用多样化教师培训形式，如参与式培训、案例式培训、研究式培训等。最后，构建教师专业知识学习共同体。鼓励教师之间多对话，多交流，多借鉴，促进教师专业知识的整体发展。与名师对话、与同事交流是有效提高教师专业知识的两种方式。

总之，该县农村教师教育发展面临着严峻的问题，也反映了当前中国农村教师专业发展的新挑战。我们应秉承传统的实践与理论的探索经验，不断地创新教师教育发展模式。为教师的专业知识的发展提供良好的国家环境、学校环境、自我反思的环境，同时需要有较为可行的实践模式。教师只有具备完善的知识结构，实现本学科的专业知识的有效整合，才能充分体现教师教育教学的艺术性和科学性，才会产生良好的教学效果①。因此，无论是国家层面、学校层面，还是教师自我发展层面都需要不断地进行创新与探索，以促进我国农村语文教师专业知识的不断发展，为我国农村的教育提供良好的师资，从而繁荣我国的农村教师教育事业。

[原文刊载于《东北师大学报（哲学社会科学版）》2012年第6期（李广　朴方旭）]

---

① 周奇. 新世纪教师专业素质初探 [J]. 教育探索，2001 (1)：46-47.

"学校—社区互动"促进农村学校改进研究

学校坐落于社区之中，学校是社区的重要组成部分。学校是社区的学校，学校教育是社区生活的特殊表现形式。社区包围着学校，社区是学校存在的物质环境载体，学校与社区紧密相关，学校教育与社区生活无法分离。"学校—社区互动"成为学校与社区生活紧密结合的实践样态，是促进农村学校改进的有效路径。社区成为学校教育的重要课程资源，成为人的成长与发展的精神寄托和情感归宿。学校回归社区，教育回归生活，农村学校回归农村。"学校—社区互动"促进农村学校改进已经成为一种时代"疾呼"，成为农村学校发展的历史必然趋势。

一、价值追求

(一) 回归农村与扎根乡土

农村学校改进的基本前提是要厘清与把握农村学校的特殊属性，即农村学校姓"农"而不姓"城"。首先，农村学校应在空间上回归并扎根农村学校社区环境中。农村学校应将农村社区环境作为自身赖以存在的客观物质载体并加以细心呵护、热爱、开发与建设。其次，农村学校应在时间上回归并扎根农村学校社区历史之中。学校与社区的发展几乎是同步进行的，学校的历史与社区的历史是不可分开的，农村学校的发展史就是所在社区的发展史。农村学校应将自身置于社区发展的历史长河中审视自身的前世今生，规划自身的未来发展与改进愿景。最后，农村学校应在教育内容上回归并扎根农村社区生活经验中。农村学校教育应珍视农村本土的优势自然环境、良好的社区历史文化传统和悠久的农耕社会生活经验，避免教学内容成为农村孩子的"异己"精神世界，使农村孩子在文化准备与文化资本上的优势反而成为农村孩子前进的精神障碍。农村学校回归并扎根农村，在学校文化上体现为亲近、认同、传承与发展社区文化；在教学方式上，体现为认识社区、走进社区、体验社区、建设社区；在课程内容

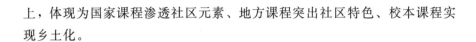

上，体现为国家课程渗透社区元素、地方课程突出社区特色、校本课程实现乡土化。

（二）记住乡愁与全人发展

农村学校改进的育人目标定位应体现"人为性"与"为人性"的和谐统一，并以"为人性"引领"人为性"。"人为性"指的是，农村学校改进的育人目标定位要充分体现农村教育的特殊属性。农村学校与山水、乡愁有着天然的血脉关系，因此，农村学校改进的育人目标定位更应体现在"记住乡愁"这一要素上所具有的独特优势。记住乡愁，首先，应注重培养学生的亲情、乡情和家国情怀。其次，应注重培养学生形成与社区自然环境、村落民居建筑、社区邻里乡亲良好的物我关系与人伦关系。最后，应注重村落故事、社区民俗和古老的民族文化传统的讲述与传承。记住乡愁，既包括乡村物质要素记忆，也包括乡村非物质文化记忆，二者往往融为一体、相互渗透，构成有机整体。为学生留住这些乡村记忆，才能为学生留住乡愁。这既是对农村学校特殊属性的尊重，也是对农村学校学生情感记忆的尊重。"为人性"指的是，农村学校改进的育人目标定位要指向农村学生主体的全面发展。农村学校，其本质属性落脚点在"学校"，因此，农村学校改进同样必须尊重学校教育的基本规律，在尊重"农村"这一特殊属性的前提下，必须为学校教育着眼于人的全面发展这一本质属性服务。

（三）校本特色与共同成长

每个社区都有自己独特的历史文脉、乡贤名绅和自然山水，每所学校都置身其中并与其融为一体。这为农村学校特色办学提供了先天条件。首先，农村学校改进应充分尊重社区文化传统，体现区域文化特色。区域文化是特定区域空间范围内历经长久积淀形成的那些独具地方特色、传承至今并仍发挥作用的优秀的文化传统，是特定空间区域内人们日常生活中体现出的独有的生态、民俗、传统、习惯、文明等。它在一定的地域空间范围内与特定的自然环境相融合，因而深深地打上了地域特色烙印。区域文化是农村学校改进中取之不尽、用之不竭的课程资源，是农村学校特色办学的重要前提与基本保障。其次，农村学校改进应充分尊重其自身的办学历史文化传统，体现学校文化特色。每所学校创办至今已形成一种本然存在的历史文化传统，积累了丰富的办学经验，形成独特且相对稳定的办学风格和学校气质。农村学校文化包含其所处的自然环境、校园环境等物质要素，也包含校长的办学理念与教育情怀、教师的教学风格与个性品质、学校的整体风貌、学生的行为习惯和校风班风学风，以及与社区形成的互动关系等精神要素。农村学校改进应充分利用这些要素，使之进一步凸显校本特色，激发学校发展动力。农村学校并非农村社区里的"文化孤岛"，农村学校改进并非学校"孤军作战"。农村学校改进应体现"学校—社区互动"，追求学校与社区的共同成长。没有社区的成长，学校的成长将是无源之水、无本之木。

二、内容载体

（一）学校文化建设与办学理念提升

从实体性与实质性思维的视角看，学校文化的内涵具有多义性。从历史性与地域性时空的视角看，学校文化的外延具有多重性。从认识论与方法论哲学的视角看，学校文化的属性具有多质性。从农村学校本体视角看，农村学校文化最活跃的要素是其历史性与地域性特征。农村学校改进中的学校文化建设，一是要关注学校的历史文化传统，二是要关注学校的地域文化特色。农村学校文化建设是置身于农村特定的历史文化时空里对学校历史文化传统的继承、创新与整合，对学校地域文化特色的开发、汲取与彰显，使先进的、高品位的、具有鲜明特质的文化成为学校的强势文化和主导文化。通过学校的制度文化、精神文化、行为文化和物质文化的建设，增强学校发展动力和文化自信，引领与规约学校的改进与发展。在长期的积淀与凝练的基础上，学校文化会逐步形成学校的办学理念。农村学校的办学理念往往是潜在的或是隐性的，农村学校办学理念的提升是农村学校改进工作的难点。通过向下追问与向上追求、立足自我与参照他人、尊重历史与面向未来、着眼当下与躬身实践、学校自主与社区协同等方式，使农村学校逐步形成清晰的、显性的、具有学校鲜明特色的办学理念。

（二）教学模式建构与教师共同体发展

首先，农村学校地处自然山水脉络之中，农村学校与社区具有天然的紧密关系，社区里的一草一木、一山一石、一人一事、一情一景都是学校的课程资源，为农村学校建构"实践操作式"教学模式提供了无以替代的真实的教学情境。其次，农村学校学生具有独特的农村生活经验，养成了感性敏锐、想象丰富、意志坚强、探索欲望强烈、成功动机水平高等优秀品质，为农村学校建构"问题解决式"教学模式提供了重要的主体经验准备。农村学校改进应抓住农村学校教学上的独特优势，积极建构属于农村学校本质属性、符合农村学校本体特性的教学模式。教学模式的建构过程也是促进农村学校教师专业发展的过程，应积极促进农村教师专业素养结构的不断完善、道德智慧修养的不断提升、责任担当意识的不断强化、专业思维品质的不断自觉和专业情感态度的不断优化。回归农村、走向社区的农村学校教师专业发展不是教师个体孤立的发展，而是一个通过"学校—社区互动"所形成的教师共同体的发展。这一共同体既包括学校内部教师主体，也包括参与学校改进的社区成员，同时包括指导农村学校改进的大学研究者等。

（三）课程资源开发与社区建设规划指导

社区课程资源开发与社区建设规划指导是"学校—社区互动"促进农村学校改进的核心内容与关键要素。首先，农村学校改进应有鲜明的社区课程资源开发意识。社区课程资源开发的内容是丰富多彩的，既包括对社区历史文化传统资源的开发，关注社区古老的风俗习惯、历史人物、建筑古迹等；也包括对社区正在发生的现实存在的当下资源的开发，关注社区正在发生的变化、当下存在的问题、村民的现实日常生活等；同时包括社区可能发生的未来的变化。社区课程资源开发的过程是学校对农村社区文化的重新认识与再发现的过程，只有洞察农村社区的变迁，才有可能了解学生所承载的文化的内在逻辑，进而消解文化断裂的问题。[①] 其次，农村学校改进应有鲜明的社区建设规划指导意识。农村学校是农村社区中最活跃的文化主体，社区的规划、建设与发展应体现学校的意志与智慧。农村学校不是把农村社区作为课程资源单向地进行开发与索取，而是应以社区的主人公身份积极参与社区建设的规划与指导。这一方面会增强学校在社区建设与发展中的影响力和话语权，另一方面会因社区建设体现了学校意志而进一步丰富社区中可供学校利用的教育课程资源。

---

① 段会冬，莫丽娟. 农村社区：农村特色学校建设的文化源泉［J］. 现代教育管理，2012（6）：35-39.

三、有效策略

（一）理解与审议

理解与审议是"学校—社区互动"农村学校改进的起始准备阶段。理解是对客观事物本质属性的认识与把握。基于"学校—社区互动"的农村学校改进，首先，应对农村学校改进的本质属性加以认识和把握。农村学校改进，一是要突出农村学校的"农村"特殊属性，二是要促进农村学校的"学校"教育目标的全面实现，三是要推动农村学校从内到外的全方位变革。其次，应对农村学校改进的时代背景加以认识和把握。当前的农村学校改进是在中国特色社会主义进入新时代的背景下进行的，我国农村社会教育的主要矛盾已经转化为人民日益增长的优质教育需要和不平衡不充分的教育发展现实之间的矛盾。农村学校改进是满足我国广大农村地区人民幸福生活需要的重要举措。最后，应对农村学校改进的基本路径加以认识和把握。农村学校改进的路径多种多样，但基于我国农村社会现实和农村教育发展现状，"学校—社区互动"是其中的有效路径之一。学校与社区互动是学校与社区和社区成员、机构组织之间的双向交流与合作关系。互动必然是双向的，一方面，要使社区包括成员、机构、组织，理解、支持和帮助学校，以便有效地实现教育目标；另一方面，学校应该支持社区，面向社区，向社区开放，服务社区。[①] 理解的过程是学校、社区、政府以及大学多元主体间的互动过程，在多元主体相互充分理解的基础上，讨论并形成学校改进规划，研制并选择学校改进方案，评议并预判学校改进预期效果。审议是多元主体共同对学校改进计划进行审查评议，对方案的科学性、适切度进行评估、判断的过程。通过共同对方案的审议，增进对多元主体彼此需求及各自所能提供资源和进行援助的了解，以便共同完善与确定学校改进方案。

（二）协同与生成

协同与生成是"学校—社区互动"农村学校改进的主体实施阶段。协同，即在学校改进的过程中，以农村学校为核心，通过积极主动地整合社区课程资源、政府教育行政资源、城市学校优质教学资源及大学教育研究

---

① 刘淑兰. 学校与社区的互动 ［M］. 成都：四川教育出版社，2003：63.

学术资源等，有效地推进学校改进方案落实的过程。学校改进方案的落实是一个多元主体协同实践的过程，在此过程中，农村学校既是协同的启动者，也是协同的目标指向。农村学校所在社区，包括当地政府教育行政部门、手拉手城市学校、开展教育学术研究的大学科研机构等协同主体。在这一过程中，各自发挥优势，形成合力，共同促进农村学校改进目标的实现。生成，即在农村学校改进的过程中，根据学校改进实践中不同的问题情境，协同的多元主体自主调整与完善学校改进方案与实施策略的过程。生成可分为两种情况：一种是学校改进方案制订中预设的可能出现的问题确实出现了，而采用备用方案的情况；另一种是学校改进方案制订中不曾预想到的问题出现了，需要及时提供新方案的情况。无论是哪一种情况的出现，都需要协同的多元主体灵活地优化学校改进方案，创造性地实施学校改进方案。农村学校不是农村自然山水中的"文化孤岛"，农村学校应以社区"文化中心"的自信和自主，积极主动地进行多元主体协同，促进自身发展。同时，农村学校不是农村教育中的"被教育者"，农村学校应以农村教育"改进者"的主体身份与地位，不断主动地发现、认识和超越自我，提出学校改进愿景，规划学校未来发展方向。

（三）反思与提升

反思与提升是"学校—社区互动"农村学校改进的阶段性回顾与审视。在思维方式上，反思是指向过去已经发生的事物，是对农村学校改进所发生的行为、事件，产生的思想、观点等进行反省式思考，即反思初心、反思过程、反思效果。具体而言，一要反思农村学校改进的初心，追问自身是否依然在路上；二要反思农村学校改进的过程，追问自身是否把握住了正确的方向；三要追问农村学校改进的效果，追问自身是否实现了目标。通过反思，学校改进中的多元主体会更加清晰地看到自身源于何处，处于当下何种现实境遇之中，并对当前学校改进现状进行审视与评判。在思维方式上，提升是指向于未来的，是对农村学校改进现状的超越及未来愿景的规划。提升的本质是创新。提升就是要总结经验、建构理论、创造未来。具体而言，一要总结农村学校改进中的实践经验，形成阶段性成果；二要在农村学校改进实践的基础上建构理论，提高学校改进的理论指导水平；三要规划农村学校改进愿景，指明未来发展方向。反思指向过去，提升指向未来，农村学校改进永远在当下现实的路上，是一个基于过去、创造未来的伟大工程。"学校—社区互动"就是这一伟大工程的

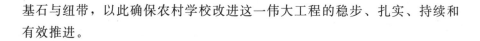

基石与纽带,以此确保农村学校改进这一伟大工程的稳步、扎实、持续和有效推进。

(四)完善与引领

完善与引领是"学校—社区互动"农村学校改进的过程性目标追求。"学校—社区互动"农村学校改进没有终点,永远走在不断完善的道路上。在制度上需要建立从国家意志到地方教育行政法规,再到社区与学校制度层面的完整的保障体系,在组织上需要为"学校—社区互动"提供合法性运行机制保障,在经费上需要大学为教育研究者提供研究经费保障,政府机构需要为中小学具体组织实施提供运行经费保障,社区管理部门需要为所在社区内的中小学校改进提供必要的公益性支持。"学校—社区互动"作为具有我国新时代特色的农村学校改进的有效模式之一,其长期实践探索所积累的丰富经验、总结凝练形成的教育理论体系以及创新生成的实践操作模式,必然对于我国当前的乡村振兴战略实施、农村教育深化改革、农村学校优质发展起到积极的引领作用。同时,对于我国农村教育未来发展愿景规划、农村学校办学理念提升、农村学校整体持续改进具有重要的参考价值。

[原文刊载于《教育研究》2018 年第 4 期(李广)]

吉林省小学生网络使用的城乡差异调查

　　小学生作为祖国的花朵，其身心发展均不成熟，具有较强的好奇心和更大的可塑性，更容易受网络的影响。加之我国经济发展不平衡性和城乡二元结构差异性的存在，使得对城乡小学生网络使用情况的探讨具有更大的理论和现实意义。

一、调查方法

（一）调查对象

　　采用问卷调查法，选取吉林省 4～6 年级小学生 240 名，其中城市小学、农村小学各 4 所，每个学校 30 人。共发放问卷 240 份，回收 219 份，剔除 10 份无效问卷，有效问卷共 209 份（城市 104 份，农村 105 份）。

（二）调查工具

　　自行编制《青少年网络使用情况调查表》，该调查表从五个方面对小学生的网络使用情况进行调查，包括上网频率、上网时间、上网地点、上网目的以及家长或教师对学生网络使用的指导，能较好地反映出小学生的网络使用情况。

二、调查结果

1. 小学生网络使用率的城乡差异

　　农村小学生上网人数为 30 人，占总体农村小学生人数的 28.6％；城市小学生上网人数为 99 人，占总体城市小学生的 95.2％。小学生网络使用率的城乡差异显著。

2. 小学生网络使用时间的城乡差异

　　调查显示：76.7％的农村孩子每周使用网络不到 1 小时；而城市孩子每周上网时间超过 1 小时的在一半以上，其中还有 5％的孩子每周上网时间在 6 小时以上。对城市和农村的小学生每周网络使用时间进行卡方检验，发现城乡小学生每周网络使用时间差异显著，详见表 5-3。

表 5-3　小学生每周网络使用时间

网络使用时间	1 小时以内		1～3 小时		3～6 小时		6～10 小时		10 小时以上	
	人数	比例/%	人数	比例/%	人数	比例/%	人数	比例/%	人数	比例/%
农村	23	76.7	5	16.7	2	6.7	0	0	0	0
城市	44	44.4	41	41.4	9	9.1	3	3.0	2	2.0

3. 小学生网络使用目的的城乡差异

如表 5-4 所示，农村上网的孩子中，约一半上网是为了查询信息，40% 左右的孩子是在玩网游或进行一般性的娱乐活动（如看电影、听音乐），极少数是聊天交友；而城市上网的孩子中，查询信息的占 29.3%，聊天交友却占到了 14.1%，比农村孩子高出 10.8%。对城市和农村小学生使用网络的目的进行卡方检验，发现二者差异不显著，详见表 5-4。

表 5-4　小学生网络使用目的

网络使用时间	查询信息		聊天交友		玩网游		一般娱乐		其他	
	人数	比例/%	人数	比例/%	人数	比例/%	人数	比例/%	人数	比例/%
农村	16	53.3	1	3.3	7	23.3	6	20.0	0	0
城市	29	29.3	14	14.1	34	4.3	18	18.2	4	4

4. 小学生上网地点的城乡差异

对小学生的上网地点进行分析，超过半数的农村小学生在家里上网，约 1/3 的学生在学校机房上网，还有 1/10 左右的学生在其他地方上网，比如同学家；而城市小学生绝大多数是在家里上网，很少到网吧上网，详见表 5-5。城市和农村小学生的上网地点存在显著差异，详见表 5-5。

表 5-5　小学生上网地点

上网地点	家里	学校机房	网吧	其他
农村	56.7%	30.0%	3.3%	10.0%
城市	93.9%	2.0%	0	4.0%

5. 家长或教师对小学生网络使用指导的城乡差异

我们从五个方面调查了家长或教师对小学生网络使用的指导情况，分别有 73.3% 和 78.8% 的农村、城市的家长或教师对小学生如何上网搜索信息进行了指导，城乡差异不显著；分别有 86.7% 和 82.8% 的农村、城市的家长或教师指导过学生哪些是有益的网站，城乡差异不显著；分别有 80％和 78.8％的农村、城市的家长或教师指导过学生如何了解网络的优缺点，城乡差异不显著；分别有 93.3％和 82.8％的农村、城市的家长或教师指导过学生如何在网络上进行自我保护，城乡差异不显著；分别有 83.3％和 89.9％的农村、城市的家长或教师针对如何管理上网时间指导过学生，城乡差异不显著。

三、小学生网络使用情况的城乡差异分析

从数据处理结果看，城市、农村小学生在网络使用率、网络使用时间以及地点等方面均存在显著差异，而在上网目的和家长或教师对小学生的网络使用指导方面差异不显著。造成这一现象的原因是多方面的。

1. 我国城市和农村的经济、教育发展不平衡，城乡居民的社会经济地位有差别

城市儿童通常拥有各种丰富的物质资源，而农村的基础设施水平远远低于城市，这一客观条件极大地限制了农村小学生对网络的使用。另外，城市与农村还是两种截然不同的文化背景或生活环境[①]，使得城乡儿童接触信息的数量和速度不同，他们看待新事物的态度和对网络的认识程度存在差异，这些都会影响他们对网络的使用。

2. 城市儿童和农村儿童的家庭环境、生活方式不同，他们对自己课余时间的支配也不尽相同

由于受家庭条件的影响，农村儿童要融入家庭生活中，比如分担家务；而城市儿童多为独生子女，其生活环境更为优越。因此，城市儿童大部分课余时间可能要在家中度过，他们有更多的时间在家中使用网络；而农村儿童多数时候会干家务，加之多数农村儿童家中没有电脑，他们使用网络的时间也就相对较少。

3. 农村家长的文化素质较之城市家长处于劣势，他们对网络"双刃剑"的认识程度有很大差别

绝大多数农村家长经常把上网看作不务正业，有百害而无一利，对儿童上网持完全否定的态度；而城市家长一般都能较理智地看待儿童的上网

---

① 谷传华，周宗奎，胡靖宜. 小学儿童社会创造性的城乡差异及其教育启示 [J]. 中国特殊教育，2009（8）：85-89.

问题，既不完全肯定，也不完全否定。这些来自家长的因素均会影响儿童对网络的使用。随着计算机网络在我们生活中的应用越来越普遍，小学生使用网络的比例必定会逐渐增大。网络影响着儿童的学习、人格形成和道德发展[①]，而小学阶段又是个体毕生发展中的关键时期之一，我们应该慎重对待小学生使用网络这一问题。

[原文刊载于《现代中小学教育》2010 年第 5 期（李广　马林）]

---

① 杨欢耸．关于少儿上网情况的调查与思考［J］．电化教育研究，2002（6）：64-67.

东北地区中小学生家长对学校满意度实证研究

一、问题的提出

学校满意度反映个体对学校所持有的积极态度，是家长对子女在学校生活质量的认知评价。[①] 随着时代的发展，家长对学校满意度已经成为评价学校教育质量和管理水平的重要指标，也是学校建设发展和改革的重要依据。家长作为学生监护人以及教育消费者，他们有参与学校教育管理的权利。与此同时，通过提高对学校的满意度调动家长关心支持教育的积极性，将有利于改善和加强学校、家庭、社会三者之间的关系，这对于促进学校发展、全面提高中小学教育质量有重要的意义。[②]

然而，在实际教育教学工作中，家长的态度和意见并没有得到充分的尊重和使用。目前，国内关于中小学生家长对学校的满意程度的研究也很少，主要原因在于家长满意度有效测量工具的缺乏。多数学校仍通过举办家长座谈会、进行电话采访、教师家访等传统方式获取家长的态度和意见。近年来，随着互联网的普及，也有不少学校开始借助网络论坛了解家长对学校的满意度。但总体上来说，学校了解家长对学校满意度所获得的数据和信息有很大的局限性，地区之间难以进行横向比较，不利于学校之间的交流合作。当前，我国的一些研究者已开始关注家长满意度调查工具的开发，如张忠山（2003）[③]、高兵和胡咏梅（2006）[④] 等人通过自编问卷调查中小学生及家长对学校的满意度，等等。但这些研究主要关注的是学生对于学校的满意度，对家长满意度的关注不够，而且调查工具的信度及

---

① GERKENSMEYER J E, AUSTIN. J K, MILLER T K. Model Testing：Examining Parent Satisfaction [J] Archives of Psychiatric Nursing, 2006 (20)：65-75.

② 杨天平. 欧洲七国关于家长参与学校教育项目的研究综述 [J]. 内蒙古师范大学学报（教育科学版），2003, 16 (3)：8-13.

③ 张忠山. 小学生家长对学校的满意度研究 [J]. 上海教育科研, 2003 (3)：8-11.

④ 高兵，胡咏梅. 中小学学生及家长满意度的实证研究 [J]. 内蒙古师范大学学报（教育科学版），2006, 19 (10)：73-76.

效度也尚需做进一步检验。

在西方国家，家长对学校教育服务的满意程度一直以来都是评价学校服务质量的重要指标。例如，美国的义务教育也是由公民纳税支持的基础教育，家长作为纳税人有权过问学校的教育状况，维护自己及其子女的权益。[①] 另外，为了协调学校和家长之间的关系，美国早在 1897 年就成立了大规模的家长教师联合组织，加强家庭和学校的联系，促进家长和教师在学生教育上的有效合作。[②] 美国有关家长对学校满意度的研究较多，而且开发了这方面的测量工具，但是由于教育体制以及文化背景等因素的差异[③]，我们无法将这些测量工具直接运用到我国家长对于学校满意度的研究中。

综上所述，本研究拟通过采用自编的符合我国基本国情的家长满意度测量工具，对东北地区家长的学校满意度进行调查，旨在为教育行政部门、中小学校的家长满意度调查研究提供理论依据和工具支持，同时通过调查了解该地区中小学校普遍存在的问题，为学校改善校内外教育环境、提高教育教学质量提供学术支持。

二、问卷编制

（一）初始问卷编制及预测

本研究通过文献综述、开放式问卷调查、座谈会、网络平台调查以及专家意见等多种途径，收集涉及中小学生家长对学校满意度的维度和内容，在此基础上经过专家组集体讨论并编制题项，形成初始问卷。初始问卷由两个基本部分组成，第一部分为家长基本信息，第二部分为满意度调查的 99 道测题，分别属于"学习环境与硬件设施""教师教学与管理""就餐环境""家校联系""校长工作""学校收费"六个维度，采用李克特

---

① GARLAND A F，HAINE R A，BOXMEY ER C L. Determinates of Youth and Parent Satisfaction in Usual Care Psychotherapy [J]. Evaluation and Program Planning，2007，30 (1)：45-54.

② GLADYS E. IBANEZ，KUPERMINC G P，JURKOVIC G，et al. Cultural Attributes and Adaptations Linked to Achievement Motivation among Latino Adolescents [J]. Journal of Youth and Adolescence，2004，33 (6)：559-568.

③ CASTRO D C，BRYANT D M，PEISNER-FEINBERG E S，et al. Parent Involvement in Head Start Programs：the Role of Parent，Teacher and Classroom Characteristics [J]. Early Childhood Research Quarterly，2004 (19)：413-430.

5 点评分法，分为"非常满意""比较满意""不确定""不太满意"和"非常不满意"五个选项，分别对应 5、4、3、2、1 的计分，题项均为正向记分，满意度越高所得分数越高。我们在东北地区分层抽取小学一年级至初中三年级共 9 个年级 270 名学生家长，使用初始问卷实施调查，数据用于筛选测题，形成正式问卷。

（二）预测数据的分析及正式问卷的形成

1. 项目分析

本研究用区分法进行项目分析，即根据问卷总分将被调查者分为高分组（前 27%）与低分组（后 27%），然后对两组被调查者在每一题项上得分的平均数进行差异性检验，将差异不显著的题目删除，然后对留下的测题又用相关法进行项目分析，对每题得分和总分间进行相关分析，将相关系数在 0.3 以下的题目删除。项目分析结束后共删除 20 道题目，留下 79 道题目。

2. 探索性因素分析

使用 SPSS13.0 对项目分析后余下的 79 项初始问卷测题进行探索性因素分析。KMO 值为 0.987，Bartlett 球形检验，x^2 值为 210649.6（自由度 1653），在 0.001 水平上显著，说明样本数据适合进行因素分析。我们进行因素抽取，删除因素负荷小于 0.3 的题目 21 道，最后得到六个因素："教师教学与管理""家长与学校联系""就餐环境""学习环境与教学设施""校长工作"以及"学校收费"，特征值都大于 1，解释总变异量的 73.11%。六个因素共有 58 道题目，各因素均包含 5 个或 5 个以上项目，且因素负荷都大于 0.4。然后，我们邀请七位教育心理学专家、学者对题项进行初步评定，他们一致认为，该问卷题项代表性较强，能有效测定中小学生家长对学校的满意度，还具有较理想的内容效度。

3. 信度分析

我们对家长满意度问卷的信度进行了检验。结果显示，各因子的内部一致性系数均在 0.80 以上，而且整个问卷的 α 系数达到了 0.987。这一结果说明该问卷达到了测量学要求的内部一致性。

4. 效度分析

因素分析结果显示，影响家长满意度的因素主要有"教师教学与管理""家校联系""就餐环境""学习环境与教学设施""校长工作"以及"学校收费"六项，与基线调查的结果相一致。同时，各因素与总量表的相关分析表明，家长在这六个维度上的反应具有一致性。这说明本问卷在测量家长对学校的满意度的应用中是有效的。问卷保留的 58 个项目在各自维度上的因素负荷在 0.48 到 0.83 之间，所有项目的因素负荷均在 0.40 以上。从因素分析的结果来看，本问卷具有较好的构想效度。

三、调查结果

我们使用最终形成的《中小学生家长学校满意度调查问卷》，对东北地区 10 所学校 9 个年级的中小学生家长共 4937 人进行了调查，剔除无效问卷后保留有效问卷 4906 份。

（一）家长满意度的基本状况及其整体水平分析

调查结果表明，家长对学校满意度得分的均数为 4.02，处于 5 点等级计分中"比较满意"和"非常满意"之间，这表明所调查地区中小学生家长对学校的总体评价为"比较满意"。其下属各因子的得分均数在 3.71~4.26 之间。采用单样本 t 检验，发现"教师教学与管理""学习环境与教学设施"的平均得分显著高于平均得分；"家校联系""就餐环境"和"学校收费"的平均得分显著低于平均得分；"校长工作"的平均得分与家长满意度的平均得分没有存在显著性差异。（详见表 5 - 6）

表 5 - 6　家长满意度与各因素的基本得分及差异比较

家长满意度	因素	$M(SD)$	t 值
	教师教学与管理	4.26(0.73)	22.22 * *
	家校联系	3.82(0.95)	−15.08 * *
4.02(0.74)	就餐环境	3.71(1.02)	−21.56 * *
	学习环境与教学设施	4.10(0.80)	6.85 * *
	校长工作	4.00(0.90)	−1.49
	学校收费	3.96(0.88)	−4.92 * *

注：* 表示 $p<0.05$，* * 表示 $p<0.01$（下同）

（二）不同学段学生家长满意度得分情况

我们分别以家长满意度，其下属的"教师教学与管理""家校联系""就餐环境""学习环境与教学设施""校长工作"以及"学校收费"得分为因变量，不同学段为自变量，进行独立样本 t 检验。结果表明，小学和

初中家长对学校满意度存在显著性差异。（详见表 5 - 7）

表 5 - 7　不同学段学生家长的满意度状况及差异比较

	小学	初中	t 值
家长满意度总分	4.00 (0.73)	4.12 (0.76)	−4.21 * *
教师教学与管理	4.26 (0.72)	4.26 (0.76)	−0.08
家校联系	3.79 (0.94)	3.93 (0.97)	−3.68 * *
就餐环境	3.65 (1.01)	3.98 (0.97)	−9.29 * *
学习环境与教学设施	4.09 (0.78)	4.16 (0.85)	−2.35 *
校长工作	3.97 (0.90)	4.16 (0.89)	−5.90 * *
学校收费	3.94 (0.87)	4.06 (0.91)	−3.65 * *

（三）不同性别家长的满意度状况及差异比较

因变量同上，以性别为自变量，进行独立样本 t 检验。结果表明，男性和女性家长在家长满意度总分、"家校联系""就餐环境""学习环境与教学设施"上得分差异显著，且均表现为男性得分高于女性。 （详见表 5 - 8）

表 5 - 8　不同性别家长的满意度状况及差异比较

	男性 M (SD)	女性 M (SD)	t 值
家长满意度总分	4.06 (0.73)	4.01 (0.73)	2.31 *
教师教学与管理	4.29 (0.72)	4.25 (0.73)	1.49
家校联系	3.87 (0.94)	3.80 (0.95)	2.18 *
就餐环境	3.78 (1.02)	3.68 (1.01)	3.23 * *
学习环境与教学设施	4.14 (0.77)	4.09 (0.76)	2.07 *
校长工作	4.04 (0.89)	3.99 (0.89)	1.81
学校收费	4.00 (0.88)	3.95 (0.87)	1.86

（四）不同年龄、职业和收入家长的满意度状况

因变量同上，以年龄（30 岁以下、31～40 岁、41～50 岁、51 岁以上）为自变量进行单因素方差分析，我们发现，不同年龄的家长对学校的满意度总分及其各维度得分均不存在显著性差异。但是，随着年龄的增

长，家长对学校的满意度呈逐渐上升趋势。（详见下图）

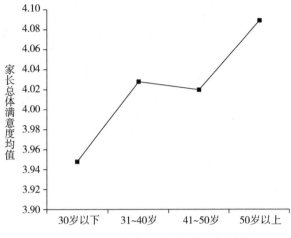

图 5 - 4 家长满意度随年龄变化趋势图

因变量同上，以职业（工人、农民、商人、教师、公务员、工程师、其他）为自变量进行单因素方差分析，我们发现，不同职业的家长在家长满意度总分以及"家校联系""就餐环境"和"校长工作"上得分存在显著性差异（详见表 5 - 9）。多重比较的结果表明，工程师得分显著低于其他几种职业。

表 5 - 9 不同职业家长的满意度状况及差异比较

	工人	农民	商人	教师	公务员	工程师	其他	
	$M(SD)$	$M(SD)$	$M(SD)$	$M(SD)$	$M(SD)$	$M(SD)$	$M(SD)$	F
家长满意度	4.05	4.02	4.08	4.10	4.04	3.93	4.03	2.47 *
总分	(0.70)	(0.65)	(0.69)	(0.77)	(0.76)	(0.71)	(0.70)	
教师教学	425	4.22	4.30	4.37	4.27	4.23	4.27	1.98
与管理	(0.72)	(0.70)	(066)	(0.73)	(0.76)	(0.69)	(0.71)	
家校联系	3.84	3.80	3.90	3.99	3.85	3.65	3.83	3.65 * *
	(0.90)	(0.93)	(0.92)	(0.99)	(0.99)	(0.94)	(0.91)	
就餐环境	3.77	3.80	3.79	3.77	3.69	3.58	3.68	2.84 *
	(0.98)	(0.98)	(1.01)	(1.04)	(1.05)	(1.01)	(0.98)	
学习环境与	4.14	4.16	4.14	4.11	4.10	4.00	4.12	1.87
教学设施	(0.73)	(0.74)	(0.76)	(0.84)	(0.84)	(0.76)	(0.75)	
校长工作	4.04	3.96	4.09	4.04	4.00	3.84	4.00	3.85 *
	(0.85)	(0.89)	(0.85)	(0.96)	(0.93)	(0.94)	(0.86)	
学校收费	3.97	3.86	3.99	4.01	4.03	3.94	3.97	0.97
	(0.86)	(0.96)	(0.89)	(0.91)	(0.88)	(0.79)	(0.83)	

因变量同上，以月收入（1000 元及以下、1001～2000 元、2001～3000 元、3001～4000 元、4001～5000 元、5001～6000 元、6000 元以上）为自变量进行单因素方差分析，我们发现，不同月收入的家长在学校满意度中的"家校联系""就餐环境""校长工作"和"学校收费"得分上差异显著（详见表 5 - 10）。前三个维度上的得分随月收入增加逐渐降低，而"费用收取"上的得分则随月收入增加而逐渐提高。多重比较结果显示：在"家校联系""就餐环境"和"校长工作"三个维度上以月收入 2000 元为界线，家长满意度存在显著性差异；在"费用收取"上以 1000 元为分界线，家长满意度差异显著。

表 5 - 10　不同月收入家长的满意度状况及差异比较

	1	2	3	4	5	6	7	
	M(SD)	M(SD)	M(SD)	M(SD)	M(SD)	M(SD)	M(SD)	F
家长满意度总分	4.03 (0.79)	4.10 (0.71)	4.03 (0.68)	4.01 (0.72)	4.01 (0.71)	4.02 (0.71)	4.00 (0.75)	1.79
教师教学与管理	4.23 (0.79)	4.29 (0.71)	4.27 (0.68)	4.23 (0.73)	4.29 (0.72)	4.26 (0.69)	4.26 (0.77)	0.63
家校联系	3.91 (0.95)	3.92 (0.89)	3.81 (0.91)	3.78 (0.93)	3.80 (0.94)	3.76 (0.97)	3.75 (1.00)	3.34 *
就餐环境	3.71 (1.11)	3.82 (1.00)	3.78 (0.96)	3.70 (0.98)	3.60 (1.00)	3.71 (0.96)	3.64 (1.07)	3.72 *
学习环境与教学设施	4.13 (0.86)	4.17 (0.77)	4.10 (0.73)	4.10 (0.78)	4.08 (0.77)	4.08 (0.75)	4.07 (0.81)	1.74
校长工作	4.03 (0.97)	4.12 (0.85)	4.01 (0.85)	3.97 (0.89)	3.91 (0.89)	3.96 (0.87)	3.98 (0.95)	3.56 * *
学校收费	3.80 (1.06)	3.97 (0.89)	3.96 (0.83)	3.98 (0.83)	4.00 (0.80)	4.01 (0.80)	4.01 (0.83)	2.46

注：1 表示 1000 元及以下；2 表示 1001～2000 元；3 表示 2001～3000 元；4 表示 3001～4000 元；5 表示 4001～5000 元；6 表示 5001～6000 元；7 表示 6000 元以上。

四、讨论与分析

（一）家长满意度问卷有效性分析

本研究所使用问卷的编制经历了"多方收集素材—专家讨论—初测—

探索性因素分析—定稿—实测"六个阶段,保证了问卷具有较好的信度和效度。对东北地区 4937 名家长满意度的测查,也进一步证实了本问卷的信效度水平,表明它是一个适合调查中小学生家长对学校满意度的有效工具。

(二) 家长满意度整体水平分析

调查结果显示,家长满意度总体得分为 4.02,处于 5 点等级计分中"比较满意"和"非常满意"之间,这表明所调查地区中小学生家长对学校的总体评价为"比较满意"。但是从各维度来看,家长对中小学"教师教学与管理""学习环境与教学设施"等方面有较高的满意度,而在"学校收费""家校联系""就餐环境"方面,家长满意度偏低。这反映出目前中小学建设内容的主导取向仍然是教学质量。随着社会经济的发展,办学主体多元化和评价方式多样化是大趋势,中小学建设内容的主导取向不能只单纯倾向教学质量,在强调学生学业成绩的同时,应考虑引入全面质量管理思想,从整体上提高教育服务质量。[①]

(三) 家长满意度影响因素分析

1. 学段影响因素

本研究中,小学生家长满意度普遍低于初中生家长,出现这一现象的原因可能在于:第一,对于家长来说,小学是孩子接受正式教育的初始阶段,因而对子女在学校各个方面的状况更加关注,要求也更高。第二,小学生家长相对于初中生家长更年轻些,这在一定程度上也促使他们对学校有高要求,该结果与家长满意度在年龄差异上比较有一致性。

2. 性别影响因素

本研究中,男性家长在总体满意度以及"家校联系""就餐环境"和"学习环境与教学设施"维度上的得分显著高于女性。已有研究显示,家长对学校满意度及其各层面没有存在显著的性别差异[②],与本研究结论有所不同。这可能主要是由于研究中使用测评工具的不同,先前研究对家长满意度的考查重点在家长对学校提升学生学业方面效能的评估,中国基础教育世界闻名,不同性别的家长对教学质量满意度趋近是合理的;而本研

---

① 李小土,安雪慧. 关于农村学生家长对学校满意度的研究:基于学校与家长互相沟通的视角 [J]. 管理纵横,2008 (7):17-19.

② 马金金. 网络家校合作的家长满意度研究 [D]. 上海:上海师范大学,2008:27-35.

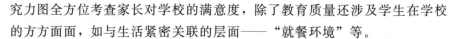

究力图全方位考查家长对学校的满意度，除了教育质量还涉及学生在学校的方方面面，如与生活紧密关联的层面——"就餐环境"等。

3. 年龄影响因素

调查结果显示，不同年龄的家长在家长满意度及其下属各因素上的得分均不存在显著性差异。但随着年龄的增加，家长的满意度呈现上升趋势。这可能主要是因为，年轻家长多处于事业发展的高峰期，也是家庭责任最重的一个时期，各种压力降低了他们的生活满意度。但是，随着年龄的增长，人们对工作和生活的满意度会逐渐增加，这一特点也在家长对学生学校生活的满意度方面得以体现。

4. 职业影响因素

不同职业的家长在家长满意度总分以及"家校联系""就餐环境"和"校长工作"上得分存在显著性差异，其中，工程师的学校满意度要显著低于其他几种职业。出现这一现象的部分原因可能在于，工程师具有潜在的经济和社会地位优势，优越的家庭环境促使他们希望获得更优质的教育服务，从而导致低满意度。而教师职业的家长，无论是在整体满意度还是各个维度上都表现出对学校比较满意，和工程师形成鲜明的对比，这可能与教师自身从事教育事业有关。

5. 收入影响因素

不同的月收入的家长在学校满意度中的"家校联系""就餐环境""校长工作"和"学校收费"上的得分差异显著（详见表5-17）。且前三个维度上家长满意度随月收入的增加逐渐降低，即经济条件好的家庭更加关注子女接受教育的状况，希望学校在"与家长沟通合作""学生生活环境"等方面有更好的举措；而在"费用收取"上，家长的满意度随月收入增加逐渐提高，主要表现为月收入千元以下的家长满意度要明显低于其他家长。如果不考虑"学校收费"这个层面，家庭月收入越高的家长其整体满意度倾向于降低，这与职业因素的影响有一致性，即具有潜在的经济和社会地位优势的家长满意度相对较低。

五、提高家长对学校满意度的建议

（一）加强"家—校"联系，拓展沟通渠道与内容

本研究调查发现，东北地区中小学和家长之间的联系程度不够密切，沟通方式有限，影响家长对学校的整体满意度。与此同时，缺乏家

庭教育配合的学校教育难以培养出稳定进步、长足发展的优秀学生。因此，学校应该在家校联系方面做出努力，积极营造家校共建教育的氛围。首先，进一步拓展家校联系渠道。传统的家校联系方式（家长会、家访等）在时间上容易受限，空间上不够灵活，已经不能满足现代父母的要求，学校应充分利用网络技术和电子通信设备建立新型的家校互动模式。其次，增加家校交流的内容。以往，学校与家长联系主要是为了告知家长其子女的成绩和表现。除此之外，学校应向家长公开日常管理事务，并邀请家长参与学校管理与建设。最后，加强校长与家长的联系。这种做法既能鼓励教职员工积极、正向地与家长建立良好的联系，也是对校长工作的监督，有助于学校在提高家长满意度方面形成长效的工作机制和实效的工作措施。

（二）从细微处着手，实施人性化管理

近年来，中小学教学水平不断提高，教学成果有目共睹，但细微处管理还存在一定的问题，如多数中小学普遍存在学校就餐问题。本研究中，家长对子女就餐环境满意度显著低于满意度均值的结论，再次印证了这一现象的存在。调查过程中，笔者发现现在很多学生离家较远，而家长因为工作繁忙无法回家做饭或者送饭到学校，学生的就餐渠道就只能是在学校和周边小店解决。为了最大限度地保障学生的安全，家长认为最好的方式还是让学生在学校就餐，但是学校在学生的就餐问题上需要做得更好：首先，学校必须经过公开招标引进具备有效《餐饮服务许可证》的社会企业承办食堂；其次，食堂需从正规渠道购买食品和相关产品，并建立健全食品的采购、贮存、加工、消毒制度；最后，加强价格监管，学校自办或引进社会企业承办的食堂要账目公开，学校不得以任何形式从学生食堂盈利，并要接受家长的动态监管和参观。

（三）综合考虑家长满意度的影响因素，有针对性地采取实效举措

调查显示，家长的性别、年龄、职业等影响其对子女就读学校的满意度。这意味着学校提升家长满意度的举措，还要充分考虑影响家长满意度的因素。例如，从学段和年龄因素来看，年轻的家长对学校在各维度的满意度都低于年长的家长。因此，学校应提高对低年级学生（1～6年级）的生活和学习的关注度，保障小学生在学校活动的安全、情绪的稳定。从职业和收入水平来看，具有经济优势的家长更容易对学校服务不满意。针对这一点，学校在努力完善自身的同时，可以通过维持和加强高质量教学，适度引导家长的关注点。最后，由于笔者发现女性家长对学校比男性家长更为严苛，因此，学校可以通过书信、电话等方式鼓励父母同时参与子女的教育和对学校的评价，以减小性别差异对学校满意度评估造成的偏差。

［原文刊载于《教育测量与评价（理论版）》2014 年第 6 期（李广　姜英杰　马云鹏　严燕）］

第 六 章

语文学科教育实践

    教师学科教学知识的掌握与学科教学能力的提升是教师专业发展的关键要素，也是教师教育的目标追求。本章以语文学科为例，探讨语文教师在课程标准把握、核心素养关注、深度学习实践、阅读教学策略、学生写话现状等方面应掌握的内容，而这些内容又相互联系。语文教师对课程标准的把握与解读是教师树立语文教学新理念，推动语文教育教学改革不断前进的必要前提。语文核心素养提出了新时代培育学生语文关键能力的新方向，对小学生语文核心素养现状的了解有助于语文教师明确教育教学目标。小学语文深度学习则是小学生语文核心素养的培育与发展的基本途径，有利于促进语文课堂教学的改进，而语文深度学习又需要依托于阅读、写作等领域在教学中得以实现。

把握《语文课程标准》　树立语文教育新理念

一、着眼于未来社会发展，着力提高语文素养

（一）实施感性教育，开发感性素质

语文教育是实施感性教育的有效载体，儿童青少年时期是感性素质开发和培养的关键时期，语文教育应使学生的感性素质得以充分开发和培养。感性素质以"感"为基础，感性是土壤，知识是种子，感性丰富，知识才具有活力。儿童青少年时期拥有丰富的感性素质，就奠定了未来可持续发展的坚实基础。语文教学中所强调的感受、感悟、体验等，均非高级的认知活动，但它们是通往高级智力水平的必由之路。感性素质是创造性思维活动的"操作平台"，是儿童青少年由现实显性状态向未来潜隐性水平跳跃的"支撑点"。培养儿童青少年以感性素质为基础的基本"生存能力"和未来的发展潜力，是语文教育应该而且能够发挥的重要功能。

日本学者高橋史朗①认为，21世纪是感性的社会，应重视培养儿童青少年的感性素质。日本小学校国语科中的感性教育实践活动已积累了丰富的经验，我国的语文教育思想中也包含着丰富的感性教育思想，并已受到人们的重视。通过语文教学，实施感性教育，使学生在语文学习的过程中感受丰富的情境刺激，体会文学作品的深厚文化内涵，感悟自然、生命与世界的美妙，树立正确的人生观、价值观与世界观，使语文教育与感性教育有机地融为一体，以培养适应未来社会发展需要的感性丰富的、具有创新能力的人才。

（二）倡导个性化教学，实现教学个性化

《语文课程标准》强调，语文教育应"关注学生的个体差异和不同的

---

① 高橋史朗. 临床教育学と感性教育［M］. 东京：玉川大学出版部，1998.

学习需求"，"同时应尊重学生在学习过程中的独特体验"。倡导个性化教学是《语文课程标准》的一大显著特征。个性化教学的理念倡导教师在教育教学过程中应充分尊重并鼓励学生个性的展现与张扬。聆听 21 世纪快节奏的步伐，迎接信息社会突变的时代，以个性张扬和具有原创精神为显著特征的人格将越来越受到尊重与欣赏。在语文学习的过程中，对同一事物的观察方法与角度，对同一篇文章的理解与看法，对同一事件的描写与说明，对同一情境刺激的反应与表现，应提倡"百花齐放，百家争鸣"，自然地展现自己的特色与风采，能够欣赏并尊重他人的独特之处，使语文学习过程成为学生展现个性、表现个性、培养个性和塑造个性的过程。人有个性才有创造，与别人不同才可谓创新，创造的过程就是个性的展现过程。让语文教育真正实现"一人一特色，一生一个性"的个性化教学理念。

个性化教学的实现离不开教学的个性化，教学个性化是指教师具有独特的教学认知结构和教学风格。从学生发展的角度来看，教学个性化是手段，是为个性化教学服务的。教师独特的教学风格和人格魅力必然影响和感染学生，这将有助于学生个性的养成。唯有个性才有活力，唯有个性才有成功，唯有个性才有发展，李吉林、魏书生、丁有宽等教学名家便是很好的例证。做人如此，语文教学亦然。

二、关注学习过程，改变学习方式

（一）重视过程与方法，关心情感与态度

《语文课程标准》重视学生语文学习的过程与方法。以往的语文教学强调学生语文学习的结果，过于偏重结果性目标而忽视过程体验性目标，致使语文教育教学偏离了正确的方向，而遭遇了世人的审视与批评。语文教育在人们的"谩骂"声中蹒跚地爬过了新世纪的门槛。回首 20 世纪百年的风雨坎坷路程，面对 21 世纪的机遇与挑战，《语文课程标准》大胆扬弃，重塑自我，强调语文学习应重视过程与方法，关心情感与态度。语文教育应使学生在以语文知识掌握为主线的过程中实现个体的充分发展。要让学生在学习语文知识的过程中，掌握学习方法，形成丰富的情感，养成良好的态度。关注学生的学习过程就是关心和促进学生的成长与发展的过程。

（二）强调感受、体验与合作，注重思考、探究与表现

语文学科是充满感受与体验的学科。语文教学应注重学生在学习的过程中对事物的感受和对作者及作品中人物的情感体验，密切联系现实生活和自身的切实体验，不断积累素材，积淀情感。儿童喜欢交往，乐于合作，语文教育应通过以综合性学习为主的学习活动培养学生的合作意识与交往技巧。人的社会化要通过合作与交往才能实现。在合作与交往中人才能学会生存，掌握生活本领，才能把知识与现实生活联系起来。语文教育应充分运用语文学科的丰富内容为学生提供思考与探究的有效载体，而不是有意与无意间压抑或剥夺学生的探索性思维欲望。儿童的表现是内在思想的自然流露，天真活泼，童趣十足，构成了丰富多彩的儿童行为方式。这正是儿童独具特色的思考和情感体验的外在表现。这种外在行为受到强化后会进一步促进和激活儿童内在的心理活动。语文教育应重视儿童在感受、理解和体验之后的行为表现，并使这种行为通过教师的强化后成为进一步激发儿童思考的有效刺激物，使儿童的心理活动与外在行为表现构成一个良性循环系统，不断进行提炼与升华，使语文学习过程与儿童少年的社会化过程有机地协调起来。

（三）重塑主体性、能动性与独立性，关注终身发展

《语文课程标准》指出，语文教育应"积极倡导自主、合作、探究的学习方式"。其目的就是要改变原有单一、被动、僵化的学习方式，建立和形成旨在充分调动和发挥学生主体性的多样化的学习方式，促进学生在教师的指导下主动地、富有个性地进行学习。学生探究问题的过程，正是锻炼思维、展现个性和磨炼意志的过程。在这一过程中，学生所花费的精力和时间，是一个人生存和发展所必须经历和付出的，这也是对未来可持续发展的必要"投资"。转变学习方式从根本上说就是要从传统的学习方式转向现代的学习方式。现代的学习方式以弘扬人的主体性为宗旨，以促进人的可持续发展为目的。现代的学习方式是一个开放的系统，它具有主动性、独立性、独特性、体验性和问题性等特征[①]，是终身发展的必要保证。转变学习方式意味着教育观念的深刻变革。

---

① 潘景峰，邓友平，常晟，等. 基础教育课程改革提要［M］. 长春：吉林教育出版社，2001.

《语文课程标准》的颁布，就是要以语文课程改革为突破口，带动语文教育教学的全面改革。学习方式的改变是教育观念改变的重要标志。从人性的角度来说，人是主体性与客体性、能动性与受动性、独立性与依赖性的双重统一。转变学习方式就是要把学习变成人的主体性、能动性和独立性不断生成、张扬、发展与提升的过程。学习是一种内在的精神解放运动，是一种外在行为自由的拓展过程。转变学习方式实质上是教育的价值观与人才观的根本变革。

三、尊重学科特点，强化育人功能

（一）语文学科的工具性与人文性

"工具性与人文性的统一，是语文课程的基本特点"，这是《语文课程标准》对语文学科的基本定性。这是对以往关于语文学科性质长期争论的基本结论。语文与语言文字密不可分。因此，语文学科的工具性首先是由语言的工具性所决定的。语言是表达和交流思想的工具，是思维内容的外在表现形式。语文学习的过程，也可以说是学习使用语言这一交流思想的工具的过程。从语文学科与基础教育阶段的其他学科的关系来看，语文是基础教育的基础，是进行其他学科学习的必要工具。从这一角度来看，语文学科亦具有工具性的特点。"工欲善其事，必先利其器"，基础教育的良性发展必须重视语文学科的工具性。同时，语文教育必须尊重语文学科的工具性，以发挥其在基础教育中的基础功能，为学生的终身发展打基础。

语文学科的工具性与人文性密不可分。火车、轮船等作为交通运输工具可以与其运载的货物相分离，但语言作为思维工具是与其所负载的思想内容无法分离的。《语文课程标准》指出"语文课程丰富的人文内涵对学生精神领域的影响是深广的"，学生在掌握语言工具的过程中必然会受到思想文化内容的影响。时代的发展呼唤语文教育人文精神的回归，语文教育受到批评的大背景正是语文教育人文性的缺失。《语文课程标准》首次正式确认了语文学科的人文性，这是语文教育教学改革过程中理论研究的重大成果。语文本来就是一门人文学科，语文教育应充分尊重语文学科的人文性，创造语文课堂良好的人文环境，提高学生的文化素养，培养学生的文化体验能力，塑造学生健康的个性和健全的人格，增强学生高尚的审美情趣和人与自然和谐共处的意识。所以，要在语文教育教学实践中使语文学科的工具性与人文性有机地协调起来。

（二）语文学科的模糊性

从语言学的角度来看，语文学科还具有模糊性的特点。

首先，这种模糊性表现为语义的模糊性，例如："有无相生，难易相成，长短相形，高下相倾，音声相和，前后相随"便是很好的例证。再如："十年树木，百年树人"中的量词同样具有模糊性。其次，这种模糊性还表现在语法的模糊性上。例如：语素的分类、词类的划分、短语与句子的区分等都具有模糊性。

其次，从认识的主体来看，人的思维是具有模糊性的，这正是语文学科模糊性的本质所在。由于受时代条件、阶级地位、环境因素、认知能力、价值观念、宗教信仰、身体条件、感情因素等的影响，主体总是本能地利用想象、联想、推测、感悟、直觉等来弥补对客体认知的不充分、不确切、不清晰，有意无意地把认知模糊化作为达到清晰、精确、完整认识的手段。这也是人脑并行性思维与计算机线性思维的本质区别，潦草的字迹、失真的语言，人脑可以辨认，计算机却无法识别。人类运用模糊的语言表述模糊的事物而能产生精确的理解，可以说，模糊性是精确性的极限。

最后，从学生的语文学习过程来看，语文学科依然表现出模糊性。例如：对文章的分段，对作品的理解，对作文的评定，其标准就具有一定的模糊性。再如：学生何时会分段、会概括中心思想等也无法确认。语文学习过程中的感悟、体验等心理活动也带有一定的模糊性。语文教学中的意会、感受，语文评价中的淡化分数而采用等级制，以及语文教学中对非此即彼思维定式的突破等，都是尊重语文学科模糊性的体现。

（三）内容的时代性与知识的综合性

语文课程内容具有鲜明的时代性，这是时代发展对学校教育的要求在语文学科中的具体反映。《语文课程标准》指出："教材应体现时代特点和现代意识，关注人类，关注自然，理解和尊重多样文化。"语文教材内容的时代气息应洋溢在语文课堂中，语文教育要用人类最先进的文化给学生以熏陶和感染。

语文学科知识还具有明显的综合性，古今中外，天文地理，江河湖海，花鸟鱼虫，无所不包。从培养目标来看，包括听、说、读、写方面的知识内容；从语文知识来看，包括字、词、句、段、篇、语法、修辞等知识内容；从语文教学内容来看，包括拼音、识字、写字、阅读、口语交际和写作等。总之，语文学科的知识内容是丰富多彩的，语文教育应充分开发和利用学科教育资源，以满足学生的求知欲望和发展需求。

［原文刊载于《现代中小学教育》2002 年第 4 期（李广　姜英杰）］

小学生语文核心素养调查研究：
问题分析与改进建议

——以吉林省 C 市五年级小学生为调查对象

一、调查设计

（一）研究内容

为了测试调查小学生语文核心素养发展的真实状况，本研究借鉴 2010 年江苏省和广州市等语文学业质量评价标准，结合布鲁姆认知领域教育目标分类理论和 PISA 测验，并参照由长春基础教育研究院主持的"实施综合素质评价，推进考试与评价制度改革研究"专项课题的研究成果，确定小学生语文核心素养评价的标准，包括知识维度和能力维度（如表 6‑1 所示）。依据该评价标准，本研究的主要内容为：测查小学生语文核心素养发展水平；探讨小学生语文核心素养发展存在的问题和改进的建议。

（二）调查对象

本研究选取吉林省 C 市五年级的小学生作为调查对象。利用三套同等水平的试卷分三次对调查对象集中施测。调查共发放试卷 146 份，回收146 份，有效试卷为 141 份。

（三）调查工具

本研究借鉴并修订由长春基础教育研究院主持的"实施综合素质评价，推进考试与评价制度改革研究"专项课题的测试卷。试卷结构主要包括学生的基本信息和测试题目两部分。测试题目包括语文基础、阅读综合、交际习作三个知识领域。每套试卷的总分为 100 分，题型包括客观题和主观题两部分（约各占 50%）。对于评分后的有效试卷，使用 SPSS17.0软件进行数据录入、统计与分析。

表 6-1　小学生语文核心素养评价标准

	知识维度	能力维度
基础与积累	字词（音、形、义）	识记
	句子（句式、复句类型、常见修辞、句群的逻辑）	理解
	古诗文（名句名篇）	应用
阅读与综合	阅读 文学类（小说、散文、民间故事、诗歌等）	检索与获取
	综合 实用类文体（说明类、议论类、非连续文本）	整合与解释
		鉴赏与评价
交际与习作	口语交际	参与意识与兴趣习惯
	习作	情感态度与真实表达
		表达能力与创意表达

二、调查结果与问题分析

（一）小学生语文知识学习水平整体不高

由表 6-2 可知，小学生的总平均得分率为 67.55%，仅略高于基本的及格水平。综合三个知识领域，横向比较来看，小学生在交际与习作领域的学习水平最高，平均得分率达到 74.96%；阅读与综合次之，平均得分率为 64.73%；基础与积累最低，平均得分率仅达到 62.19%；纵向对比来看，小学生在三个知识领域的测试成绩都不高。综上可知，小学生对语文知识学习的整体水平不高。他们在口语交际和习作方面的总体学习水平相对较好，而在基础与积累、阅读与综合领域的学习水平则比较低。在三个知识领域的学习中，小学生的学习水平都亟待提高。

表 6-2　整体情况统计表

	极小值	极大值	均值	满分	及格分	得分率%
总分	70.00	262.00	202.6596	300	180	67.55
基础与积累	29.00	69.00	55.9787	90	54	62.19
阅读与综合	25.00	94.00	67.9681	105	63	64.73
交际与习作	0.00	101.00	78.7128	105	63	74.96

造成这种现象的主要原因是教学过程中对语文学科工具性的轻视。随着减负热潮的掀起，语文教学过程中缺乏基础知识的训练和学习，由此制

约了小学生语文知识学习水平的提高。因此，在小学语文教学过程中，加强基础知识的学习与积累、提高学生阅读水平和交际与习作能力都应该引起足够的重视。

（二）小学生在不同知识学习上发展不均衡

小学生在不同的语文知识学习上存在较大差异，基础与积累、阅读与综合领域的学习水平较低，而在交际与习作领域的学习水平相对较高。具体到各知识领域内部，小学生在不同的知识类别的学习上也存在差异。

1. 小学生对字词的学习水平高于句子和古诗文

由表 6-3 可知，小学生在字词、句子、古诗文三项语文基础知识方面的平均得分率分别为 66.67%、59.75%、58.79%。横向比较来看，小学生对字词的学习水平相对高于句子和古诗文，古诗文的学习水平最差；纵向比较来看，唯有字词的得分率达到了及格水平，句子和古诗文的得分率都还在及格率以下。

通过分析学生在不同的基础知识上的能力得分发现，学生对基础知识的识记和应用能力较差，理解能力较好。字词方面，学生对汉语拼音、词义理解的学习较好，但对字形的掌握程度不好，不能很好地区分形近字、同音字等；句子方面，学生在句意理解、句群逻辑和句式表达上表现较好，但对常用修辞的掌握情况不好；古诗文方面，学生识记的能力较好，但应用方面表现较差。

综上可知，小学生对字词、句子、古诗文等语文基础知识的学习水平都不高，其中对字词的学习水平相对高于句子和古诗文。小学生之所以不能熟练地掌握和灵活应用基础知识，主要源于他们缺乏语文基础知识的积累与训练。因此，小学语文教学中要加强小学生基础知识的学习和积累，尤其要提高他们的识记和应用能力。

表 6-3　不同基础知识类别整体情况统计表

知识类别	极小值	极大值	均值	满分	及格分	得分率	标准差
字词	10.00	30.00	24.0000	36	21.6	66.67%	4.60623
句子	8.00	20.00	14.3404	24	14.4	59.75%	3.66699
古诗文	6.00	30.00	17.6383	30	18	58.79%	5.09230

2. 小学生对文学类文本和非连续性文本的阅读水平高于实用类文本

由表 6-4 可知，小学生在文学类文本阅读、实用类文本阅读和非连续性文本阅读方面的平均得分率分别为 67.06%、59.29%、66.31%。横向比较来看，文学类文本阅读和非连续性文本阅读的得分率基本持平，高于实用类文本阅读；纵向比较来看，各种文本阅读的得分率都不高。

通过分析学生在不同的阅读文本能力上的得分发现，在文学类文本的阅读中，小学生检索与获取信息的得分率较高，鉴赏与评价次之，整合与解释最低；在实用类文本的阅读中，小学生检索与获取的得分率较高，整合与解释次之，鉴赏与评价最低；在非连续性文本的阅读中，小学生检索与获取的得分率较高，鉴赏与评价次之，整合与解释最低。

表 6-4　不同的阅读文本整体情况统计表

阅读文本类别	极小值	极大值	均值	满分	及格分	得分率	标准差
文学类文本阅读	15.00	55.00	40.2340	60	36	67.06%	9.07748
实用类文本阅读	6.00	30.00	17.7872	30	18	59.29%	5.99977
非连续性文本阅读	4.00	13.00	9.9468	15	9	66.31%	2.26081

综上可知，小学生对文学类文本和非连续性文本的阅读水平高于实用类文本。造成这种现象的主要原因是教学和学习过程中关注课内阅读较多，忽视与学生生活实践密切相关的语文实用类文本阅读，这也是语文教学中工具性缺失的一种表现。此外，小学生检索与获取信息的能力明显高于鉴赏与评价、整合与解释信息的能力，其中整合与解释的能力发展最为落后。由此可知，小学生阅读能力的发展状况不理想。这种现象主要源于教师和家长对学生的阅读指导不科学以及小学生自身的阅读方式和习惯不恰当，导致小学生阅读认知深度不够，更多的是停留在浅层次的涉猎浏览上，很少达到理解和评价的深层次阅读水平。

3. 小学生的习作能力高于口语交际能力

由表 6-5 可知，口语交际和习作方面的平均得分率分别为 70.99%、75.63%。横向比较来看，习作的得分率高于口语交际；纵向比较来看，口语交际和习作的得分率都相对较高，但还需要进一步提高。

学生在口语交际和习作过程中存在一些问题。口语交际方面：说话不文明，比较随意，不符合说话人物的身份特点；语句不完整，不能用通顺完整的句子表达出自己的想法；不符合口语交际的话语情境，偏离话题。习作方面：书写潦草，错误文字与标点较多，字数很少；语句不通顺，句子不完整，语病多；中心不明确，内容过于简单，意思表达不清楚，重复啰唆；习作内容选材单一。

表 6 - 5　口语交际与习作整体情况统计表

	极小值	极大值	均值	满分	及格分	得分率	标准差
口语交际	0.00	15.00	10.6489	15	9	70.99%	3.37657
习作	0.00	86.00	68.0638	90	54	75.63%	23.97046

综上可知，小学生在口语交际和习作方面表现较好，尤其在书面习作方面能力发展更为突出。这主要得益于他们平时的口语表达和习作训练。但总体来说，小学生口语交际和习作的水平还不是很高，尤其口语交际的水平还相对较低。主要原因在于小学生口语表达和习作的训练还有所欠缺。因此，小学语文教学中，进一步培养小学生的口语交际和习作能力仍然不能被轻视。

（三）男女生语文核心素养发展水平差异显著

通过对男女生测试结果总分和各知识领域的得分情况进行差异性检验发现，小学生测试总分的差异十分显著（$P = 0.004 < 0.01$），女生显著高于男生。其中，基础与积累领域、阅读与综合领域男女生分数存在差异，但差异不显著。交际与习作领域，男女生分数差异十分显著（$P = 0.000 < 0.001$），女生显著高于男生。

由此可知，小学生语文核心素养发展的整体水平差异十分显著，女生显著高于男生。他们在基础与积累领域、阅读与综合领域中学习水平差异不显著，但在交际与习作领域，女生的学习水平显著高于男生。主要原因在于男女小学生的身心发展特点和语文学习习惯存在差异。一般来说，女生的语言能力发展较早，她们在小学阶段的语文学习中与男生相比有一定的优势。此外，女生一般比男生对语文学习更感兴趣，因此，女生语文学习水平相对高于男生。

（四）小学生语文核心素养发展存在两极分化的倾向

通过对各知识领域测试分数极小值、极大值、标准差以及不同分数等级中学生人数百分比的统计（如表 6 - 6）发现，小学生测试总分的离散程度很大。其中基础与积累、阅读与综合领域不同学生的测试分数都有很大的差异，交际与习作领域学生成绩的差异较明显。

表 6 - 6 不同知识领域分数统计表

	极小值	极大值	标准差
总分	70.00	262.00	45.95143
基础与积累	29.00	69.00	10.03795
阅读与综合	25.00	94.00	14.77086
交际与习作	0.00	101.00	26.76726

数据统计结果表明，小学生语文知识学习的整体水平存在较大的差异，语文核心素养发展程度不均衡，存在两极分化的倾向。一方面，由于小学生缺乏合作学习的意识和习惯，造成他们学习水平层次不一；另一方面，由于每个学生自身素质和学习条件存在差异，导致他们的学习状况有所不同。所以，语文教学中要关注全体小学生语文核心素养的均衡发展，使每个小学生都具有良好的语文综合素养。

三、小学生语文核心素养发展改进建议

（一）重视语文知识学习，提高学生整体学习水平

1. 国家政策层面：重视语文知识基础地位，提高学生语文素养

"语文知识就是语文规律的科学概括和语文学习方法的科学总结，对于语文训练和语文能力培养是必不可少的。"[1] 语文要使学生通过知识的学习掌握基本的语言规则，培养语感，从而实现语言文字的灵活应用。鉴于语文知识的重要性，国家应在课程标准等相关文件中明确语文知识的重要地位，引导教师和学生重视对语文知识的教学和学习，从而提高小学生的语文核心素养水平。

2. 学校教学层面：增强教师专业知识，提高其教学能力

"教师专业知识是教师顺利进行教学活动的根基[2]。"学生的语文学习，离不开教师的指导，要提高小学生的语文学习水平和素养状况，必须注重语文教师专业知识的提升。因此，语文教师要不断更新自己的教学观念，树立正确的语文观和教学观，不断充实自己的专业知识，提高自己的语文教学能力，进而引导小学生对语文知识的学习，提高学生的语文学习能力和素养水平。

3. 学生主体层面：强化主体意识，提高语文学习能力

学生是学习的主体，他们对语文知识的学习水平和语文核心素养的发

---

[1] 成巧云. 课程改革背景下的语文知识教学 [J]. 中国教育学刊，2008 (2)：68-71.

[2] 李广，朴方旭. 中国农村教师专业知识：问题分析与解决策略：以中国东北地区 Y 县小学语文教师为调查对象 [J]. 东北师大学报（哲学社会科学版），2012 (6)：181-185.

展状况主要依赖于其自身的努力和学习能力。因此，要强化小学生语文学习的主体意识，使其主动地去学习、去思考，提高自身对语文知识的学习能力，提高自己的语文核心素养。

（二）强化不同知识学习方法指导，促进学生语文能力全面发展

1. 引导学生重视语文基础知识的学习与积累

语文基础知识学习以学生的记忆为主，并在记忆、理解的基础上学会灵活运用。因此，在平时的学习过程中，首先要引导学生重视对语文基础知识的积累和运用；其次，由于汉语的双音节词或多音节词是"从已有的汉字中选择某一个字对共性的语义要素进行标识，然后将该字与其他语义相关的字进行组合，形成常见的二字或多字字组"①，造成一字多音、多义的情况很多。因此，教师要灵活运用多种教学方法指导学生有效地学习基础知识。通过创设直观情境让学生参与其中亲身体验，在识记字词的音和形的同时，理解其意义，进而达到灵活运用的目的。

2. 加强阅读教学，扩大学生阅读量

教师要重视培养学生的阅读兴趣，使他们养成良好的阅读习惯。同时，要引导学生扩大阅读量，拓宽阅读知识面。不仅要重视课内阅读，还要开展课外阅读活动，充分利用学校和社会资源，增加学生的阅读量。此外，教师要指导学生运用恰当的阅读方法进行阅读，提高阅读质量，引导学生对文本内容进行整合、解释和评价，鼓励他们勇于提出自己的观点和想法，做出自己的判断和评价。

3. 加强语言表达训练，养成良好的习作习惯

首先，要引导学生加强语言训练。教学过程中，教师要有意识地创造合适的情境鼓励学生表达自己的观点和想法，增强口语交际的能力；其次，教师要引导学生养成良好的习作习惯，日常生活中注意多观察、多阅读，主动积累习作素材，提高习作水平。

（三）关注性别差异，促进男女生语文学习和谐发展

1. 促进男女生合作学习，优势互补

针对男女生学习水平的差异，一方面，教师要鼓励男女生多开展合作学

---

① 王佳棋，陆欣. 语义语法建构的原则及思维与文化的指向性［J］. 东北师大学报（哲学社会科学版），2015（1）：203-207.

习，使他们在合作学习中互相促进、共同进步，改善语文知识学习水平和素养发展状况；另一方面，教师要鼓励男生主动向女生学习。尤其在自己比较薄弱的知识方面要主动请教学习水平较好的女生，弥补自己的不足。

2. 增强男生语文学习兴趣，培养良好的学习习惯

小学阶段的男生语言能力发展较晚，他们一般对科学、课外活动等感兴趣，而缺乏对语文学习的兴趣和热情。因此，在小学语文教学过程中，教师要注意增强男生的语文学习兴趣，帮助他们制订正确的语文学习目标，合理安排自己的语文学习计划，养成良好的语文学习习惯。

3. 扬长补短，促进男生语文学习能力综合发展

男生语言能力发展晚于女生而又不善于语言表达，但一般具有较强的理性记忆和推理能力。在小学语文教学过程中，教师要注意扬长避短。一方面，针对男生不善于表达的弱点，教师要有意识地采取课前演讲、朗读指导等方式，鼓励男生积极表达自己的想法，在交流表达中提高他们对语文知识的运用能力；另一方面，针对男生理性记忆和推理能力强的优势，教师要注意对语文知识的理性解析，让男生在理解的基础上实现对语文知识的有效记忆和学习，提高他们的语文学习水平。

（四）因材施教，实现学生语文学习均衡发展

1. 鼓励学生互助合作学习，以优帮弱实现均衡发展

不同的小学生对语文知识的学习水平存在差异，教师要多鼓励学生开展互助合作学习，让不同的学习水平的学生在合作学习的过程中共同进步、共同发展，提高语文核心素养的发展水平。同时，在互助学习的过程中，学习好的学生会起到模范带头作用，帮助和启发学习困难生的语文学习，从而提高学习困难生的语文学习水平。

2. 尊重学生的学习差异，提高全体学生的语文学习水平

由于先天因素和后天的诸多原因，每个人的学习水平和能力都存在差异。即使同一个小学生，在不同知识的学习上水平也存在差异。因此，教学过程中要尊重学生的个性差异，增强学生的自信心，引导他们根据自身的实际情况合理安排语文学习计划，提高语文核心素养水平。

［原文刊载于《东北师大学报（哲学社会科学版）》
2016 年第 3 期（李广　程丽丽　计宇）］

小学语文深度学习：价值取向、核心特质与实践路径

一、小学语文深度学习的基本内涵

（一）深度学习的基本内涵

深度学习（deep learning）和浅层学习（surface learning）的概念最早由 Marton 和 Saljo 在 1976 年提出。[①] 继 Marton 和 Saljo 之后，有关深度学习和浅层学习的研究主要有四个团队：由 Entwistle 领导的兰卡斯特研究团队，由 Biggs 领导的澳大利亚团队，由 Marton 领导的瑞典团队和由 Pask 领导的里士满团队。[②] 何谓深度学习，国外的研究所强调的核心价值取向基本趋于一致，一般认为深度学习是指教学机构、学者、教育者和研究者所喜爱的，具有实际意义的学习方式，可以使学生获得最佳的学习成果，对所学知识理解得更加透彻，并且与学生的学习动机和内在愿望紧密联系在一起。[③] 深度学习体现了一种积极的学习态度，学生在进行深度学习时，会有挑战、兴奋、有趣、快乐、与事物之间建立深层关系的感觉。[④] 深度学习关注学习内容的本质及其潜在含义，既要掌握关键概念，又要理解各部分知识间的关系。[⑤] 深度学习与机械的、死记硬背的浅层学习不同，更强调学习者批判性地学习，要求学习者建立已有知识与新知识

---

① MARTON F，SALJO R. On Qualitative Differences in Learning：I — Outcome and Process [J]. British Journal of Educational Psychology，1976（1）：4-11.

② BEATIE V，COLLINS B，MCINNES B. Deep and Surface Learning：a Simple or Simplistic Dichotomy? [J]. International Journal of Phytoremediation，1997（1）：1-12.

③ BIGGS J B，TANG C. Teaching for Quality Learning at University [Z]. Berkshire：Open University Press，2007.

④ PETER H，RICHARD G B. A Critique of the Deep and Surface Approaches to Learning Model [J]. Teaching in Higher Education，2013（4）：389-400.

⑤ LAIRD T N，SEIFERT T A，PASCARELLA E T，et，al. Deeply Affecting First-Year Students' Thinking：Deep Approaches to Learning and Three Dimensions of Cognitive Development [J]. The Journal of Higher Education，2014（3）：402-432.

的联系，将已有知识技能（提出论点和论据、表达与倾听、阅读复杂的文段、逻辑思维、理解和使用科学方法等能力）迁移到新的情境中。① 综合国外有关深度学习的研究成果，我国研究者郭华教授认为，所谓深度学习就是指在教师的引领下，学生围绕具有挑战性的学习主题，全身心积极地参与、体验成功、获得发展的有意义的学习过程。在这个过程中，学生掌握学科的核心知识，理解学习的过程，把握学科的本质及思想方法，形成积极的内在学习动机、高级的社会性情感、积极的态度、正确的价值观，成为既具独立性、批判性、创造性，又有合作精神、基础扎实的优秀的学习者，成为未来社会历史实践的主人。②

（二）小学语文深度学习的内涵

深度学习的主体是学生，载体是学科内容，途径可以是单元主题教学。小学语文深度学习是以小学生语言文字运用能力的培养为目标，师生围绕小学语文学习内容中适切的单元主题，通过共同与语文学习内容、言语实践情境、自身语文经验进行对话，使学生与语文文本中的语言内容建构全新关系的过程。在这个过程中，师生全身心积极地投入语文学习，共同探索语文核心知识的产生、发展与实践运用，理解语文对于自身成长的价值和意义，体验语文学习的成就感，建构个体精神世界。教师教学是使学生走向深度学习的因素之一，有着不可替代的决定性作用。学生采用何种方式学习由学生的学习方向和学习环境所决定，而学习环境包括课程内容和课堂教学。③ 因此，教师应增加教学投入，增加与学生的互动，培养学生批判性思维和深度学习能力。在教学实践中，教师可以通过增添与时俱进、与学生相关、学生感兴趣的教学内容，提出丰富的预期学习成果（如认知的、社会的、情感的、身体的），对学生进行实践指导，在传统的笔试外增加绩效评价等方法促使学生进行深度学习。④ 小学语文深度学习的主体是小学生，基本载体是语文学科课程，基本途径是小学语文单元主

① DOUG F, FREY N. Transfer Goals for Deeper Learning [J]. Educational Leadership, 2016 (6): 80-81.

② 郭华. 深度学习及其意义 [J]. 课程·教材·教法, 2016, 31 (11): 25-32.

③ ENGLISH L, LUCKETT P, MLADENOVIC R. Encouraging a Deep Approach to Learning through Curriculum Design [J]. A counting education, 2004, 13 (4): 461-488.

④ SPIRES H A. KERKHOFF S N, GRAHAM A C K. Disciplinary Literacy and Inquiry: Teaching for Deeper Content Learning [J]. Journal of adolescent and adult literacy, 2016 (2): 151-161.

题教学，实现语文深度学习的关键要素是语文教师的教学投入。

二、小学语文深度学习的基本价值取向

（一）语文教育思维由"演绎"走向"归纳"

语文教育思维是教育者在长期的语文教育实践中积累形成的对语文教育现象、语文教育问题、语文教育活动的比较稳定的认知模式与操作策略。语文教育思维制约着语文教育活动的实践样态，引导着语文教育变革的方向。语文教育思维的转换会影响语文教育行为方式、原则以及操守等一系列语文教育要素的变化。语文深度学习的实现，要突出语文教育的过程属性，改变传统的"重演绎轻归纳"的语文教育模式。教师要针对学生的个性特点和爱好特长，培养学生的兴趣以及批判反思的思维习惯；要联系社会生活实际，让教学有利于培养学生的创造性；让学生主动探究未知世界，体验创造的乐趣，进而全面提高其发现、探究、归纳的能力。① 深度学习价值取向下的语文教育新思维的具体表现有：第一，语文教育主体地位的转换，即语文学习者成为教育活动中参与、体验、发现、表达与创造的主体；第二，语文教育活动重心的转移，即语文教育活动重心由关注教师"如何教"转移为关注学生"如何学"；第三，语文教育目标追求的转化，即语文教育活动的目标追求由"传承"转化为"创新"；第四，语文教育活动评价方式的转变，即语文教育活动评价由"标准化"向"多元化"转变；第五，语文教育空间的转向，即语文教育空间由"封闭性"转向为"开放性"；第六，语文教育组织的转型，即语文教育组织转型为教育者、学习者、管理者、服务者多元主体的"发展共同体"。

（二）语文学习内容由"蓝本"走向"文本"

关于语文学习的内容，目前存在两种典型的观点：一种观点认为，语文学习内容即"蓝本"。强调尊重文本的作者或编写者的意图或原意，坚持语文学习内容作者或作品中心论，认为语文学习内容与语文学习者之间是一种赐予和接受的关系。强调教师要按部就班地依照"蓝本"进行传授，注重学生在语文学习过程中的背诵、记忆和机械训练。另一种观点认

---

① 刘益春. 秉持"创造的教育"理念　培养具有创造力的教师 ［J］. 中国教育学刊，2017
（4）：卷首语.

为，语文学习的内容是"模糊"的，是无法把握的，是没有学科界限的。语文学习内容"虚无"的认知取向，导致部分教师在教学实践中"任意"解读语文学习内容，常常出现语文学习内容偏离、语文学习内容偏重、语文学习内容偏激和语文学习内容有误等问题。深度学习将语文学习内容作为"文本"进行解读，对传统的语文学习以内容为"蓝本"的认知取向提出全方位挑战，并对具有后现代主义色彩的语文学习内容"虚无"的认知取向进行理性纠偏。深度学习强调语文文本的生活性、生命性和生成性，尊重学生对学习内容意义的多元解读，倡导师生在语文文本面前平等对话与交流，并在互动中进行能动的创造与生成。

（三）语文教学文化由强调"德行"走向尊重"个性"

语文作为一个具有悠久历史的教育学科，在过去表现为一种"泛道德"的教育，可谓失去了教育的"人文性"。"个性"是事物存在的合法性前提与合理性依据，对语文学科属性的认知即是对语文学科"个性"的确认。语文深度学习带来的是语文教学文化由强调"德行"走向尊重"个性"的变化，是教师在语文教学中针对学生个性特点和发展潜能而采取恰当的方法、手段、内容、起点、进程、评价方式，促使学生的语文素养获得充分、自由、和谐的发展，强调语文学习过程既是学生个性的展现和养成过程，也是学生自我实现和追求个性化的过程，最大限度地体现人的个性、独特性、进取性、发展性、潜在性与原创精神。

三、小学语文深度学习的核心特质

（一）知识有宽度

小学语文深度学习是围绕着适切的语文单元主题进行的，有层次、有系统的语文核心知识是语文单元主题的重要的组成部分。语文深度学习中的知识有宽度：一是指语文学科自身知识的丰富性，如语文学习中的字词句短篇、语法修辞逻辑等的丰富性；二是指语文学科知识与其他学科知识联系的紧密性，语文学科既是学生学习其他学科的基础，也是学生在其他学科的学习过程中离不开的语言工具；三是指语文学科知识与一般科学文化知识的广泛联系，语文向来不是孤立的存在，一般科学文化知识作为语文学科知识的母体存在，不断地丰富与更新着语文学科知识；四是指语文学科知识与现实生活的密不可分，语文源于生活，并为现实生活服务，语文学习最终是要为学生的现实生活服务的。

（二）思维有高度

语文学习过程的外显形式是语言工具的掌握和运用，其内隐过程则是思维活动的发生与变化。思维的流畅性、逻辑性、深刻性与创造性决定着语言的特征与风格。思维通常表现为直观动作思维、具体形象思维和抽象逻辑思维三种类型，因此，学生的语言能力发展也通常会经历相应的三个典型发展阶段。在小学语文深度学习中，教师应注重对学生进行分析、评价、综合等高阶思维的整合性训练，培养学生的理解、迁移、问题解决与创新能力。同时鼓励学生尝试运用新奇的方式去解决与单元主题相关的问题或任务，并进行反思与批判，而不只是接受学习内容或对学习内容的简单列举。

（三）情感有温度

情感体验是语文核心素养的重要的组成部分。学生对母语的尊重与敬畏，对汉语言文化的喜欢与热爱，对文学作品思想情感的共鸣，对语文文本中人物喜怒哀乐的感受，以及他们在语文学习过程中的情感体验等是小学语文学习中的重要情感资源。小学语文深度学习需要学生在语文学科专业情境、个人经验情境与社会生活情境中进行充分的情感体验，丰富与发展自身的情感世界。小学语文深度学习，要求教师与学生一起进入有情感温度的各类言语实践情境中，共同深入体验语言背后所蕴含的世态人情。因此，从情感维度看，小学语文深度学习是在学生思维活跃、学习气氛热烈、学生学习内驱力高和积极的学习状态的基础上，达到触及学生心灵深处的精神教育，从而使学生与文本的语言内容建立全新的关系，是一种高情感投入的主动性学习。

（四）资源有广度

在小学语文深度学习中，教师应融合性地使用各类语文教学资源，创设出适合开展师生对话的多种言语实践情境。首先，语文深度学习要体现学习资源的学习性与整体性。语文学习资源的选择应遵循语文学科的逻辑性和学生个体语文学习的心理规律性。通过语文学习活动，将自然与经验、主体心灵与客观环境、社会文化与人类普世精神进行有机整合。其次，语文深度学习强调学习资源的动态性与生成性。一方面是指构成语文学习资源的各要素之间的关系是不断地生成与变化的，另一方面是指教师要针对不同的语文学习领域、学习层次、学习环境和学习阶段，对语文学习资源进行动态的调整。再次，语文深度学习强调学习资源的信息化。信息技术和互联网的快速发展为语文学习资源的开发提供了有效的手段，基于信息化的语文学习资源开发更能激发学习者的兴趣，尊重学习者的身心特点，提升学习者的学习能力，促进学生语文素养的综合提升。最后，具有人文性质的语文学科教学资源也不能游离于信息社会之外。

（五）文化有厚度

小学语文深度学习需要教师引领学生站在历史与现实相结合的高度，整体理解中华文化与人类文明。小学语文学习内容中蕴含着不同历史阶段的社会情况，不同作者对生活的理解，不同时代、不同区域的文本流变及人们对文本的不同阐释。教师在小学语文深度学习中应重视师生的多层次对话，带领学生细细咀嚼与品位语文课程中的文化精华，体现出母语学习中文化有厚度的特征。在语文深度学习的过程中，教师和学生应处于一种积极期待、自主合作、自我导向、共同发展、彼此负责的氛围中，生生、师生共同组成学习合作共同体，达成深度合作关系，在语文学习过程中体现出一种温馨、和谐的文化氛围。

（六）结果有效度

小学语文深度学习是教师引导学生与文本中的语言内容建构全新关系的过程，是师生动态建构语文学习意义的过程，这一过程强调学习意义的生成性。从学习目标看，语文深度学习是以语文知识的多维意义实现为目标，旨在促进学生高阶认知能力，如分析、综合、反思、批判、创造思维能力的形成与提升。语文深度学习强调对学习者的人性关怀，通过学习者对多维学习资源的整合实现将知识、意义、思想、价值、理念、情感融为一体的学习过程，学习者在以获得知识为主要目的的过程中，充分体验学习的乐趣、成功的喜悦，展现自身个性，实现自身价值，发挥个体的创造性，人格得到发展。学生在语文学习的过程中，不仅掌握了语文知识，形成了相应的语文技能，而且发展了诸多能力，学会了学习，情感、态度、价值观等也得到了升华。

四、小学语文深度学习的实践路径

（一）小学语文"单元主题教学"的基本内涵

1."单元"的内涵

单元主题教学中的"单元"是指语文学习中最小的内容单位。语文深度学习中的"单元"有两种来源：一是教材体系中本身设定的课程单元；二是教师基于小学语文核心知识自主开发确立的单元。语文深度学习中的"单元"类型有三种：一是"单篇经典文本"学习单元，这种单元中的文本一般具有同样的体裁或题材特征；二是"多篇文本整合"学习单元，这种单元中的文本或是体裁类型相关，或是内容相关，或是二者均相关；三是"一篇带多篇文本"学习单元，这类单元的学习通常从单篇文本开始，逐步延伸到多篇文本整合学习。但无论是教学"单篇经典文本"单元、"多篇文本整合"单元，还是"一篇带多篇文本"单元，教师都需要明确该单元的学习主题所在。

2."主题"的内涵

单元主题教学中的"主题"是语文学习中最小的意义单位，"主题"是学生通过语文学习能掌握的学习意义。通过主题的确立，教师可以明确通过语文学习学生在语言文字运用能力方面可获得何种提升。语文单元主题是基于对语文文本价值的全面探究，结合语文课程目标与不同阶段小学生语言文字能力发展需求，从小学语文学习内容中选择、提炼出来的有层次、有意义的语文学习内容单位。

3. 语文"单元主题教学"的内涵

单元是语文学习的内容、载体与平台，主题是语文学习的意义、目的与价值；单元需要根据语文文本的价值进行划分，而主题则需要根据具体的单元与课程目标，结合学生的语文学习经验进行个性化提炼。不同年段可以有相同的单元，但主题不一定相同。通过小学语文单元主题教学，师生围绕适切的单元主题展开多层次的对话，建构与语言内容的全新关系，使语文学习呈现出知识的宽度、思维的高度、情感的温度、资源的广度、文化的厚度与结果的效度等语文深度学习特质。

（二）小学语文"单元主题教学"的主要特征

1. 语文学习内容的整合性

在小学语文单元主题教学中，学习内容的整合性是指围绕单元主题的学习需要整合语文学科核心知识体系，整合其他学科内容，整合学生的生活经验。语文学科核心知识体系具有内在逻辑性，听、说、读、写的核心知识需要围绕单元主题进行整合性的学习；语文学习内容的原生价值与教学价值极其丰富，其中涉及广泛的其他学科内容。因此，教师在单元主题教学过程中也需与其他学科内容进行整合。小学语文的学习内容与学生生活的世界具有整体融合性，语文学习内容在学生生活的世界中产生，最终也将运用于他们生活的世界中，因此，教师需将学生的学习内容与生活的世界进行整合，全面促进小学生语言文字运用能力的提升。

2. 语文单元主题的鲜明性

语文单元主题的鲜明性是指单元主题预设的鲜明性与生成的鲜明性。语文单元主题教学是根据小学语文教学内容和儿童身心发展的特点，围绕单元主题进行的。语文单元主题生成的鲜明性是指教师在具备清晰的单元主题意识的基础上，在教学过程中与学生一起不断丰富单元主题意义，使单元主题意义的建构呈现出动态生成性。教师根据单元主题设计教学目标、教学活动与评价，在教学过程中与学生一起不断深化对单元主题的理解，升华单元主题的教学价值。

3. 语文文本理解的深刻性

语文文本理解的深刻性是指在核心价值观的引领下，师生对语文文本的原生价值与教学价值的探究要深入而全面，使单元主题教学能有效促进儿童的语言发展、思维提升和精神丰富。语文文本一般具备表层意义、潜在意义、心理意义与精神意义，教师要对文本的四个层面的意义进行深刻理解与解读，才能在单元主题教学中遵循学生的学习心理，与学生共同经历与体验文本学习过程，才能引导学生对文本的潜在意义、心理意义与精神意义进行自主思考与建构，实现对语文学习文本的超越与再创造。

（三）小学语文"单元主题教学"的实施策略

1. 选择提炼"单元主题"

第一，探究学习内容的原生价值。原生价值是指语文学习内容作为被阅读的对象，为读者提供的阅读价值，是其在作为小学语文学习材料之前就具备的价值。教师对文本原生价值的探究可分为自读、自问、自答三个步骤。

第二，定位学习内容的教学价值。语文学习内容的教学价值是指语文文本进入教育教学领域后，根据学生语文学习经验和语言发展规律，从原生价值中进行选择的、能提升学生语言文字运用能力的学习要素。单元主题教学的核心步骤是通过对小学生语文经验和学习需求的掌握，定位语文学习内容的教学价值，并最终确定单元主题的类型与具体的单元教学目标。

第三，明晰单元主题的类型。语文单元主题的类型是依据语文学科核心素养，对小学语文学习内容的教学价值进行的分类。一般分为语言类型、思维类型、审美类型与文化类型四种。这四种类型的主题并不是孤立存在的，只是在表述中各有侧重。其中，语言类主题是小学语文深度学习的基础主题，在每次教学中都应有所体现。

第四，确定单元主题名称。单元主题的名称一般有三种形式：一是复合型，即"内容主题＋形式主题"或"形式主题＋内容主题"；二是单一型，即单一指向语言形式的主题或指向内容主旨的主题，二者当中择其一；三是融合型，即采用一个短语将内容与形式进行融合，主题中既包含内容主题，也包含形式主题。无论哪种类型的主题，基于回归语文学习特质的要求，语言形式主题与内容主题的完美融合都是单元主题表达的最高境界。

2. 明确"单元主题教学"目标

第一，进行目标定位。小学语文单元主题教学包括"单篇经典文本""多篇文本整合"和"一篇带多篇文本"的单元主题教学三种类型。教师首先要根据确定的语文单元主题对总体教学目标与每课时的教学目标进行分解定位，只有将单元主题细化为具体的深度学习点，才能在教学过程中逐一落实。

第二，确定目标维度。单元主题教学目标的基本维度直接承接自单元主题的类型，指向语言、思维、审美、文化四个方面，这四个维度直接指向语文学科核心素养本身，也涵盖了知识与技能、过程与方法、情感态度与价值观的内容，更能明确体现语文学习的本质需求。由于小学语文学习内容的复杂性，在这四个维度中可能都有深度学习要点，但教师要根据实际情况确定落实哪些维度的深度学习要点。

第三，具体表述目标。小学语文单元主题教学目标的表述一般由学习形式、学习主体与学习表现三个部分构成。学习形式是指教师需要预设通过何种方式来引导学生学习，学习内容指的是具体的单元主题；学习表现则是学生达成学习目标的证据。

3. 丰富"单元主题教学"活动

第一，了解单元主题教学活动类型。小学语文单元主题教学活动主要有感知体验、思考判断、交流分享、表现创造、建构升华单元主题教学活动五种类型。

第二，明晰单元主题教学活动的关系。在上述五类单元主题教学活动中，感知体验单元主题教学活动是其他所有活动的基础，在其之后才可能进行其他单元的主题活动。五类单元主题教学活动在具体的教学中是交替或综合进行的。

第三，设计单元主题教学活动细节。在感知体验单元主题教学活动中，多样化的"读"是教师最常采用的方式之一，朗读（范读、自读、齐读等）、默读等多种方式经常在课堂上交替出现。教师在思考判断单元主题教学活动时，要注重合理整合学生的自主思考判断与群体思考判断，尤其强调批判性思维能力的培养，鼓励学生用不同的方式解决问题。在交流分享单元主题教学活动与表现创造单元主题教学活动中，教师应注意活动的价值取向与保护学生的自尊心。建构升华类活动可以在最后的总结拓展环节中进行，也可在前四种活动中融合进行。

4. 推进"单元主题教学"评价

第一，树立一个理念：理解学生。在小学语文单元主题教学过程中，"理解学生"是引发学生对单元主题进行持续思考与学习的前提，包括理解学生语言文字运用能力的现有水平、理解学生的语言发展特点、理解学生的学习障碍三个方面。小学生的语言发展是随着听、说、读、写整体进行的，其语言、思维、审美、文化素养也是相互交融的。教师只有理解小学生的语言发展整体性特点，才能对小学生的语言表现进行整体评价。教师需要以小学生的视角理解他们在深度学习中出现的障碍，通过评价提升小学生对语文学习的投入度，促进学生在语文学习中获得成就感。

第二，运用两项技巧：倾听与评述。教师倾听的内容应该包括：学生的表达是由文中的哪些词句触发的，学生的表达是由其他学生哪些话语触发的，学生的表达与其自身的学习经验有哪些关联三个方面。教师在倾听过程中需要"翻译"学生所说的言语与非言语信息背后的意义，并进行合理反馈，才能引领学生深入思考，全身心地投入学习。教师评价的内容应该包括学生表达了什么、学生想表达什么、学生的表达有什么意义三个方面。具体针对学生在语文学习过程中付出的努力和对语文学习内容的理解程度进行评价是最重要的评述策略。

第三，坚持"三全"方向：全程、全体、全面。小学语文深度学习中的评价要体现"全程、全体、全面"，即"三全"方向。教师需在学习过程中尽量做到对每位或每组学生的听、说、读、写学习活动进行全面评价，使全体学生都能积极参与，体验语文学习的成就感。

第四，体现"四性"维度：持续、延伸、增值、深远。教师要从学生学习动机的持续性、学习方法的延伸性、学习容量的增值性、成长意义的深远性四个方面进行评价，促使学生有继续学习语文知识的欲望，引导学生将所掌握的语文学习方法迁移至以后的语文学习中，推动学生思维品质及情感的发展。

第五，实施五步策略：确定、设想、激励、整合、修订。第一步：确定学生是否进行了语文学习。教师要从"读出了、理解了、明白了、明确了、想到了、发现了、掌握了"等方面确定学生是否进行了语文学习。第二步：设想学生在语文学习中可能遇到的障碍。教师在设想学生在语文学习中可能遇到的障碍时，需要从任教学段的学生视角出发，对语文学习内容进行全面探究，发现他们在理解思想内容与语言形式的过程中可能出现的问题。第三步：激励学生创造性地学习语文。教师激励学生通过对单元主题的思考与研讨，产生超越教师设想的学习可能，丰富深化单元主题的意义，进行创造性学习，使语文学习出现"深度惊喜"。第四步：设计评价工具。教师要善于自主设计评价工具，并结合自身态势语，如点头、沉吟、微笑等方式，形成个性化的评价工具。第五步：使用、修订与完善评价工具。教师需要在教学实践中使用评价工具，分析其有效性，并通过学生的表现与自身的反思不断完善评价工具。

[原文刊载于《课程·教材·教法》2017年第9期（李广）]

促进学生发展语言文字运用能力

　　小学语文深度学习是以小学生语言文字运用能力的发展为中心，教师引领学生围绕相关的单元主题，引导学生积极参与语文学习的过程。在这个过程中，要让学生掌握语文核心知识，理解语文对于自身成长的价值，体验语文学习的成功感。这个有意义的学习过程，是发展小学生语文核心素养的重要途径。

　　小学语文深度学习的基本形式有三种：一是单篇文本（有代表性的经典篇章或体裁、题材特征鲜明的课文）单元主题的深度学习，二是多篇文本（文体或主题内容相似或相关的一组课文）单元主题的深度学习，三是基于教材单元结构（具有同一单元结构特征的一组课文）进行整合的单元主题的深度学习。

　　经过在实验区三年的深入研究与探索，我们总结了小学语文学科深度学习的实践策略，主要有以下四个方面。

一、深度探究文本价值，确定单元主题

　　小学语文深度学习，就需要找到适切的语文单元主题。"单元"是语文学习的最小的内容单位，而"主题"是语文学习的最小的意义单位。确定语文单元主题就是要从语文学习领域中找到适合学生深入学习的"单元主题"，即能够提升学生语言文字运用能力的"内容"和"意义"单位。小学语义文本与其他各学段的语文文本相比，虽然文本篇幅较短，但文本类型多样，展示类文本（字、词与拼音的展示）、文章式文本、非连续性文本并存。同时，在文章式文本中，文学类文本与非文学类文本并存，每一类文本在不同学段的学习内容与学习策略都存在着差异。因此，对于不同学段的小学生来说，即使相同的内容也可能存在不同的"单元主题"。单元主题的确定，需要对文本价值进行深度探究。语文文本的价值包括原生价值与教学价值两个方面。原生价值是指在选入教材之前语文文本所具有的价值；在选入教材之后，根据课程要求与学生语文能力发展需求，教

师需从原生价值中生成最适切的教学价值，也就是通过对语文文本的学习，学生可能学习到什么。在实践中要做到这一点，教师本身需要深度探究小学语文文本价值，才能找到最为适切的"单元主题"，这也是小学语文深度学习中最重要、最为关键的实践策略。

在深度探究文本价值时，教师首先要以读者的身份自主阅读文本，对小学语文文本进行自然理解，体验文本情感，感悟与思考文本主题；其次，通过查阅各类文献资料，丰富文本的原生价值；最后，再根据所教学段学生的语文学习经验与语言文字运用能力发展需求，发现并确定教学价值。在探究文本原生价值时，教师需要在自主阅读后明确语文文本的具体类型，探究文本中语文知识产生的源流，深化自身对于文本的理解。对文本原生价值掌握得越充分，在确定教学价值时就越自由、越适切；而在生成文本教学价值时则一定要注重所教内容的内在学科逻辑、所教学生的语文学习经验，确定最适切的文本价值作为单元主题进行教学设计。因此，单元主题既可以是文本原生价值的自然呈现，也可以是文本教学价值的自主生成。

二、关注语文学科核心素养，明确学习目标

在确定好单元主题后，需要将精练的单元主题分解细化为具体的深度学习目标。在这个过程中，需要全面关联语文学科核心素养。语文学科核心素养涵盖语言建构与运用、思维发展与提升、审美鉴赏与创造、文化传承与理解四个方面，对于任何一次的语文学习过程来说，这四个方面核心素养的培养都是同时交互进行的。

在小学阶段，语文核心素养中最基础的是语言建构与运用，它是语文深度学习的基本载体与逻辑主线；思维发展与提升是学生语文核心素养发展的基本内核，是学生语言建构与运用的内隐活动过程；审美鉴赏与创造是在语文学习过程中对学生主体精神与个性品质的尊重与张扬；文化传承与理解是将学生个体成长与发展置于人类文明历史长河中的一种普世观照与终极关怀。一节语文课的学习时间有限，而学生发展无限。语文深度学习，就是要通过教学目标的适切创设与实现，培养学生的语文学科核心素养。对于小学生来说，深度学习是有明显层级的，是递进式发展的，是有阶段性和顺序性的。这种层级是与小学生语文学习过程中表现出的感受、体验、思考、交流、表达、升华等学习心理逻辑相一致的。因此，学习目标制订也应与之相适应，横向上应关注学生语文核心素养各方面的整体推

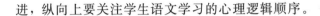

进，纵向上要关注学生语文学习的心理逻辑顺序。

三、把握语文学习本质，设计学习活动

单元主题与学习目标清晰之后，设计学习活动时需要对语文学习的本质有深刻的理解和把握，只有这样才能让小学语文深度学习既回归到语文本身，充满语文味，又能回归到儿童本身，体现人文性。小学阶段的语文学习应侧重在学生良好的听、说、读、写的行为习惯的培养，对语言文字中所蕴含的审美及文化的理解与感悟；同时，小学阶段的语文学习内容与小学生的日常言语学习界限比较模糊，因此，小学语文深度学习活动更应强调与小学生现实言语实践情境的联系。

小学语文深度学习活动主要有感知内容类、体验情感类、思考判断类、交流分享类、表达创造类、建构升华类六种活动。感知内容类活动是通过各种情境创设来感知语文学习内容"表达了什么"或单元主题"是什么"的活动，对学习内容的观、听、读都是其常见方式。体验情感类活动要在感知内容的基础上，引导学生体验语文学习内容中的真、善、美；结合生活现实与学生语文学习经验，真实地表达情绪体验是这类活动最为注重的。思考判断类活动中，在感知内容的同时或以其为基础，鼓励学生对于单元主题或学习内容提出自己的看法，学生可以表示赞同，也可以表示反对。交流分享类活动则是在感知、体验、思考活动的基础上，进行个体或群体的表达活动，交流和分享个体或群体的感受、体验和思考。表达创造类活动是学生通过说、写、音乐、绘画等形式表达其对于语文学习内容或单元主题理解的活动。建构升华类活动指的是学生整合学习内容、联系现实生活生成新认知、促进人格完善的学习活动，总结、收获、拓展等均是这类活动。根据教学目标要求，各类学习活动可交替、综合或独立进行。

四、体现"三全"理念、"四性"维度，进行持续性评价

小学语文深度学习的评价目的，是促进全体学生全身心、全过程参与学习，不断体验语文学习的成功感。因此，小学语文深度学习中的评价要体现"全体、全面、全程"的"三全"理念。小学语文深度学习的评价内容要体现"四性"维度，即在评价中要从学习动机的持续性、学习方法的延伸性、学习容量的增值性、成长意义的深远性四个方面进行评价。学习动机的持续性是指教师的评价能够促使学生对所学语文内容有继续学习的

欲望，学习方法的延伸性是指教师的评价能够引导学生将所掌握的语文学习方法迁移至以后的语文学习中，学习容量的增值性则指教师的评价要能够推动学生进行更丰富的语文学习，成长意义的深远性是指教师的评价要能促进学生的思维品质及情感发展。

小学语文深度学习评价中的"三全"理念与"四性"维度密不可分，"三全"是方向，"四维"是内容。二者相辅相成，以持续性评价引导学生全过程、全身心地参与学习，体验成功，促进深度学习的不断发生，全面提高学生的语文素养。

〔原文刊载于《中国教育报》2017 年 8 月 18 日第 4 版（李广　计宇）〕

小学语文创造性阅读教学的理论
及有效策略研究

知识经济时代的效率标准是知识的生产率，其核心指标是知识的创新与技术的发明。随着知识的开发与创新成为制约经济发展的核心机制，以培养学生创新意识与创造能力为宗旨的"创造性"课程必将成为学校课程为迎接知识经济的挑战而进行改革的方向。联合国教科文组织在《学会生存》一文中指出："教育既有培养创造精神的力量，也有压抑创造精神的力量。"① 作为基础学科的语文教育在此方面无疑具有义不容辞的责任，从阅读教学入手，培养学生创造性思维与创造性阅读的能力，提高学生的语文素养，应作为语文教育改革的切入点和重要途径。

一、创造性阅读内涵的界定及特征

《全日制义务教育语文课程标准（实验稿）》指出："培养学生探究性阅读和创造性阅读的能力，提倡多角度、有创意的阅读。"② 那么，什么是创造性阅读呢？阅读学家杰罗尔德·W. 阿普斯在《学习技巧》一书中是这样定义的：创造性阅读是"读者带着一种创造新见解的目的去从事阅读，从读物中去发现未曾有过的新答案"的一种阅读活动。斯巴克斯与约翰逊在《阅读能力与灵活性的培养》一书中，构建了金字塔型的阅读能力层次说，指出创造性阅读是阅读活动的最高形式，属于创造性应用的范畴。他们把创造性阅读界定为"字句以外的阅读"。我国学者洪材章等人在《阅读学》一书中，将创造性阅读定义为"在理解读物内容的基础上提出创见的阅读。是站在比读物更高的高度，发现其局限性，提出更完备的答案。读者在阅读的过程中，有目的地、主动地接受启迪，从而激发出新

---

① 联合国教科文组织国际教育发展委员会. 学会生存：教育世界的今天和明天 [M]. 上海师范大学外国教育研究室，译. 上海：上海译文出版社，1979.

② 中华人民共和国教育部. 全日制义务教育语文课程标准（实验稿）[M]. 北京：北京师范大学出版社，2001.

的思想、新的理论观点，使阅读有更积极的成果"。[①]

结合课堂教学实际与阅读学的相关知识，笔者认为，创造性阅读是以充分尊重学生个性、发挥学生的主体精神为前提，在深入理解作品的基础上融合读者独特的感悟和新异的认识，对作品进行带有鲜明的个性色彩的一种重新的构建与创作。其内容包括：发现作品的不足与错误；对作品形象进行的再创造、再加工；对作品思想内涵的独创性见解、认识与补充；对作品的写作特点、艺术形式的评价等。

从上述论述中可以概括出创造性阅读的四个基本特征：

1. 主体性，即阅读中心不在作者身上，而在读者身上。你想提什么问题，你想如何回答问题等。

2. 新颖性，即阅读作品时不墨守成规，不唯书是信，不拘泥成说，能从习以为常的定论中发现自己感兴趣的新成分。

3. 独特性，即学生在阅读时能自寻策略，别出心裁，想法别致，不同凡俗。

4. 价值性，即学生在阅读中新颖独特的发现对个体的发展来说具有一定的现实意义，对于他人（主要是同学）的学习而言具有借鉴作用。

二、创造性阅读教学的理论基础

创造性阅读教学是以培养学生创造性思维为目的，主要指在阅读教学中如何指导学生发挥自己的主观能动性和创造性。

就其理论基础而言，其立论基点在于哲学、教育学、心理学、美学等理论及发展，这也是深刻理解创造性阅读教学的基本出发点。

就哲学而言，近代哲学强调由外部世界的探索转向对人的内部世界的探索以及人自身命运和价值的思考，这无疑为人的本质力量的解放指明了方向。主体教育论实际上是这种哲学思想在教育上的反映。主体教育论要求把教学活动看成一种培养学生主体性的创造性活动，它要求在创造性教学活动中，尊重学生的主体地位，发挥学生在学习过程中的自觉性、自主性和创造性，不断地提高学生的主体意识和创造能力，最终把学生培养成为能够进行自我教育的社会主体。

就教育学而言，进入 20 世纪，杜威便在这方面做出了开创性贡献。他早就发现了传统教育缺乏创造性的弊端，主张使用好的教育方法，开发

---

① 洪材章，钱道源，黄沧海. 阅读学［M］. 广州：广东教育出版社，1992.

学生的创造思维能力。他有一段至今仍然振聋发聩的评论："在纪律和良好秩序的名义下，人们经常使学校的状况尽可能地趋向于单调呆板和整齐划一。……长期地反复阅读同样的课本，排斥其他的读物。除了背诵教科书中的材料，其他全在禁止之列；讲授中是如此强调'条例'而排斥自然发挥，同样的，也排斥新奇性和变化性。……在以建立机械习惯的行动整齐划一为主要目的的学校里，激发求异精神并使其保有活力的情况是必然受到排斥的。"针对此，杜威提倡探究式的创造性教学。我国著名的人民教育家陶行知是创造教育的倡导者，他认为，创造是教育之本，他的创造教育思想和理论曾经指导了一系列卓越的教育实验，为国家培养了一批批人才。进入 20 世纪 50 年代以来，有关创造性教育教学的研究成果越来越多，形成许多卓有成效的教学模式，其基本原理是通过扩散性思维训练，来发展学生思维的流畅性、变通性和独创性。

就心理学而言，创造心理学、阅读心理学中的创造与阅读心理过程、信息加工理论、认知模式、图式理论、元认知、智力因素与非智力因素等，为了解阅读活动的心理历程，进行创造性阅读教学实践提供了心理学依据。

从美学角度来看，接受美学认为：一部作品只有经过读者的阅读才算最终完成。一部作品是一个不确定的"召唤结构"①，它召唤着读者在可能的范围内充分发挥创造才能，在其心里建立一个新的"完形"。由于每位读者的生活阅历、知识经验等不同，同一部作品在读者面前，形象的描画与内涵的认识等也不尽相同，正所谓"一千个读者，就有一千个哈姆雷特"。

以上理论，为我们进行创造性阅读教学提供了重要的依据，它使我们在实践中有章可循，鼓舞着广大教育工作者在这条通向未来的教育之路上锐意进取、不断探索。

三、小学语文创造性阅读教学的实践意义

（一）阅读教学的症结

"语文素养是学生学好其他课程的基础，也是学生全面发展和终身发

---

① 朱立元. 接受美学［M］. 上海：上海人民出版社，1989.

展的基础。"① 而语文能力，"读"占鳌头，因此语文界公认，阅读教学是语文素质教育的"重中之重"。然而，认真调查历史和现实，恰是阅读教学这个"龙头"长期成为语文教学的"瓶颈"。从 1978 年吕叔湘批评语文教学少、慢、差、费，到 1997 年由《北京文学》发起的、持续近两年的、波及全社会的语文教育大讨论，都把批评的主要矛头指向阅读教学。其问题是多方面的，但归根结底是没有树立阅读的科学观念和人文意识。而教学中人文意识淡化的突出表现是压抑学生阅读创造的潜能和热情，扼杀学生的个性和灵性。以往的阅读教学往往偏重于作家、作品思想内容的挖掘与传授，忽视阅读主体——学生对作品的感受与认识，学生记诵的是书本上现成的定论，不是能动地探索并得出结论，这种缺乏创造性的阅读必然是千人一面，缺乏独立见解的，它极大地束缚了学生作为阅读主体的想象力与感受能力，挫伤了他们阅读的积极性。

（二）在阅读教学中培养学生的创造力是时代的需要

江泽民多次指出："创新能力是一个民族进步的灵魂，是国家兴旺发达的不竭动力。"在知识经济时代，知识生产率的提高取决于个体对知识创新的意识与能力的提高，只认同而不求异，只接受而不创新，只满足于现状而不思进取，即使拥有再多的知识也难以提高知识的生产率。

著名的阅读学家曾祥芹认为："创造是阅读智力活动的归宿，是阅读能力的最高层次。阅读是对作品的再生产、再创造。在阅读实践中培养自己的创造思维能力，进而发展创造冲动，是阅读主体追求的一种高境界。"

创造力是阅读能力的重要的构成要素，创造力的有无和高低是衡量学生阅读能力和水平的重要尺度，对作品的阅读只停留在认识、理解和一般性的鉴赏上是不充分的阅读。只有阅读主体以创造性思维来深入思考、发现问题，对作品进行创造性的解读才是完整意义上的深层次的阅读，而这种阅读必将促进学生思维能力的发展和阅读水平的提高。

四、创造性阅读教学策略

在教育实习、与东北师大附小众教师的交流讨论的过程中，我提出并完善了适应"四阶段"教学模式的九种教学策略：

---

① 中华人民共和国教育部. 全日制义务教育语文课程标准（实验稿）[M]. 北京：北京师范大学出版社，2001.

（一）整体把握，涵泳概括

此策略是针对在阅读教学中，常让学生读一遍课文，甚至只读几个所谓佳段，甚至一段也不读，架空分析，逐段串讲，支离破碎，不成系统而提出的。这就如同盲人摸象，呈现在学生面前的是一条象腿、一只象耳，而难以形成整只大象的轮廓。因此，在每一篇课文的教学中，都应让学生带着一定的要求，完整地读三遍以上，对要求和问题的设计要由浅入深、由局部到整体，难度逐步增大，可以呈粗放式，不追求统一的标准答案，学生可以凭借自己的爱好和理解，做出不同的答案。这样，阅读的主动权完全掌握在学生手中，由学生自己在反复的阅读欣赏中，寻找规律，品味美感，学生不再是被动接受知识的"容器"，而是主动探求、积极创造的"开拓者"。这是进行创造性阅读的准备阶段，被称为"继承性阅读"。只有深入理解文本，才能使阅读中的创造更有价值。例如，教学《桂林山水》一课，让学生首读课文，提出问题，"读这篇课文你感受到了什么"；再读课文提出问题，"课文中的哪些地方使你产生了这种感受"；三读课文，让学生相互交流："你读懂了什么？还有哪些不懂的地方？"如此一来，不仅桂林山水的美丽的风景图展现在了学生面前，而且通过深入体验，反复品味，学生对文章语言的美和整篇文章的结构就很容易领悟和掌握了。通过读懂与不懂，更加深了学生对文章的理解。这正是魏书生提出的阅读"自动化"的教学理想的体现。

（二）大胆质疑，勤于思索

"学起于思，思源于疑。"我国古代文人郑板桥曾说："学问二字，须要拆开看，学是学，问是问。今人有学无问，虽读书万卷，只是一条钝汉尔……读书好问，一问不得，不妨再三问，问一人不得，不妨问数十人，要使疑窦释然，精理迸露。"要使我们的学生在阅读中不变成一条钝汉，关键就在于使学生寻找并发现问题，质疑是开启创造大门的第一把钥匙。美国教育家肯尼思·H. 胡佛指出："整个教学的最终目标是培养学生正确提出问题和回答问题的能力，任何时候都应鼓励学生提问。"过去，我们总认为阅读教学只要把知识点讲清楚就行，而对学生提问不加重视，甚至反感。进行创造性阅读教学要把鼓励学生提问放在教学的首位，并对学生的发问予以及时鼓励和强化。有时候学生的发问可能是幼稚的，甚至是错误的，或是钻牛角尖的，我们也应一样给予关注，认真倾听，肯定其大胆行为，找出其中的闪光点。在实习汇报课上，一位实习教师教学《可爱的草塘》一课时，某同学提出这样一个问题："雪是冰冷的，野鸡怕冷，为什么还会一头扎进雪里？"这个问题一提出，顿时引起一阵大笑，但教师表扬提问的学生勤于思考，善于发现问题，要求大家展开讨论。课堂气氛顿时活跃起来，阅读思路不断打开，学生对课文的认识也因而加深了一层。提问的学生更是面有喜色，充满成功的欢愉。在听《鹬蚌相争》这节课时，学生提出：课文中有一点不太合理，如果蚌放开了鹬，鹬就会把蚌吃了；如果鹬把蚌放开，鹬就会饿死；鹬和蚌不能相争。这个问题一提出，教室里立刻沸腾起来，同学们议论纷纷，争先恐后地发表自己的看法，有的说必须蚌先放开鹬，鹬才能把嘴松开，退出蚌壳；有的说如果双方是死对头，那就不能谦让；还有的则举了秦吞并六国的历史故事来说明双方只有相让才不会两败俱伤……在争论中，同学们各抒己见，对这则寓言的理解更加深刻了。创造从质疑开始，教师在教学中要千方百计地激发学生的"质疑意识"，提高质疑质量，支持学生独立思考和探索，这样学生的思维才具有创造性。

（三）广寻渠道，查阅资料

21世纪人才的一个重要能力是收集信息与处理信息的能力。提出问题是创造的第一步，而通过查阅各种资料弄清问题才是连接进一步创造的桥梁，而且想的办法越多，寻到的渠道越广，人的思维才越活跃。因此，在教学中我们应有意识地培养学生的这种能力，每堂课都应鼓励学生自己寻找资料和素材，包括课前预习时资料的收集；课上弄清问题、发表个人见解时材料的准备和整理；课后知识拓展时资料的补充与积累。实习时，我曾讲授过毛泽东主席的七律诗《长征》，长征时代距离现代学生的生活较久远，学生难以理解红军战士藐视困难、一往无前的革命精神，很难体会他们历尽艰险、战胜困难的喜悦。因此，上课前一周我便布置了预习任务，要求大家查阅长征的相关资料。结果，很多同学通过电视、电影、网络等观看了关于长征的录像片，查阅了有关长征的书籍和革命史料，搜索并下载了很多红军长征途中的图片，有的同学还找到了描写长征的其他诗词……这样不仅教学任务完成了，而且谈起长征来大家津津乐道，知道的比老师还多，整个一堂课老师完全是学生的听众。

（四）设点发散，鼓励创见

这是发散思维在教学方法上的具体运用。在教学中，根据教材内容提出各种开放性的、具有多种答案的发散性问题，通过发散之后再集中，优选出最佳方案，有的内容不是唯一答案的，则不必集中。确立发散点一般要与教学重点、难点和主题相结合，有利于帮助学生突破难点，掌握重点，深化主题，培养创造性思维。

教材中有些文章在叙述时往往较简略，需要学生在读书的过程中联系上下文进行想象。如《董存瑞舍身炸碉堡》一课，为了深入英雄的内心世界，寻找英雄壮举的动力，学习英雄的崇高精神，可连设两问：当董存瑞手托炸药包时他想到了什么？当导火索在他的头上哧哧冒着白烟时，他抬头眺望远方，看到了什么？他可能想到了战友们冒着枪林弹雨冲向敌人，想到了敌人被消灭，战斗取得了胜利；他可能看到了全国的解放，看到了天安门城楼冉冉升起的五星红旗。也许，在生死攸关的时刻，董存瑞什么都想到了，唯独没有想到自己即将牺牲。这一发散过程，使英雄形象更加高大。又如《白杨》一课中有这样一句话："一位旅客正望着这些戈壁滩上的卫士出神。"对于一个在边疆战天斗地的建设者来说，这茫茫的戈壁滩上的白杨定会使他思绪万千！他在想些什么？文章没有明言。在讲完"爸爸"的心愿一段后，教师引导学生联系课文内容猜想他会想什么。有的说，他也许在想，当年他来这儿的时候，这儿还没有白杨树，如今已长了这么多高大的白杨树；有的说，他也许在想，白杨树生命力强，不怕困难，象征边疆建设者不畏艰苦，在大戈壁滩上挥洒青春，扎根边疆；有的说，他也许在想，边疆建设不是一代人能完成的，而是需要几代人的不懈努力，我今天带孩子们去边疆，他们能适应边疆的艰苦生活吗；有的说，他也许在想边疆的美好未来。这样设计，可以激发学生的想象，学生由树到人，较好地理解了白杨的象征意义。设点发散的"点"要为突出重点、突破难点服务，切忌不着边际地胡思乱想。

（五）完善补充，续改文本

接受美学的代表人物之一伊瑟尔认为，文学文本区别于非文学文本的最重要的特征是文学作品的未定点和空白，所有未定点和空白必须由读者的实际解读活动来加以填补，正是在文本与读者的关系中，审美反映才被创造出来。即文章的空白，正是读者发挥主观能动性之所在。[①] 在阅读教学中，利用空白，激发学生创造性阅读的欲望，培养学生的创造力，应是

---

① 陈龙安. 创造性思维与教学［M］. 北京：中国轻工业出版社，1999.

阅读教学中的重要之举。小学语文教材中有很多"言有尽而意未尽"的好文章，在课文戛然而止时，学生的情思却往往意犹未尽。教师要适时抓住这种可贵的教学机遇，不妨为发展课文情节做一次有情趣的创新训练。如《狼和小羊》中的最后一句话是"说着就向小羊身上扑去"。小学生最爱刨根问底，会问："小羊的结局怎么样?"教师应顺势引导："你认为会怎么样?"孩子善良的天性促使他们调动过去的阅读经验，对故事做补充：有的说，羊见狼向自己扑来，立即奔跑并大声呼救，正好碰上一位老农，羊得救了，狼的阴谋没有得逞；有的说，羊知道狼想吃自己时，急中生智对狼说："亲爱的狼先生，我是该死，该让你美餐的，可我现在太脏了，我回家洗个澡再来，让你吃上一顿干干净净的肉。"狼信以为真，就放了小羊，结果小羊一去就再也没有回来……学生在续编故事的过程中，不仅思维得到了训练，而且获得了创造的快感。类似的文章还有很多，如《小摄影师》一课，于结尾处可设计这样的问题：那个小男孩会来吗？让学生续编故事。《寄给青蛙的信》可以就小青蛙和小松鼠以后的交往展开故事。《啄木鸟和大树》一课，可以就"啄木鸟还会第二次来劝大树治病吗?"这个问题将故事续编下去。

（六）创设情境，激发想象

　　想象与联想是拓宽儿童思维空间最好的途径，它是创造的源泉，也是进行创造性阅读的前提。没有想象就没有创造，没有创造性想象，就没有创造性阅读。孩子们是富于想象的，鲁迅先生早就说过，孩子的想象力是值得敬重的，凭借想象，孩子们可以上天，可以下海，可以到达小鸟都到达不了的地方。其实，激发孩子的想象并不是一件玄妙的事，关键是教师要为激发孩子的想象提供契机：一是要让学生获得直接印象；二是形成需要的推动。想象往往是与儿童的感受紧密相连的。在优化的情境中，因为图画、音乐、表演艺术的直观性，让学生获得鲜明的直接印象，这种"直接印象"笼罩着艺术的美，进入儿童意识，为儿童展开想象做了十分有效的心理上、情感上的准备，甚至处于一种呼之欲出的状态。一位教师在教学《冬天是个魔术师》时，在孩子面前展开了一幅画，大雪中，一枝蜡梅凌寒怒放。教师的语言描述把孩子们带到了一个冰雪的世界，孩子们仿佛闻到了蜡梅的幽香。课文的描写伴随着学生视觉所得，与他们在生活中曾经获得的冬天的感受很自然地产生不同的审美意象。在一段充满幻想的音乐旋律中，在"冬天是个魔术师，他'呼'地一吹"的提示下，他们深情地、美美地描述着："雪姑娘把大地变白了，还领来了雪娃娃。""把娃娃的脸吹红了。""把家里的暖气吹热了。""火锅店又热闹了。"……这样把学生所获得的冬天的内心体验，通过语言表达出来，甚至到了课间，许多孩子还挤在老师身边，争先恐后地表述他们的感受。所有这些都表明：想象本身不仅是创新的前提，还是进行持续创造的驱动力。在小学语文课本中，几乎每一篇课文都有可想象的因素，关键就在于教师如何去挖掘与引导学生进行想象。

（七）畅谈感想，交流心得

萧伯纳说得好："你有一个苹果，我有一个苹果，交换后还是一个苹果。如果你有一种思想，我有一种思想，交流后就是两种思想。"在文本阅读的过程中，引导学生进行交流、讨论，不仅可以促使学生思想认识的升华，思维活动的飞跃，而且可以教会学生学会倾听，学会尊重，学会接受，学会多方位地考虑问题。

巴甫洛夫认为："争论是思想的最好触媒。"经常展开交流与讨论，对培养和发展人的创造力是一个很好的途径。如《皮球浮上来了》一课，当学生了解课文内容后，知道皮球掉进树底下的洞里后，是用"将水灌进洞里让皮球浮上来"的办法将球捡回来的。为了开拓学生的发散、求异思维，老师提出，这是不是唯一的办法呢？学生很感兴趣，有的说，用手伸进洞里去拾。有的反驳说，不行，课文中说了洞很深，怎么能用手去拾呢？有的说，下洞去捡。也有人反驳说，如果洞口小，怎么能进去呢？有个同学说："我才不那么傻呢！干脆不要，回家让爸爸拿钱再买一个。"这句话引起了强烈反响，有的赞成，说对；有的反对，说他是懒虫；有的说他浪费钱，不是好孩子……大家议论纷纷。老师因势利导说："大家别急，让这位同学说说为什么。"这位同学说："如果这个地方没有脸盆和水，不是要到很远的地方去吗？上课铃响了怎么办？"老师认为说得有道理，接着引导学生思考：重新买一个皮球花钱不多，还可以节约一些时间，可用到学习或做其他事情上。特别是在当前时间就是效益的情况下，这种想法在一定的条件下是有某些道理的。这位同学能大胆地想到人所未想，求别人所未求，他的办法是新颖的，有合理成分的。可见，这种交流与讨论对巩固课堂知识、启迪创造性思维具有极其重要的作用。

（八）善于批判，求异求优

求异思维是创造性思维的一种重要的思维形式，它常表现为认识的独创性，敢于怀疑和否定所谓"权威"的定论，善于标新立异。其思维过程为"怀疑—否定—新知"。怀疑是创新的开始，教师在教学中要培养学生敢于怀疑已成定论的东西，勇于追求真理的思维品质，以便获得突破性认识。对此，应提出三个鼓励：一是鼓励向教师挑战，敢于发表与教师不同的意见和观点；二是鼓励学生向课本挑战，敢于提出与课本不同的看法；三是鼓励学生向权威挑战，敢于质疑权威的结论。比如《小小的船》一文，有的学生提出："'我在小小的船里坐，只看见闪闪的星星蓝蓝的天'这个说法不对。月亮其实挺大的，坐在月亮上，可能不光是看到了星星和蓝天，难道月亮上就没有其他什么了吗？"教师很快表扬了他，引得其他同学很羡慕。这种自觉主动地学习，有益于阅读教学中发散思维能力的培养。

对学生求异思维能力的培养还表现在尊重学生阅读感受的多元性，鼓励学生发表自己独特的见解。在学习《小猴子捞月亮》这篇课文时，许多人认为文中的这群猴子很傻，但有的学生却从另外一个角度思考：这群猴子敢于下井捞月亮，说明他们很勇敢，这样的理解也有可取之处。从不同的角度认识事物，往往能获得多种知识信息，收到"横看成岭侧成峰，远近高低各不同"的效果。画家达·芬奇的老师曾说过："即使是同一只鸡蛋，只要变换一下角度去看它，形状便立即不同了。"阅读同一篇课文，也应鼓励学生从不同的角度去认识它，那将会获得不同的启发，产生不同的认识。

（九）精心设计，追求效果

教育心理学家指出："创造需要解决问题。但真正的创造高于一般解决问题……在创造中，学习者认知结构中仅有些间接有关的观念，以此为基础，他要提出一个新的观念的成品，如提出一条定律，得出一个新的结论，或设计一个新的产品。真正的创造总是为人类贡献了新的知识。"毫无疑问，只有把目标定位在获得创造性成果上的阅读，才称得上是真正的创造性阅读。而对于小学生来说，只要学生在阅读中创造了对他自己来说是全新的、首创的"产品"，品尝了一种内心的精神生活，就应该看作有了创造成果。我在教学《长征》一课时，板书最后形成了一首诗："长途跋涉不怕难，征程艰险路漫漫。伟人眼里群山小，大气磅礴……"当我向学生揭示这是一首藏头露尾诗，并要求他们根据课文内容将诗补充完整时，全班同学都非常兴奋，"谱新篇""人人赞""代代传"……连平时不爱说话的同学也跃跃欲试，结果出现了三十多种不同的答案。放学后，有的同学在路上还与我探讨，更令人欣喜的是一个女孩在日记上也写了一首诗，并考一考我是否能将其补充完整。尽管这类似于文字游戏，但对于学生而言是从未有过的创造，其"成果"同样使学生体验到创造性阅读的喜悦，激发学生不断创造的欲望。

上述九种创造性阅读教学的策略是比较常用的，小学语文学习资源的丰富性与开放性，小学生心理、生理方面的特点，决定了教法的多样性，更多地有效地进行创造性阅读教学的策略需要我们在教学实践中不断地探索、总结。需要说明的是，各种策略的运用要因文而异，但有一点是共同的，它们都必须建立在理解性阅读的基础上，即根植于第一种策略。立足根本，然后才讲创造，否则必定舍本求末，得不偿失，使学生养成不良的阅读习惯。

另外，学生的创造是否有价值，教师要给予把握。例如，一位教师在教《小摄影师》一课时，提出问题："小摄影师注视着高尔基，他会想什么？"一个学生发言说："他在想高尔基穿的是什么牌子的衣服，是名牌吗？"针对这种情况，教师要保护其思考的积极性，但要巧妙地引导，以提高学生提问与创造的质量。

[原文刊载于《吉林省教育学院学报》2004年第4期（李广　李颖）]

城乡小学二年级学生写话内容比较研究

城乡二元发展使城市与乡镇形成不同的社会生活样态，城市的繁华与乡镇的恬静使特定场域环境下的学生对生活有着不同的认识与理解。写话是学生内心情感的流露，是学生思维与思想的外部表达，也是学生形成良好的人际沟通能力的早期基础，其内容与形式也具体反映着学生早期对生活的认识与理解。立足城乡生活差别，测查城乡小学生写话内容，能够揭示城乡小学生写话内容的异同，为城乡小学写话教学提供参考。

一、研究设计

（一）调查文本

本研究的调查问卷包括"看图写话""主题写话""课文续写"三个写话主题类型。其中，看图写话素材选自长春版小学语文教科书二年级上册第 36 页的看图编故事。该素材描述了"小狐狸用拐杖帮助小狗取下挂在树上的风筝"的助人为乐的故事。主题写话为本研究的自选题材，问卷设计以"我的家乡我建设"为引导语，要求学生写 3～5 句话，内容包括：作者会以什么身份建设家乡？如何建设家乡？把家乡建设成什么样子？该写话题材旨在激发学生的想象力，书写自己与家乡的未来。课文续写主题选自长春版小学语文教科书二年级上册第七单元第 50 页的《问银河》，旨在通过学生向银河提问的方式创造学生的想象空间，学生在写作的过程中可以接原文续写，也可以寻找其他续写切入点。除主题写话题材外，看图写话与课文续写素材均来源于城乡两所小学通用的长春版小学语文教科书。

（二）调查对象

参与本次写话内容调查研究的学生分别来自吉林省长春市 N 小学与长春市下属县城管辖乡镇的 D 小学，两所学校各有 120 名二年级学生参与本次调查，总人数为 240 人。两所学校在师资力量、教学设施、学校文化环境、学习氛围与学生综合素质等方面水平相当、类型一致。

（三）问卷编制与调查时间

本次调查的问卷编制采用半开放式命题写话的形式进行，除写话主题、指导语、学生所在学校、性别信息外，学生均可根据相应的主题进行开放式写作。参与本次调查的城市学校与乡镇学校各有 40 名学生回答不同主题的写话问卷，各学校回答单个主题写话问卷学生总数各占所属学校参与调查总人数的三分之一。在城市小学调查时间为 2013 年 11 月 21 日，在乡镇小学调查时间为 2013 年 11 月 27 日。

（四）问卷统计分析

本次调查共回收城市小学学生问卷 119 份，其中，看图写话类 40 份，主题写话类 39 份，课文续写类 40 份。回收乡镇小学学生问卷 116 份，其中，看图写话类 39 份，主题写话类 38 份，课文续写类 39 份。在问卷分析过程中，首先，分类别对学生的三个主题写话问卷在"总字数""拼音代替汉字总字数""错别字总字数"三个方面的城乡差异进行统计；其次，对看图写话类问卷进行"故事结局、人际交往"两个方面的城乡差异统计；再次，对主题写话类问卷进行"自我形象、家乡建设"两个方面的城乡差异统计；最后，对课文续写类问卷进行"提问内容、续写角度"两个方面的城乡差异统计。最终得出小学二年级学生写话内容的城乡比较结果。

二、调查结果分析

（一）城乡小学生写话内容的相同点

1. 写话题材

易写则善写。从三类写话题材的字数统计来看，城市与乡镇学生均表现出看图写话字数最多，其次为主题写话，课文续写字数最少。这表明：图片性材料对小学中低年级学生的写作具有明显的促进作用。[1] 学生对于图画等具体直观的材料具有较好的理解与领悟能力，并表现出积极的心理

---

[1] 朱晓斌. 写作教学心理学 [M]. 杭州：浙江大学出版社，2007：5.

倾向；对于文字等较为抽象的材料，学生的理解与领悟能力相对较弱，甚至存在写话无力感。从学生三类写话题材作品的字数来看，城市学生与乡镇学生均在看图写话类作品中运用文字总量最大。相对而言，看图写话对学生来说属于"易"，主题写话与课文续写则属于"难"，学生对易写材料表现出善写的特点。

2. 识字积累

会写则乐写。从城乡学生各类写话问卷的文字统计来看，城乡学生均表现出写话内容的字数越多，拼音字数与错别字数越多的现象。这表明：学生在写话中的文字储备量是影响其表达效果的主要因素；学生的文字储备量越大，其语言表达与想法呈现则越丰富；反之则会出现语言、想法贫瘠的现象。识字是阅读的基础，阅读是写作的基础，学生识字量少，就不可能尽快阅读和写作。[①] 识字量影响写字量，而写字量又直接影响学生的写话技能，也影响学生的写话欲望。学生识字水平与文字积累量是会写的基础，会写则乐写。

3. 情感体验

感恩精神的塑造。对看图写话类作品分析发现，学生作品中出现较多"谢谢""感谢"类词语。据统计，城市学生的 40 份看图写话作品中有 31 份作品写到小狗向狐狸道谢，乡镇学生的 39 份看图写话作品中有 23 份作品写到小狗向狐狸道谢，城市与乡镇的大部分学生都能够认识到受人帮助要表达感谢。城乡学生在写话作品中对"感谢"的书面表达则反映出在日常生活、学习生活中对于"感谢"的前期认识，而写话这种书面表达又进一步强化了学生的"感谢"心理。

4. 信息提取

想象之源的干涸。课文续写旨在调查学生的想象力与创造力。但分析发现，城市与乡镇学生均在课文续写类写话中表现出较强的模仿力，缺乏创造力。在城市学生的 40 份课文续写类作品中，涉及的提问内容包括植物、事物、人物、星体、物品、景观、气象、问题 8 个类别，共计 51 种。其中，动植物类内容共有 24 种。在乡镇学生的 39 份写话作品中，涉及的提问内容共有 42 种，包括植物、事件、人物、星体、物品、景观 6 个类别。其中，动植物类共有 23 种。城市学生与乡镇学生均对《问银河》中原文提问的动物类内容进行一定程度的沿袭。尽管城乡学生提问的内容类

---

① 张国生.《语文课程标准》与"大语文教育"[J]. 中国教育学刊，2004（2）：40-43.

别均超出了原文中涉及的类别，但续写形式与原文的书写形式具有较高程度的一致性。这说明，学生在课文续写中多数仿用原文词汇进行续写，表现出较强的模仿力，也反映出想象力与创造力的匮乏状况。

（二）城乡小学生写话内容的不同点

1. 成长环境

城墙阻隔与田园开放。看图写话素材的主题写作能够体现出学生的人际交往与互动取向。在城市学生的 40 份作品中，共有 7 种故事结局，其中有 4 种结局体现出小狗与狐狸的互动；在乡镇学生看图写话的 39 份作品中，共有 9 种故事结局，其中 6 种体现出小狗与狐狸的互动，同比高于城市学生。乡镇学生在作品结局设计上表现出的人际交往与互动的积极性明显高于城市学生。这也表明，城市学生在"城墙与高楼"的阻隔中对于人际交往具有较强的封闭性，而乡镇学生在"田间与自然"的开放中对于人际交往则具有较强的开放性。

2. 价值倾向

功成名就与朴实无华。在"我的家乡我建设"主题写话中，城市学生塑造的自我形象包括建筑师、设计师、市长、无所不能的人、卡丁车手五种，其中有 22 份学生作品把自我塑造成设计师形象，占总数的 56.41%。乡村学生塑造的自我形象包括小提琴家、教师、军人、医生、武警、工程师、建筑师、画家、护士九种，其中有 18 份学生作品把自我塑造成教师，占总数的 47.37%。从当前学生对未来身份定位的价值取向看，城市学生更倾向于成为"成功、显赫、有作为、有出息"的大人物，而乡镇学生则更倾向于成为"稳定、普通"的平凡人。

3. 生活感悟

斗技虚拟与质朴真实。在"我的家乡我建设"这一主题写话中，城市学生的作品对家乡的建设大多集中于物质科技化、现代化的改变，如"给房子装上轮子、机器人服务、汽车会飞"等。在乡镇学生的作品中，对家乡的建设多集中于生活的情感化、人性化，如"教书育人、服务百姓、治病救人"等。对于城市学生来说，高科技、现代化的城市生活样态已经根植于心，学生在城市生活中不断幻想、虚拟，离开了生活的本来面目。而乡镇学生关注的话题多来源于真实生活，反映着生活的原本样态。

4. 信息加工

想象创造与模拟仿造。在课文续写类写话作品中，除《问银河》课文原有的动物与事件两类提问内容,城市学生的 40 份作品涉及的提问内容有 8 类,包括植物、事物、人物、星体、物品、景观、气象与问题。乡镇学生的 39 份作品涉及的提问内容有 6 类,包括植物、事件、人物、星体、物品、景观。城市学生有 7 份作品的续写形式与原文不同,共有 5 份作品对银河提出了新的问题,2 份作品提问银河的身份;乡镇学生的写话中则没有此类作品。城市学生每天受到电视、电脑等现代化媒体的影响,其信息储备较为丰富,有利于学生按需要进行信息提取与加工,而乡镇学生则在"慢节奏"的生活中对信息储备较少,信息提取与加工能力相对薄弱。

三、思考与启示

(一) 写话题材影响学生写话质量

从三类城乡学生写话作品的文字数量来看,看图写话总字数最多,次之为主题写话,课文续写总字数最少。三类写话素材比较而言,看图写话更为直观,其形象的图片有利于学生展开联想,而主题写作与课文续写提供的是文字材料,距离学生的真实生活较远,相对陌生。学生对于具体、直观的写话题材具有较好的认识与理解能力,对于复杂、抽象的写话题材则缺乏领悟能力与相应的想象力、创造力,也会影响到写话作品的质量。这必然要求教师在写话教学的过程中合理设计写话题材,依据学生的认知水平和成长规律,循序渐进地提高学生的写话能力。

(二) 识字数量影响表达质量

学生对文字的认识是其文字应用的基础,只有认识文字才会使用文字,识字量的多少决定着学生对文字使用量的多少。识字是书面表达的前期储备,学生掌握的汉字数量越多、熟练程度越高、牢固性越强则能表现出较强的写话表达能力,其遣词造句能力与组句成篇水平会相应提高,表达内容也会相对丰富。因此,在培养学生写话技能时,要关注学生的识字数量和识字水平,把写话技能与日常识字教学相联系,双向提高学生的写话能力与识字数量。

(三) 信息量影响学生写话思路

在课文续写作品中,城乡学生表现出的信息提取与信息加工的差异性与总体特征表明:一方面,城市学生的信息量相对优于乡村学生,其信息储备为写话奠定了基础，提供了相对广阔的想象空间。另一方面，学生信息储备充足，其写话思路越清晰，写话内容越多，并能进行灵活的信息选择与提取；相反，学生信息储备较少，其思路也相对单一，写话的内容也缺乏丰富性。为此，拓宽学生的信息获取渠道，提高学生的信息储备量是小学语文教学中的重点内容。

（四）成长环境影响学生写话内容

城乡学生在不同的生活环境、媒体信息的影响下对生活有着不同的认识与理解，导致城乡学生在写话内容、写话的信息量、写话的价值取向上存在显著差异。城乡学生在三种题材写话作品上的差异性表明，不同的学校环境、家庭环境、周边社会环境对学生的写话内容影响深刻，导致城乡学生写话作品价值取向明显不同，具有明显的城乡差异性，这为城乡小学语文写话教学提供了新的思考视角。

[原文刊载于《现代中小学教育》2016 年第 3 期（李广　曲捷）]

参 考 文 献

［1］托马斯·库恩. 科学革命的结构［M］. 北京：北京大学出版社，2003.

［2］陈向明. 质性研究：反思与评论（第 2 卷）［M］. 重庆：重庆大学出版社，2008.

［3］艾尔·巴比. 社会研究方法（第 10 版）［M］. 邱泽奇，译. 北京：华夏出版社，2005.

［4］钟启泉，崔允漷，张华. 为了中华民族的复兴　为了每位学生的发展：基础教育课程改革纲要（试行）解读［M］. 上海：华东师范大学出版社，2001.

［5］史爱荣，孙宏碧. 教育个性化和教学策略［M］. 济南：山东教育出版社，2001.

［6］李德顺. 价值学大词典［M］. 北京：中国人民大学出版社，1995.

［7］袁贵仁. 价值学引论［M］. 北京：北京师范大学出版社，1991.

［8］江山野. 简明国际教育百科全书：课程［M］. 北京：教育科学出版社，1995.

［9］张应强. 文化视野中的高等教育［M］. 南京：南京师范大学出版社，1999.

［10］卓新平. 宗教与文化［M］. 北京：人民出版社，1988.

［11］王承绪. 比较教育学史［M］. 北京：人民教育出版社，1999.

［12］费孝通. 费孝通文集（第十四卷）［M］. 北京：群言出版社，1999.

［13］罗伯特·F. 墨菲著. 文化与社会人类学引论［M］. 王卓君，吕廼基，译. 北京：商务印书馆，1991.

［14］高久启吾. 新体验学习［M］. 东京：学事出版株式会社，1999.

［15］高桥史朗. 临床教育学与感性教育［M］. 东京：玉川大学出版

部，1998.

　　[16] 中华人民共和国教育部. 全日制义务教育语文课程标准（实验稿）[M]. 北京：北京师范大学出版社，2001.

　　[17] 日本文部省告示：小学校学习指导要领 [M]. 东京：日本大藏省印刷局，1998.

　　[18] 马克思，恩格斯. 马克思恩格斯选集（第一卷）[M]. 北京：人民出版社，1995.

　　[19] 申国昌，王永颜. 习近平教师队伍建设思想内涵及其现实意义 [J]. 武汉科技大学学报（社会科学版），2014（6）：663-667.

　　[20] 吴林龙，张韬喆. 深入把握习近平关于教师职责使命论述的理论内涵 [J]. 思想教育研究，2017（5）：11-14.

　　[21] 宋凌云，王嘉毅. 教育改革发展的新理念新思想新要求：学习习近平总书记关于教育工作的重要论述 [J]. 教育研究，2017（2）：4-11.

　　[22] 张剑. 教师工作价值理论的重大创新：学习习近平总书记关于教师工作的重要论述 [J]. 国家教育行政学院学报，2017（6）：3-7.

　　[23] 刘益春. 秉持"创造的教育"理念　培养具有创造力的教师 [J]. 中国教育学刊，2017（4）：卷首语.

　　[24] 杨志成，柏维春. 教育价值分类研究 [J]. 教育研究，2013（10）：18.

　　[25] 张增田，彭寿清. 从"蓝本"到"文本"：当代课程内容观的转变 [J]. 教育研究，2011（11）：95.

　　[26] 张恩德. 论课程内容偏度 [J]. 课程·教材·教法，2016，36（2）：51.

　　[27] 李广，马云鹏. 我国基础教育课程价值取向的特征及其文化阐释 [J]. 东北师大学报（哲学社会科学版），2012（1）：154.

　　[28] 程光旭，姚若侠，孔祥利. 推进师范类高水平大学一流学科建设 [J]. 中国高等教育，2016（3）：44.

　　[29] 刘益春，李广，高夯."U—G—S"教师教育模式建构研究：基于教师教育创新东北实验区建设的实践与思考 [J]. 教师教育研究，2013（1）：62.

　　[30] 冯建军. 走向生命关怀的教育研究 [J]. 高等教育研究. 2004，25（3）：25-29.

　　[31] 陈忠卫. 质化研究与量化研究的范式差异及融合趋势：兼论在

管理学界的应用 [J]. 管理学家（学术版），2012（3）：3-12.

[32] 王澍，柳海民. 从唯方法论主义到问题与方法论的统一：改革开放30年教育学方法论研究的知识论立场探寻 [J]. 教育研究. 2011（1）：39-44.

[33] 李韧青. 论中国传统价值取向对教育的影响 [J]. 江西科技师范学院学报，2003（6）：9-11.

[34] 王德如. 课程文化自觉的价值取向 [J]. 教育研究，2006，27，（12）：72-78.

[35] 马云鹏. 国外关于课程取向的研究及对我们的启示 [J]. 外国教育研究，1998（3）：38-43.

[36] 靳玉乐，杨红. 试论文化传统与课程价值取向 [J]. 西南大学学报（社会科学版），1997（6）：62-67.

[37] 刘志军. 课程价值取向的时代走向 [J]. 教育理论与实践，2004（10）：46-49.

[38] 庞卫国. 试析"以人为本"价值取向的确定：兼谈价值取向确定的条件 [J]. 湖湘论坛，2004，17（2）：28-31.

[39] 洪俊，齐阿娜尔. 课程失衡：民族地区农村学校课程的多元文化解析 [J]. 东北师大学报（哲学社会科学版），2008（1）：34-39.

[40] 王德如. 试论课程文化自觉与创新 [J]. 课程·教材·教法，2004，24（11）：7-16.

[41] 李珊珊，于伟. 本土化信念：我国教育理论本土化之前提性动因 [J]. 东北师大学报（哲学社会科学版），2009（6）：184-191.

[42] 汪潮，吴奋奋. "双基论"的回顾和反思 [J]. 中国教育学刊，1996（1）：25-29.

[43] 梁丽华. 对"双基理论"的再认识 [J]. 广东教育学院学报，2002，22（3）：64-67.

[44] 柳海民，孙阳春. 中国基础教育改革的理性诉求 [J]. 教育学报，2005，1（3）：23-29.

[45] 封海清. 从文化自卑到文化自觉：20世纪20—30年代中国文化走向的转变 [J]. 云南社会科学，2006（5）：34-38.

[46] 赵颖，郝德永. 当代课程的文化底蕴与品质 [J]. 教育科学，2002，18（5）：25-28.

[47] 傅建明. "隐性课程"辨析 [J]. 课程·教材·教法，2000（8）：

56-60.

　　[48] 郑和. 课程概念的逻辑学分析 [J]. 上海教育科研，2004（12）：28-30.

　　[49] 郝德永. 走向文化批判与生成的建构性课程文化观 [J]. 教育研究，2001，22（6）：61-65.

　　[50] 米俊魁. 学校课程的文化功能及实现机制 [J]. 湖北师范学院学报（哲学社会科学版），2005，25（1）：132-135.

　　[51] 曲铁华，冯苗，陈瑞武. 教师专业发展与高等师范院校课程改革 [J]. 教育研究，2007（9）：71.

　　[52] 王彬，向茂甫. 课程文化：从工具论到本体论的认识 [J]. 内蒙古师范大学学报（教育科学版），2004，17（4）：10.

　　[53] 李广，姜英杰. 个性化学习的理论建构与特征分析 [J]. 东北师大学报（哲学社会科学版），2005（3）：152.

　　[54] 任子朝. 国际学生评价发展趋势：PISA 评介 [J]. 数学教学，2003（3）：1-3，19.

　　[55] 李毓秋，严云堂. 人力资本测量与教育质量监控：国际学生评价项目 PISA 及其对我国教育质量监控的启示 [J]. 生产力研究，2003（2）：137-139.

　　[56] 黄忠敬. 课程研究的基本范式及比较 [J]. 教育理论与实践，2004（3）：57-61.

　　[57] 张华. 走向课程理解：西方课程理论新进展 [J]. 全球教育展望，2001，30（7）：40-48.

　　[58] 冯俊. 从现代主义向后现代主义的哲学转向 [J]. 中国人民大学学报，1997，11（5）：36-44.

　　[59] 黄忠敬. 全球化语境下的课程文化观 [J]. 现代教育论丛，2002（5）：43-46.

　　[60] 魏建培，李月华. 人类学与课程研究的发展 [J]. 泰山学院学报，2005，27（4）：105-108.

　　[61] 佐藤学，田辉. 全球化时代的日本学校教育改革：危机与改革的构想. 教育研究 [J]. 2006（1）：49.

　　[62] 刘益春，李广，高夯. "U—G—S" 教师教育模式实践探索：以"教师教育创新东北实验区"建设为例 [J]. 教育研究，2014（8）：107-112.

［63］陈飞，李广."同课异构"的范式建构与实践探索：基于教师教育创新东北实验区"有效教学"现场会的思考［J］. 教学研究，2014（2）：13-17.

［64］张海波，杨兆山."教育问题"探析［J］. 教育研究，2011（11）：108-111.

［65］赵俊芳. 高校教学评价："学术人"与"行政人"的博弈［J］. 复旦教育论坛，2012（5）：28-32.

［66］周光礼，马海泉. 教学学术能力：大学教师发展与评价的新框架［J］. 教育研究，2013（8）：37-47.

［67］刘淑兰. 学校与社区的互动［M］. 成都：四川教育出版社，2003：63.

［68］钟启泉，崔允漷，张华.《基础教育课程改革纲要（试行）》解读［M］. 上海：华东师范大学出版社，2001：11.

［69］成巧云. 课程改革背景下的语文知识教学［J］. 中国教育学刊，2008（2）：68-71.

［70］李广，朴方旭. 中国农村教师专业知识：问题分析与解决策略：以中国东北地区 Y 县小学语文教师为调查对象［J］. 东北师大学报（哲学社会科学版），2012（6）：181-185.

［71］王佳棋，陆欣. 语义语法建构的原则及思维与文化的指向性［J］. 东北师大学报（哲学社会科学版），2015（1）：203-207.

［72］郭华. 深度学习及其意义［J］. 课程·教材·教法，2016（11）：25-32.

［73］李广. 中日小学语文课程价值取向跨文化研究［D］. 长春：东北师范大学，2008.

［74］雷军莉. 教师专业化背景下高等师范院校教师教育课程设置探究［D］. 陕西师范大学，2007.

［75］习近平. 在联合国教科文组织总部的演讲［N］. 人民日报，2014-03-28（3）.

［76］习近平. 习近平向全国广大教师致慰问信［N］. 人民日报，2013-09-10（1）.

［77］刘博智，刘盾. 引路人是新时期教师努力方向：习近平考察北京市八一学校重要讲话在教育系统引起强烈反响［N］. 中国教育报，2016-09-12（1）.

［78］习近平. 把思想政治工作贯穿教育教学全过程开创我国高等教育事业发展新局面［N］. 人民日报，2016-12-09（1）.

［79］伍麟. "生活世界"的心理学意义［N］. 光明日报，2007-03-27（11）.

［80］联合国教科文组织国际教育发展委员会. 学会生存：教育世界的今天和明天［M］. 华东师范大学比较教育研究所，译. 北京：教育科学出版社，1996：42.

［81］中央教育审议会，初等中等教育分科会，教育课程部会. 审议经过报告［R］. 2006-2-13.

［82］王铭铭. "格尔兹文化论丛"译序［A］. 格尔兹. 文化的解释［C］. 纳日碧力戈，等，译. 上海：上海人民出版社，1999.

［83］习近平. 在哲学社会科学工作座谈会上的讲话［Z］. 2016-5-17.

［84］教育部. 教育部关于学习贯彻习近平总书记重要指示和全国职业教育工作会议精神的通知［Z］. 2014-7-10.

［85］豊卷浩也. 小泉「構造改革」と義務教育［J］. 社会主義，2006（2）：59.

［86］合田哲雄. 教育課程部会の審議経過報告について［J］. 教育委員会月報，2006（3）：5.

［87］中央教育審議会初等中等教育分科会教育課程部会. 審議経過報告［R］. 2006-2-13.

［88］中央教育審議会. 新しい時代の義務教育を創造する（答申）［R］. 2005-10-26.

［89］文部省. 小学校学習指導要領［S］. 1998.

［90］MARTON F，SALJO R. On Qualitative differences in Learning：Ⅰ－ Outcome and process［J］. British Journal of Educational Psychology，1976（1）：4-11.

［91］BEATIE V，COLLINS B，MCINNES B. Deep and Surface Learning：a Simple or Simplistic Dichotomy？［J］. International of Phytoremediation，1997（1）：1-12.

［92］PETER H，RICHARD G B. A Critique of the deep and surface Approaches to Learning Model［J］. Teaching in Higher Education，2013（4）：389-400.

［93］DOUG F，FREY N. Transfer Goals for Deeper Learning［J］.

Educational Leadership, 2016 (6): 80-81.

[94] SHULMAN L S. Knowledge and Teaching: Foundations of the New Reform [J]. Harvard Educational Review, 1987, 57 (1): 1-22.

[95] TAMIR P. Subject Matter and Related Pedagogical Knowledge in Teacher Education [J]. Teaching and Teacher Education, 1998 (4): 99-110.

[96] GEDDIS A N. Transforming Subject Matter Knowledge: the Role of Pedagogical Content Knowledge in Learning to Reflect on Teaching [J]. International Journal of Science Education, 1993, 15 (6): 673-683.

[97] ZEMBYLAS M. Emotional Ecology: The Intersection of Emotional Knowledge and Pedagogical Content Knowledge in Teaching [J]. Teaching and Teacher Education, 2007 (23): 355-367.

[98] BIGGS J B, TANG C. Teaching for Quality Learning at University [Z]. Berkshire: Open University Press, 2007.

后　　记

　　教师教育的发展决定教师队伍的质量。我国的教师教育应追求具有中国特色的教师教育发展之路、具有创造力的卓越教师队伍培养、具有前沿性的教师教育学术研究和具有开创性的教师教育改革实践探索。在追求教师教育发展的过程中，要求我们适当吸收国外经验，结合国情特点进行本土实践。本书在丰富教师教育新理念、拓展教师教育研究视域、探索教师教育发展新途径、解决教师教育实践问题等方面具有一定的贡献，以期对我国教师教育研究、教育事业的发展以及教师队伍建设有一定的理论指引与实践指导作用。

　　本书共分为六章，整体上遵循由顶层指导到实践探索，由国外经验到本土实践，由国际对比到本国剖析，由价值确立到教学应用，由整体趋势到区域透视的内在逻辑。旨在通过对理论研究、政策分析、对比研究等方法，探索适用于本国教师教育发展的新路径，以促进教师专业成长，培养更多的教育家型教师。

　　本书为作者已发表的论文合集，个别文章在收入本书时略做修改。本书在出版的过程中，得到了东北师范大学教育学部各位领导的关心与帮助，他们为我们提供了经费上的支持与精神上的鼓舞！东北师范大学出版社也为本书的出版付出了辛勤的劳动与汗水。

　　我要特别感谢我的导师马云鹏教授、陈旭远教授、高山达雄教授（日）、三石初雄教授（日），他们对本书的写作提供方向并悉心指导。同时要感谢刘益春教授、高夯教授、冯江教授所给予的支持、帮助与引领。还要感谢博士研究生计宇、孙玉红、严燕以及硕士研究生朴方旭、徐哲亮、赵阳、曲捷、程丽丽、李颖、许伟光、马林，他们与我一起讨论交流、实践调研、分析数据、修订文章，为本书的面世贡献了自己的聪明才智！另外，也要感谢王美琦、孔龙芳、马新月、李沐洋在稿件修订的过程中的辛勤付出，更要感谢秦一铭同学在全部稿件整合过程中的不懈努力!

　　希望本书能够为教师教育的深入研究提供可资借鉴的理念、路径、策略等方面的指导，也能对我国师范生的职前培养与教师职后专业成长具有指导作用或启迪作用，为我国教师教育的发展做出贡献。由于水平有限，书中尚有不足之处，恳请专家学者与广大读者批评指正!

李　广

2019 年 9 月

图书在版编目（CIP）数据

教师教育. 国际经验与本土实践/李广等著. —长春：
东北师范大学出版社，2019. 12
　（元晖学者教育研究丛书）
　ISBN 978-7-5681-6642-3

　Ⅰ. ①教… Ⅱ. ①李… Ⅲ. ①教师教育－比较教育－
世界　Ⅳ. ①G65

中国版本图书馆 CIP 数据核字（2019）第 283022 号

JIAOSHI JIAOYU：GUOJI JINGYAN YU BENTU SHIJIAN

　　　　　　　　　　　　　□策划编辑：张晓方
　　□责任编辑：张国玲　　□封面设计：上尚印象
　　□责任校对：曲陆新　　□责任印制：许　冰

东北师范大学出版社出版发行
长春净月经济开发区金宝街 118 号（邮政编码：130117）
电话：0431—84568046
传真：0431—85691969
网址：http：//www.nenup.com
东北师范大学音像出版社制版
辽宁新华印务有限公司印装
沈阳市张士经济技术开发区
中央大街六号路 14 甲－3 号（110021）
2019 年 12 月第 1 版　2019 年 12 月第 1 次印刷
幅面尺寸：169 mm×239 mm　印张：19.5　字数：362 千

定价：60.00 元